Nando dalla Chiesa
Der Palazzo und die Mafia

Nando dalla Chiesa

DER PALAZZO UND DIE MAFIA

Die italienische Gesellschaft und die Ermordung des Präfekten Alberto dalla Chiesa

*Einleitung
und Übersetzung
Werner Raith*

FÖRTNER & KROEMER

Nando dalla Chiesa,
geb. 1949 in Florenz, ist
Professor für Soziologie
an der Universität
Bocconi in Mailand.

ISBN 3-924366-01-2
© alle Rechte der deutschen Ausgabe
FÖRTNER & KROEMER
Postfach 250 105
5000 Köln 1
Telefon: 02 21 / 44 36 13

© Originalausgabe erschienen bei
ARNOLDO MONDADORI EDITORE
Mailand, Italien
November 1984

1. Auflage 1985

Übersetzung und Einleitung
Werner Raith

Ausstattung: VA Peter Großhaus
Druck: Fuldaer Verlagsanstalt

INHALT

Werner Raith

Einleitung
Palazzo, Mafia und dalla Chiesa –
drei italienische Symbole

Dieses Buch ist ein Skandal und soll ein Skandal sein. Daß es geschrieben werden *mußte*, ist der erste Aspekt. Daß die Verantwortlichen es genauso wie den Mord am Antimafia-Präfekten Carlo Alberto dalla Chiesa unter den Tisch kehren wollten – und noch immer wollen – ist der zweite Aspekt. Und daß man, statt die Hintermänner dingfest zu machen, den Sohn des Präfekten, nur weil er Aufklärung und Gerechtigkeit fordert, zum »Störenfried« stempelt, ist der dritte Aspekt in diesem Puzzle der Verschleierung und Korruption.

Aber es ist beileibe kein nur italienischer Skandal; mit dem üblichen Hinweis auf die Exotik südlicher Machenschaften läßt er sich auch für uns hierzulande nicht verdrängen. Die Ausläufer der Ereignisse reichen weit ins Vereinigte Europa hinein – auch in die Bundesrepublik.

Nicht nur, daß ein wichtiger Teil der Politiker, die Nando dalla Chiesa für die brutale Ermordung seines Vaters am 3. September 1982 in der Via Carini in Palermo verantwortlich macht, auf europäischer und NATO-Ebene eine immense Rolle spielt: Giulio Andreotti – einsamer Weltrekordhalter, was die Ermittlungen gegen ihn im Rahmen parlamentarischer Untersuchungsausschüsse angeht (bisher zwei Dutzend) – ist seit 1983 italienischer Außenminister und in der Zeit, da diese Übersetzung erscheint, gerade vielempfangener Präsident des Rates der EG-Außenminister; Giovanni Spadolini – zur Zeit des Anschlags auf den General dalla Chiesa Ministerpräsident und eifrig sowohl mit dem »Niedrighängen« des Falles und der Polemik gegen die Familie des Opfers beschäftigt – ist heute Verteidigungsminister und pendelt zwischen Washington, Tel Aviv, Paris, London und Bonn hin und her; Salvo Lima, einer der »Paten« Siziliens, ist Europa-Abgeordneter und damit Fraktionskollege unserer bundesdeutschen Europa-Christdemokraten; um nur einige Beispiele zu nennen.

Nicht nur dies also: vielmehr haben Ermittlungen gegen Mafia-

Clans in ganz Italien ergeben, daß deren Aktivitäten inzwischen – wie dies der Präfekt dalla Chiesa erkannt und artikuliert hatte – international ausgeweitet wurden, in den Vorderen und Mittleren Orient zum Beispiel, nach den USA und Kanada – und in andere EG-Staaten. Der Waffen- und Drogenschmuggel und die damit verbundenen Aktionen zur »Geldwäsche« haben nach den Erkenntnissen der Trientiner Justiz bereits eine ausgedehnte Drehscheibe auch in der Bundesrepublik gefunden, speziell in München und Frankfurt. Der zuständige Ermittlungsrichter Carlo Palermo, der die Rauschgift- und Waffenschmuggel-Linien von Palermo über Norditalien in den Orient – via Bulgarien, aber auch via EG-Staaten – recherchiert hat und dabei unter anderem auch Machenschaften entdeckt hat, die Kreise um den derzeitigen sozialistischen Ministerpräsidenten Bettino Craxi einschließen, wurde Ende 1984 eilends abgelöst (offiziell »auf eigenen Wunsch«) – ins sizilianische Mafia-Zentrum Trapani, wo 1983 der zuständige Staatsanwalt Montalto ermordet worden war. Die Reaktion der Mafia ließ nicht auf sich warten – am 2. April 1985 plazierte sie ein Willkommensgeschenk in Form einer Schachtel Dynamit in seiner Nähe. Durch Zufall wurde Palermo nur leicht verletzt; drei Unbeteiligte (eine Frau mit ihren Kindern) starben: Zeichen dafür, wie richtig und wichtig die Spuren sind, die Carlo Palermo verfolgte. Vielleicht auch eines der berühmten »avvertimenti« der Mafia, denn gerade an diesem 2. April traf der neue Hochkommissar für die Bekämpfung der Mafia, Ricardo Boccia, in Palermo ein (eine nur zu deutliche Parallele zum Amtsantritt Carlo Alberto dalla Chiesas in der Präfektur – ihm wurde am Vorabend die Leiche des kommunistischen Abgeordneten Pio La Torre vor die Füße geworfen, des letzten überlebenden sizilianischen Mitglieds der parlamentarischen Antimafia-Kommission).

So ganz aufatmen können also die »padrini«, die Paten und Auftraggeber, die Nutznießer und Mitläufer der »onorata società«, der »Ehrenwerten Gesellschaft« noch nicht. Zwar ist es ihnen gelungen, eine Reihe wichtiger Ermittler und Richter auszuschalten: den Präfekten dalla Chiesa, den Gerichtspräsidenten Rocco Chinnici, den Staatsanwalt Montalto aus Trapani, den Carabinieri-Oberst Mario D'Aleo aus Monreale. Aber wie es scheint, wachsen derzeit doch immer wieder entschlossene Antimafia-Kämpfer nach, lassen sich einmal festgebissene Ermittler – wie Carlo Palermo oder der palermitanische Staatsanwalt Falcone – nicht mehr so leicht aus dem Konzept bringen. Nando dalla Chiesa nennt dies in seinem Buch das »Heranreifen einer antimafiosen Kultur« – einer Kultur, die offenbar die Regierenden in Rom und in Sizilien mehr durcheinanderbringt als es die »bleiernen Jahre« des Terrorismus oder mancher gewerkschaftliche Generalstreik vermocht hatten.

Anders jedenfalls sind die Reaktionen auf die Aktivitäten Nando dalla Chiesas – die er detailliert beschreibt – wie auf dieses Buch nicht zu verstehen. Handelte es sich nur um Machwerke eines isolierten, vom Tod seines Vaters verwirrten Jünglings: niemand würde sich darum scheren. So aber sorgte die Arbeit schon vor ihrer Veröffentlichung für Wirbel: aus leidvoller Erfahrung mit der »Löchrigkeit« selbst vertraulichster Verbindungen hatte Nando dalla Chiesa es zuerst in Frankreich publiziert – um der Gefahr zu entgehen, daß wieder, wie üblich, entstellend herausgerissene Teile vorab in den Gazetten erscheinen und eine neue Rufmordkampagne beginnen könnte. Es half nicht allzuviel. Einen Monat vor der Publikation in Frankreich hatte das Magazin »Panorama« die Sache spitzgekriegt und – genau wie befürchtet – eine Sensationsstory daraus gemacht, die nur wenig mit dem Buchinhalt zu tun hatte. Von da an lief die Unterdrückungsmaschinerie wieder auf Hochtouren – aber diesmal war nicht mehr viel für die Verantwortlichen zu holen, denn nun paßte das Volk auf. Mehr als 130 000 Exemplare wurden innerhalb von vier Monaten in Italien abgesetzt; obwohl das Buch erst im November in Italien erschien, konnte es im Jahresbestseller-Rennen noch den dritten Platz erringen.

Auch die Verteufelungskampagne kam diesmal nicht so an wie früher. Nicht einmal, als sich Rosario Nicoletti (den Nando dalla Chiesa als einen der – allerdings weniger wichtigen – Machtträger Sizilien genannt hatte) aus dem zehnten Stock eines Wohnblocks stürzte, schlug der Versuch fehl, diesen Selbstmord dem Sohn des Präfekten anzuhängen. Allzu klar wurde schon kurz danach, daß Nicoletti weniger Angst vor dem Buch hatte, als vielmehr vor seinen »Freunden«, die dabei waren, ihn zur Ablenkung von Größerem zu »opfern«, wie sie es bei anderen DC-Lokalpolitikern taten. Derzeit sind vier Ex-Bürgermeister – darunter auch der in Nando dalla Chiesas Buch oft genannte Ciancimino – unter Anklage.

Daß der Aufbau einer wenigstens partiell antimafiosen Kultur wirklich in Gang gekommen ist, verdankt Italien zweifellos den dalla Chiesas – Vater wie Sohn. Was niemand für möglich gehalten hat, ist eingetreten: ohne irgendein Amt, ohne äußeren Auftrag, und ohne irgendwelche Ausstattung mit einem Fahndungs- und Recherchierapparat hat der 35jährige Sohn des ermordeten Generals dalla Chiesa die Aufgaben seines Vaters weitergeführt und mittlerweile bereits auf entscheidend höhere qualitative Ebenen zu heben vermocht.

Carlo Alberto dalla Chiesa, der Vater, ist zweifellos ein ebensolches Symbol für Italien geworden, wie es – auf der anderen, negativen Seite – die Mafia ist und wie es auch der »Palazzo« darstellt, das fast undurchdringliche Machtkartell von einem halben Dutzend etablierter Parteien mit einigen hundert wirklich bestimmenden Persönlichkeiten. Als Carabinieri-General hatte dalla Chiesa in den siebziger Jahren wiederholt die Aufgabe übernommen, den immer stärker werdenden Linksterrorismus zu bekämpfen. Er tat es mit großenteils unorthodoxen Methoden und mit einer Entschlossenheit, die von vielen als reine Brutalität empfunden wurde. Seit er 1973 die erste Antiterrorismus-Einheit aufbaute, begannen die ausgedehnten Feuergefechte mit den Roten Brigaden (die 1974 zu ersten Toten auf beiden Seiten führten). Seit er für die Sicherheit in den – ständig durch Ausbrüche gekennzeichneten – Gefängnissen zuständig war, wurden Revolten blutig unterdrückt, mitunter unter Inkaufnahme auch von Toten (wofür dalla Chiesa sofort und uneingeschränkt persönlich die Verantwortung übernahm).

Schon damals, Mitte der siebziger Jahre, wurde er wohl manchem Mitglied des »Palazzo« unheimlich, zumindest aber zu mächtig – und so wechselten Perioden von Kaltstellung mit eiliger Reaktivierung ab, wenn es wieder einmal brannte. Das hat zweifellos sein Leben gekennzeichnet.

1948 war er, als junger Freiwilliger, zum Kampf gegen die sizilianischen Banditen ausgerückt, als niemand solche Jobs übernehmen wollte; 1967–1973, in der ersten Periode der mafiosen Eskalation, war er wieder dort, als Oberst und damit Kommandant der Carabinieri-Einheit von Palermo – in der Zeit, als die Antimafia-Kommission arbeitete und wenigstens ein paar magere Ergebnisse veröffentlichte (dies allerdings auf vielen tausend Seiten). 1973 war er vielen wohl bereits zu gefährlich geworden – er wurde abgezogen (mit dem bewährten Mittel, ihn dabei zu befördern) und bekam eine andere Aufgabe, die niemand ernsthaft für lösbar hielt – eben den Antiterrorismus-Kampf.

Die Härte, mit der er vorging, und die einem Krieg mehr ähnelte als einem rechtsstaatlichen Kampf, ließ ihn für viele Demokraten zum Symbol eines repressiven Staates werden – auch sein Sohn Nando, junger Militanter der Studentenbewegung, hat dies so empfunden. Und vielleicht wäre der Carabiniere dalla Chiesa auch mit diesem Image im Bewußtsein der Italiener haften geblieben – wenn, ja wenn sich nicht 1982 herausgestellt hätte, daß wir alle ihn falsch eingeschätzt hatten, zumindest was sein Problembewußtsein und seine innere Grundhaltung betrifft. Über seine Methoden beim Antiterrorismuskampf ließe sich auch heute noch streiten; aber welche Denkkategorien dabei eine Rolle spielten, wissen wir erst jetzt, seit er vier Monate lang in Palermo den großen Umschwung zu bewerkstelligen suchte und dabei – zusammen mit seiner erst wenige Wochen zuvor geheirateten zweiten Frau Emmanuela und dem eskortierenden Polizisten Domenico Russo – ermordet wurde. Und wir wissen es vor allem dank dieses Buches von Nando dalla Chiesa – der selbst erst in einer mühsamen Rekonstruktion zu einem vollen Verständnis der Aktivitäten und Hintergründe der Absichten seines Vaters durchdrang.

Sicher ist es für viele von uns auch heute noch schwer zu verstehen, daß hier ein Militär konservativen Zuschnitts zu einer – wie Nando dalla Chiesa am Ende resümiert – Art »Avantgarde« wird. Daß ausgerechnet er es ist, der sich beim Versuch, den Rechtsstaat mit aller Konsequenz durchzusetzen, den gewaltsamen Tod holt; daß ein Mann, der Ende der siebziger Jahre an der Seite von Leuten wie Andreotti oder Cossiga – Ministerpräsidenten in der repressiven Zeit Italiens – zu finden war, nun ausgerechnet zum Garanten der Legalität und der Verfassung wird. Aber das – gerade in der Bundesrepublik, und hier unter der »Linken« gern gehörte – Argument, daß man da wohl den General post mortem glorifiziere, daß sein gewaltsamer Tod für eine durchaus gerechte Sache nun rückwärts seine früheren Aktivitäten uminterpretieren läßt, dieses Argument sticht nicht: zumindest nicht mehr, wenn man Nando dalla Chiesas Buch durchgelesen hat, aufmerksam und ohne die übliche Übertragung der Vorurteile gegenüber dem Vater auf den Sohn. Es ist schon ein und dasselbe Holz, auf dem beides gewachsen ist – der *General* Carlo Alberto dalla Chiesa und der *Antimafia-Präfekt* Carlo Alberto dalla Chiesa.

Besonders wesentlich scheint mir in diesem Zusammenhang, daß dalla Chiesa sich Anfang der achtziger Jahre, als der »rote« Terrorismus offensichtlich besiegt war (mit der – allerdings zu Recht umstrittenen – Praxis des »Pentitismus«, d.h. erheblichem Strafnachlaß bei Geständigkeit, hatte ihn dalla Chiesa quasi »von innen her« aufgerollt), unverzüglich dem »schwarzen«, dem neofaschistischen Terror zuzuwenden gedachte – und prompt blockiert wurde. Eine Blockade, die kaum nach außen drang und zunächst mit Hilfe seiner »Beförderung« in die Vizekommandantur der Armee bewerkstelligt wurde;

und als der General auch dann noch Rat und Tat andiente (und schon wieder Erfolge hatte), setzte es gar offizielle Rüffel und Verbote seitens des Chefs im Generalkommando. Dalla Chiesa hatte den Linksterrorismus eben nicht – wie viele, auch ich, irgendwie automatisch angenommen hatten – von rechts her bekämpft; ebenso wie er den Rechtsterrorismus nicht von links her angegangen wäre, hätte man ihn gelassen; und genauso hat er die Mafia nicht für den herrschenden Parteienstaat herausgefordert. Er hatte wohl ein fast »preußisch« zu nennendes Staatsbewußtsein entwickelt – eine gewiß in Italien nicht allzu häufige Erscheinung. Und vielleicht war er gerade deshalb der Fremdkörper für alle – für die Linken in den siebziger Jahren; für die Rechten, als sie ihn nicht vereinnahmen konnten; und dann zu Beginn der achtziger Jahre sogar – und zur Überraschung aller – wohl auch für die Repräsentanten aller Parteien (selbst die Daueroppositionellen von der Kommunistischen Partei schienen mitunter erstaunt, wie nah der konservative General ihren eigenen Einschätzungen lag – ohne sich deshalb bei ihnen Liebkind zu machen).

Die Frage, die Nando dalla Chiesa in seiner Polemik gegen die Intellektuellen Ende 1982 gestellt hat (und auf die er im Buch ausführlich zu sprechen kommt), ist wohl der neuralgische Punkt des gesamten Verhältnisses von Leuten wie dalla Chiesa zum Staat: Wie kommt es, daß der General bei der Durchsetzung der staatlichen Normen und Gesetze gegenüber dem (Links-)Terrorismus den gesamten Parteien- und Staatsapparat auf seiner Seite hatte –, daß er aber bei der Durchsetzung genau derselben Normen und Gesetze gegenüber der Mafia (die in den letzten fünf Jahren zehnmal mehr Morde begangen hat als die Roten Brigaden in ihrer gesamten Geschichte) seitens der Parteien und der Staatsorgane als »destabilisierend« empfunden wurde?

Ich selbst habe Nando dalla Chiesa kurz nach der Ermordung seines Vaters kennengelernt und die Beziehung in wiederholten Begegnungen und zahlreichen Telefongesprächen vertiefen können: ein junger, in jeder seiner Antworten überlegter Soziologieprofessor; ein Mensch, den man ankennt, wie zuwider ihm dieser Kampf ist. Umso ekelhafter habe ich auch die rüpelhaften Anwürfe und Unterstellungen empfunden, die seitens der Politik und bestimmten – keineswegs nur rechten – Presseorganen gegen ihn kamen. Insbesondere meine ich hier die Verdächtigung, er wolle damit nur seine politischen Ambitionen fördern. Von Begegnung zu Begegnung erschien er mir müder, abgespannter, resignativer; bestimmt kein Mensch, der Knalleffekte setzt, um dann befriedigt festzustellen, daß er nun wieder eine Sprosse in seiner Karriere emporgeklettert ist.

Umso höher konnte ich dann sein Buch einschätzen, den Mut, der sich darin spiegelt, trotz der Nachstellungen (deren einige ich unabhängig von ihm selbst verifiziert habe) nicht aufzugeben, sich eher noch stärker mit dem zu identifizieren, was sein Vater begonnen hat – und dies, wie gesagt, ohne den dafür doch unerläßlich erscheinenden »Apparat«. Ich glaube auch, daß es nicht nur die vielen Ermutigungen durch Initiativen und Freundschaftsbeweise aus dem Volk sind, die ihm diese Kraft geben. Ich habe den Eindruck gewonnen, daß er sozusagen den Kampf immer besser »in den Griff« bekommt: er hat seine Feinde (und die seines Vaters) immer besser erkannt, deutlicher ins Visier bekommen. Der »Feind« (der Militärjargon ist nicht zufällig) ist nicht mehr das Gespenst einer »unsichtbaren« Macht, als die uns die Mafia so schwülstig vorgestellt wurde, sondern es sind konkrete Personen, die man bezeichnen und stigmatisieren kann, und es sind benenn- und quantifizierbare Interessen, die sie zu realisieren suchen. Manches, was der General dalla Chiesa vorausgesagt hat, ist eingetroffen und bestärkt sicherlich den Kampf Nando dalla Chiesas: etwa die von seinem Vater – unter allgemeiner Skepsis – immer wieder aufgestellte Behauptung »Anche mafiosi possono pentirsi« – was zu deutsch bedeutet: Auch Mafiosi können geständig sein. Im Juli 1984 erklärte sich erstmals ein Boß der obersten Etage der »Hierarchie«, Tommaso Buscetta, aussagebereit – über dreihundert Haftbefehle gingen darauf hinaus. Danach begann eine wahre Sturzflut gestehenswilliger Bosse und Mitläufer (und dies, obwohl es nicht einmal ein Strafreduktionsgesetz für sie gibt wie bei den Terroristen). Auch die Behauptung, daß man die Mafia so an die Wand drücken kann, daß sie ihre Handlungsfreiheit verliert, scheint sich zu bewahrheiten: heute ist sie in einer Situation, wo sie nicht mehr morden *kann, wenn sie will*, sondern wo sie morden *muß*. Hatte man die Mafia bisher als Ungeheuer beschrieben, dem zehn Köpfe nachwachsen, wenn man einen abschlägt, so sieht sich die »ehrenwerte Gesellschaft« heute zunehmend einer Justiz und einem Beamtentum gegenüber, das zumindest partiell trotz politischer Pressionen nicht nachgibt: Behörden, in denen sozusagen ihrerseits ein Dutzend Freiwillige für jeden umgebrachten Richter oder Carabiniere nachwachsen, die im selben Sinn oder noch härter vorgehen. Bezeichnend dafür noch einmal Richter Carlo Palermo: statt nach seiner Versetzung ins Mafia-Nest Trapani klein beizugeben, statt sich angesichts drohender Verfahren wegen »Vermischung privater und amtlicher Interessen« zu beugen, stellt er gleich nach seiner Ankunft in dem Ort, wo man vor kurzem den ersten Staatsanwalt umgebracht hatte, ein Dutzend Haftbefehle gegen korrupte Beamte und bestechende Bauunternehmer aus – und ermittelte auch munter im Drogen- und Waffengeschäft weiter.

Wie es scheint, sind die Zeiten vorbei, wo es zur Biographie jedes Mafioso gehört, nach begangenen Missetaten »wegen Mangels an Beweisen« freigesprochen worden zu sein (beileibe nicht wegen »erwiesener Unschuld« – das Volk sollte ja glauben, daß man *trotz* seiner Gewalttätigkeit freikam, wie man nur wollte): die Justiz in Palermo und in anderen italienischen Orten *verurteilt* mittlerweile in einem bisher ungekannten Ausmaß – bis hin zu Ober-Bossen wie Greco und Marchese, von denen einige bereits lebenslänglich bekamen.

Auch das Autonomiestatut, das dem sizilianischen Regionalministerpräsidenten die absolute Polizeihoheit einräumte, bekam mittlerweile Löcher – der nach der Ermordung dalla Chiesas entsandte »Hochkommissar« bekam Koordinierungsvollmachten, die den Provinzchef weitgehend kaltstellten. Und so mancher treue Gefolgsmann Andreottis in Sizilien – wo der Christdemokrat seine enorme, bisher unangefochtene Machtbasis innerhalb der Partei hat – ist mittlerweile in Turbulenzen geraten oder gar ins Gefängnis gewandert.

Freilich sollte man sich nicht darüber hinwegtäuschen lassen, daß die Zusammenarbeit manches Mafiabosses mit der Justiz nicht um der Durchsetzung des Rechtsstaates willen geschieht, sondern weil man Justiz und Staatsanwaltschaft als verlängerten Arm des Clans beim Krieg mit seinen mafiosen Gegnern einsetzen möchte: Buscetta z.B. begann erst auszupacken, als man ihm mehr als ein Dutzend engster Verwandter ermordet hatte und als die mit ihm verbündeten Clans der Inzerillo, Bontade, Spatola und Di Maggio am Untergehen waren. Er »sang« auch nicht über seine eigenen (wohl an die dreißig) Morde, sondern gab nur sein, allerdings wertvolles, Wissen über die anderen, »siegreichen« Clans der Greco und Marchese zu Protokoll. Und auch die »Zurücknahme« manches Christdemokraten mit Mafia-Stallgeruch in die zweite Reihe hat oft nur den Zweck, so zu tun, als wolle man nun die »Generalreinigung« in den eigenen Reihen endlich beginnen. Meist fallen die »Zurückgenommenen« sowieso schnell die »Treppe hinauf«, wie etwa der Regionalverwaltungschef Di Fresco, der vorübergehend ins Gefängnis kam, dann aber von den Christdemokraten über einen sicheren Listenplatz und anschließendem Parlamentssitz wieder herausgeholt wurde.

Dennoch scheint mir bei alledem das Konzept der dalla Chiesas aufzugehen: durch den Entzug oder die Minderung staatlicher Bedeckung sind die Geschäfte mafioser Clans gefährdeter, wirken umgekehrt ihre politischen Schutzpatrone nicht mehr so allmächtig, bahnt sich eine Lockerung der Bindung Mafia-Politik an. Und durch die Verlagerung der Mafia aufs »ganz große« Geld, auf Drogen- und Waffenschmuggel, und damit auf rein kriminelle Sektoren, ist die Verwurzelung in der Gesellschaft (die darum die Mafia auch historisch noch keineswegs zu einer »guten« Sache macht) weitgehend zerstört. Hier können sich die Antimafia-Aktivisten einschalten. Ob der eine oder andere Boß die Polizei und Justiz zu instrumentalisieren versucht, ob die Absetzung von Lokalpolitikern nur Ablenkung darstellt, ist dabei zweitrangig – solange man sich nur dieser Möglichkeit und Gefahr bewußt bleibt.

Das Buch Nando dalla Chiesas ist eine untrennbare Mischung aus umfassender Recherche über das konkrete Verhalten seines Vaters und seiner Feinde im Vorfeld und während der »hundert Tage von Palermo«, wissenschaftlich-exakter Analyse des politischen Klimas und der gesellschaftlichen Kultur Italiens, sowie der enormen und erschütternden Betroffenheit des Sohnes dalla Chiesas. Er, Sohn nicht nur im familiären Sinn, sondern auch Angehöriger einer Generation, die lange Jahre in stetem Kampf mit den Vätern gelegen hat, ohne daß man sich gegenseitig die eigenen Werte vermitteln konnte. Möglicherweise haben aber auch manche Werte, die die Jungen abgeschrieben hatten, inzwischen einen neuen, erhöhten Sinn bekommen, und manch andere, an die wir alle felsenfest glaubten, sind dahin: eine Entwicklung, die sich ja in der politischen Grundwertdiskussion auch in der Bundesrepublik deutlich abzeichnet.

Für die Übersetzung entstand durch den spezifischen Gegenstand des Buches ein Problem. Große Teile der Untersuchung Nando dalla Chiesas betreffen verschlüsselte Botschaften seitens der Mafia und ihrer Paten; Botschaften, die in ganz bestimmte Metaphern und Bilder verpackt werden, die es im Deutschen so nicht gibt. Eine wörtliche Übersetzung hätte aber in manchen Fällen keinerlei Sinn für den deutschen Leser gegeben – so mußte ich (manchmal unter Einschränkung der Plastizität der »Warnungen« durch Mafiosi) verwandte, uns geläufige Metaphern verwenden – oder mitunter gar einfach eine Art »Klartext« hinzusetzen. An einer Reihe von Stellen habe ich mit Nando dalla Chiesa geringfügige Modifikationen des Textes vereinbart, um bestimmte, dem deutschen Leser nicht geläufige Zusammenhänge sichtbar zu machen oder bestimmte Terminologien zu erläutern. Dort, wo Ereignisse angesprochen wurden, die zwar jedem Italiener geläufig sind, deren Kenntnis aber in Deutschland nicht vorausgesetzt werden kann, habe ich Übersetzeranmerkungen eingefügt; ebenso, wenn es um Personen ging, deren Funktion oder historische Eingriffe ansonsten im Text nicht weiter erläutert werden.

Nicht verändert habe ich stattdessen eine für Italien typische Art von Kennzeichnung: man ersetzt dabei bestimmte Ereignisse durch Namen von Plätzen oder durch Daten. Der »Anschlag vom 3. September« bezeichnet den Mord an dalla Chiesa ebenso wie »das Blutbad in der Via Carini«. Ich glaubte, es dem deutschen Leser schon zumuten zu können, daß er damit zurechtkommt. Ebenso habe ich die Begriffe »Andreottianer« oder »Fanfanianer« aus dem Original übernommen, ohne jedesmal darauf hinzuweisen, daß es sich dabei um die an Andreotti, Fanfani etc. angehängten Klientel (»Strömungen«, correnti) innerhalb der Partei handelt, die in Italien viel mehr als, z. B. die Spaltung in Arbeitnehmer- und Arbeitgeberflügel in der BRD, die italienische Parteipolitik prägen.

Auch die mitunter auftretende Selbstanrede mit »du«, die Nando dalla Chiesa verwendet, habe ich, der Unmittelbarkeit und Betroffenheit halber, so übernommen und nicht durch das im Deutschen übliche unpersönliche »man« ersetzt. Und in demselbem Sinn habe ich mich bemüht, die Redetexte und Briefe des Generals dalla Chiesa möglichst wortgetreu zu übersetzen, um den sehr zu der Charakterisierung durch Nando dalla Chiesa passenden beamtlichen, oft militärischen, immer aber korrekten und doch wieder pathetischen Stil hervorzuheben, der dem Antimafiapräfekten eigen war. Eine antirhetorische »Glättung«, um seine Worte wie die eines deutschen Generals oder Polizeichefs klingen zu lassen, schien mir hier unsinnig. Der Staats-Diener, als den er sich wohl zeitlebens empfand, kommt dabei am deutlichsten heraus.

Nando dalla Chiesa

DER PALAZZO
UND DIE MAFIA

Meinem Vater

Ihr werdet fragen, warum seine Poesie
Uns nichts erzählt vom Traum, von den Blättern,
den großen Vulkanen seiner Heimat?
Kommt und seht das Blut auf den Straßen,
Kommt und seht
Das Blut auf den Straßen
Kommt und seht das Blut
Auf den Straßen!

P. Neruda: *Terza residenza*
aus: *La Spagna nel cuore*, 1947

DIESES BUCH soll Zeugnis ablegen. Genauer: Es ist das Zeugnis eines Sohnes. Des Sohnes eines der Opfer krimineller Mächte. Ein Zeugnis, das leider nur symbolisch den Zustand des heutigen Italiens ausdrückt, ein Zeugnis, über das man eine spezielle Ideologie der Unterordnung und des Schweigens zu stülpen versucht hat. Das Buch soll diese Ideologie bewußt verletzen. Sein italienischer Titel »Delitto imperfetto« (Unvollkommenes Verbrechen) drückt zweierlei Vorbehalte aus: Es handelt sich um ein Verbrechen, das in keiner Weise »dunkel« ist, sondern offen und frech verübt wurde; und es geht um seine Nichtbestrafung, zunächst um die moralische Nichtbestrafung; sie verweist auf Verantwortlichkeiten allgemeinerer Art, die man mit mehr Ehrlichkeit und intellektuellem Mut analysieren muß, als dies bisher geschah.

Es handelt sich hier nicht um ein Buch vom Typ »Gegeninformation«. Ich habe keine Nachforschungen oder Beweiserhebungen angestellt, zu denen ich nicht befugt bin. Sieht man von einigen persönlichen Dokumenten und Belegen ab (die seinerzeit schon den Behörden übergeben wurden), so sind, wie der Leser erkennen wird, alle Quellen öffentlich bekannt. Es ist auch kein Buch, das anklagt oder polemisiert, denn es geht mir primär darum, eine Veränderung im Bewußtsein und im Verhalten zu provozieren. Das Buch möchte auch nicht »die vollkommene Wahrheit« darstellen. Wenn ich, als Sohn, die moralische Pflicht habe, zur Erforschung der Wahrheit beizutragen, so ist dies hier der Beitrag, den ich anbieten konnte. Gewiß ist das, was mir zur Verfügung steht, ein Stück Wahrheit; und dieses Stück wird sicherlich durch die Untersuchungsbehörden erweitert. Aber es ist ein Stück Wahrheit, das man schwerlich übergehen kann.

Es mischen sich darin historische Rekonstruktion mit biographischen Ebenen, persönliche Empfindungen und soziologische Reflexion. Das konnte nicht anders sein, da es sich um ein Zeugnis handelt. Die Erfahrungen eines jeden von uns sind unteilbar, und daher wollte ich weder auf die berufliche Dimension verzichten noch auf die menschliche; letztere vor allem war mir wichtig, weil sie in den Diskussionen und Bewertungen des Phänomens »Mafia« allzu oft überhaupt nicht vorkommt – als ob der menschliche Preis der Mafia eine reduzierte »Normalität« sei.

Es war keine angenehme Arbeit. Nicht nur, weil ich sie – zwangsweise – innerhalb der Freizeit abwickeln mußte, die mir von der Forschung und Lehre an der Universität und von den zahlreichen Versammlungen und Debatten gelassen wurde. Sondern vor allem, weil ich nicht einseitig und voreingenommen sein wollte und mich daher – Tag für Tag – selbst in Frage gestellt habe, mich, meine Überzeugungen, meine rationalen Verhaltensweisen. Analog – und ohne »Konzessionen« zu machen, die der Wahrheit vorgreifen könnten – habe ich mich den anderen Menschen gegenüber verhalten, vor allem denen, die mehr Einfluß auf den Gang der Dinge haben als ich.

Darüber hinaus gibt es persönliche Erfahrungen, durch die man wie im Gegenlicht die Welt, in der wir leben, beobachten kann. Ich habe das Gefühl, eine dieser Erfahrungen gemacht zu haben, und darum schien es mir eine Art Pflicht, den anderen Menschen das mitzuteilen, was ich gelernt habe.

Mit dem vorliegenden Buch beschließe ich mein unmittelbares Engagement »als Sohn« (abgesehen natürlich vom Strafprozeß). Als mein Vater noch lebte, war es mir nie angenehm, den »Sohn des Generals dalla Chiesa« darzustellen; und das war einer der Aspekte, den mein Vater an mir schätzte. Ich habe diese Rolle dann doch übernommen. Und das im schwierigsten aller Momente, als andere es lieber gesehen hätten, wenn ich, statt »Sohn« zu sein, mich auf den Part des »Waisenkindes« beschränkt hätte. Aber ich kann dieses »Sohn«-Sein nicht auf unbeschränkte Zeit übernehmen, ohne mein Leben noch mehr durcheinanderzubringen, als dies sowieso schon der Fall ist. Über ein unauslöschbares Ereignis in unserer Familie hinaus wird mir eine verstärkte Sensibilität für bestimmte Themen bleiben, als Bürger und als Soziologe. Da ich überzeugt bin, daß die Mafia ihre Kraft im Rahmen eines bestimmten kulturellen Klimas und gewisser institutioneller Vorbedingungen findet, werde ich mich mit meiner politisch-intellektuellen Forschungsarbeit vor allem auf diese Felder verlegen.

Diese Buch stellt also gewissermaßen eine Art Abschluß eines meiner Lebensabschnitte dar, und deshalb möchte ich mich natürlich bei den vielen bedanken, die mir nahe waren, und die mit einem Händedruck oder einem aufrichtigen Wort dazu beigetragen haben, daß dieser Abschnitt nicht nur der schwerste, sondern auch der menschlich reichste war.

Ich habe dieses Buch meinem Vater gewidmet. Aber damit wollte ich es gleichzeitig den rechtschaffenen Italienern widmen. Das Bewußtsein, daß es sie gibt, daß es ein rechtschaffenes Italien gibt, das sich nicht nur darin ausdrückt, daß es nicht stiehlt, sondern daß es nach der Wahrheit sucht, hat meine Hoffnung genährt und das Gefühl nicht aufkommen lassen, daß ich für etwas arbeite, das schon verloren ist. Dieses rechtschaffene Italien haben mir alle die Freunde und Freundinnen repräsentiert, die mir zur Seite standen, so unterschiedlich und so zahlreich, daß ich gar nicht jedem einzelnen danken kann; viele Menschen aus dem Bereich der Justiz waren dabei, Carabinieri, Staatsbeamte; sie haben es getan durch ihre für sie gefährliche Arbeit, und sie haben mir dadurch Vertrauen in die Institutionen – ja, auch in sie – gegeben; und sie haben mir geholfen, an eine mögliche Gerechtigkeit zu glauben. Dieses rechtschaffene Italien hat sich auch manifestiert in den vielen jungen Menschen, die ich in den Schulen getroffen habe. Dazu kamen andere: Ganz besonders haben mir – wenn es glückte – all jene dieses andere Italien vergegenwärtigt, für die die Suche nach Wahrheit besonders aufreibend und hart ist: ich denke an die (gar nicht wenigen) Christdemokraten, die meinem Kampf Respekt und Verständnis entgegengebracht haben, und ich denke an die vielen Sizilianer, die nach einem tiefen Verständnis und begründetem Urteil suchten und dabei für immer mit der sizilianistischen Verschwiegenheit, der »omertà« gebrochen haben. Ihre Unterstützung und ihr Mut haben meine emotionale Bindung an Sizilien gestärkt, trotz alledem, was geschehen war. Ich glaube, daß sich meine Dankbarkeit nicht besser ausdrücken könnte.

Schließlich noch der Dank an die Menschen, die mir am nächsten stehen; meine Frau Emilia, die – aus Liebe zu meinem Vater – die schwierige Entscheidung mitgetragen hat, ohne mir den Preis und die Anspannung dafür aufzubürden; und einen lieben Dank an meine wunderbaren Schwestern Rita und Simona, mit denen ich dieselben Erinnerungen, dieselben Bilder, dieselben Werte teile.

I

GESCHICHTEN VOM STAAT
DIE WEGE DER EINSAMKEIT

»Meine lieben Kinder,
die Umstände haben die Staatsregierung nun wirklich zu der Maßnahme veranlaßt, daß ich aus dem aktiven Militärdienst und dessen
höchstem Amt ausscheide, noch bevor die regulären Fristen abgelau-
fen sind. Wenn mir auf der einen Seite soviel Ehre zuteil wird – die in
gewisser Weise auch »unsere« Familie betrifft – so bemerke ich andererseits bei all dem seelischen Trauma dieses heiklen Augenblickes eine
Menge von Gefühlen, aus denen mir in meinem aufgewühlten Inneren
mächtig und lieb das wunderbare Bild von Mama wiedererscheint. Ich
weiß – und wußte es immer – nur zu gut, wieviel ich ihr auf den Etappen aufwärts in diesen letzten vierzig Jahren verdanke und wieviel…
wir ihr alle schulden. Es kommt mir wie gestern vor, als Mama – im
siebten Monat mit Fernando – am Bahnhof von Santa Maria Novella
ihre ersten Tränen vergoß, während ich als Freiwilliger der Anti-
Banditen-Einheiten (als sich trotz wiederholter Initiativen kaum jemand dafür gemeldet hatte) im August 1949 aus Florenz abrückte.
Aber sie tat nichts, was ihren Carlo, auf den sie gegenüber jedermann
stolz sein wollte, seinen Glauben und seinen Enthusiasmus hätte aufgeben lassen.

Ich sah Nando zum erstenmal, als er schon neun Monate alt war,
nachdem sie mir im Februar eine Fotografie von ihm geschickt hatte.
Opfer, Entsagungen, Ängste, Strapazen, aber auch die Befriedigungen
und die Freuden – viele mit eurer Entwicklung verbunden – bestimmten die wunderbare Reise, die ich an ihrer Seite erleben durfte…

Entschuldigt, meine Lieben, wenn ich etwas ausführlich geworden
bin. Ich habe euch so lieb, und in diesem Augenblick wünschte ich
euch nahe, wie ich es auch für die kommenden Monate und Jahre gern
hätte. Ersehnt immer und vor allem das Glück des Augenblicks! Ich
habe das alles in 7–8000 Meter Höhe, unter dem Himmel, geschrie-

ben, während mich das Flugzeug schnell nach Palermo trägt; ich lasse, zusammen mit den Schulterstücken, auch die Tage von Pastrengo hinter mir…

Ich umarme euch fest, so fest.

Euer Vater«

Mit diesem Brief an Rita, Simona und mich wollte mein Vater, vor seiner Ankunft in Palermo, die Schmuckstücke unserer Mutter zwischen seinen Kindern und Enkeln (auch den künftigen) aufteilen. Das war kein notarieller Akt. In diesen Schmuckstücken, jedes von ihnen bedeutete Verzicht und Momente von Glück, bewahrte er eifersüchtig das Bild familiärer Einheit und ehelicher Erfahrung, das sein Leben mit Sinn erfüllt hatte. Wenn er sich an diesem Tag entschlossen hat, sie zwischen uns aufzuteilen, war das nicht ohne Grund. Die Abreise nach Sizilien schuf für ihn eine zweifach traumatische Trennung von seiner Vergangenheit, von einer ganzen Welt der Gefühle und Werte. Denn sobald wie möglich würde er sich, nach vier Jahren Einsamkeit, wiederverheiraten, mit Emmanuela. Und: mit seiner Abreise gab er die Schulterstücke des Carabinieri ab; einen Dienst, den er fast vierzig Jahre mit einer fast mystischen Treue versehen hatte.

Es war eine völlig unnatürliche Trennung. Und genau hier muß man nach den Ursprüngen des Schicksals zu suchen beginnen, das ihn vier Monate später in der Via Carini erwartete.

Ich bin der Meinung, daß vor allem hinsichtlich der Mafia und des Terrorismus die »bedeutenden« Morde immer eine lange Vorgeschichte haben, daß sie außer mit den Kugeln und den Mordabsichten auch verwoben sind mit Worten, mit Engstirnigkeit, mit Eifersucht, Neid, mit Gesetzlosigkeit, die mit alledem verdeckt werden. Es gibt da eine Welt, die sich gegen einen Menschen in Bewegung setzt, ihn immer mehr isoliert, ihm alle zu Feinden macht und ihn am Ende auf einem Silbertablett dem Scharfrichter serviert. Bei meinem Vater begann diese Bewegung – jawohl – lange bevor er in Sizilien ankam.

Er selbst war es, der der Regierung die Zweckmäßigkeit einer Versetzung in ein Amt außerhalb des Militärs darlegte. Die Frage ist aber die: Warum ein Mensch, der die Carabinieri-Armee liebt und sein eigenes Leben damit identifiziert, ein Mensch, der sich – wie er voller Freude immer wieder sagte – »die Schulterstücke auf die Haut genäht« fühlte, warum dieser Mensch sich selbst dafür einsetzt, daß er den aktiven Dienst vor dessen regulärem Ende verlassen kann? Man könnte darauf antworten, und das haben auch manche wohl getan, daß ein

Machtmensch wie er sich nicht zufriedengeben konnte mit dem formalen und repräsentativen Amt des Vizekommandanten des Heeres. Unter psychologischem Aspekt ist da etwas Wahres dran. Tatsächlich aber war sich mein Vater, als er vom Kommando der Division Pastrengo (das Heereskommando über Norditalien) ins Generalkommando überwechslte, der Kompetenzen und der Rechte, die ihn in seinem neuen Amt erwarteten, woll bewußt. Es war ein Amt, das er auch emotional gerne übernahm, denn dreißig Jahre vorher hatte es auch schon sein Vater innegehabt. Und seine Zukunft war – von der Heiratsabsicht bis zum Haus auf dem Land und dem Appartement, das er für die Zeit seiner Pensionierung in Florenz gemietet hatte – vollständig ausgerichtet auf einen unbeschwerten Abschluß seiner Karriere.

Wenn dann, an einem bestimmten Punkt, in ihm der »Geist der Trennung« überwog, so war es nicht unbedingt deshalb, weil er mehr Macht haben wollte, denn wie er oft bekräftigte, hätte er an dieser Stelle den Dienst in jedem Falle quittiert. Da waren anderen Mechanismen in ihm zugange, die ihn zu einer Entscheidung drängten, die er sonst niemals getroffen hätte. In Rom etwa hatte eine kleinkarierte Gruppe von Generälen eine für ihn unerträgliche Situation geschaffen, die nichts mit der Beachtung von Vorschriften oder mit der vorgesehenen Teilung der Machtbefugnisse zu tun hatte. Man wollte ihn treffen, demütigen. Die Eifersucht, die Angst, daß mein Vater allein aufgrund seines Einflusses oder seines Prestiges de facto in der Via Romania (dem Sitz des Generalkommandos) »kommandieren« könne, wurden perfekt genutzt, um ihn in Widerspruch zum Ambiente zu bringen, und zwar auf höchster Ebene. Ein Jahr später erklärte sich dieser Staat als so knapp an Beamten, daß man ein- und derselben Person (dem Dr. De Francesco) gleichzeitig die Leitung des SISDE (ziviler Geheimdienst, A. d. Ü.) und des Hochkommissariats für den Kampf gegen die Mafia anvertrauen mußte – aber in einem solchen Staat verbrachte der General dalla Chiesa, der Mann, der entscheidend zur Niederlage des Terrorismus beigetragen hatte, seine Tage mit der Korrektur von Aufsätzen der Offiziersanwärter. War dies, über die Machtfrage hinaus, für einen Menschen akzeptabel, der ganz andere Aufgaben gewohnt war? – Und war es möglich, daß in keiner, nicht in einer einzigen Ermittlung, das Fachwissen meines Vaters, sein Fahnderinstinkt nutzbar waren? Konnte er dem Militär und unserem Land wirklich nichts mehr bieten?

Mein Vater reagierte auf diesen ihm aufgezwungenen Status der Nutzlosigkeit und versuchte, seine Erfahrung in einer Reihe von Ermittlungen anzubieten. Einmal ergriff er die Initiative und erreichte dabei, daß bei einer Operation gegen den roten Terrorismus wichtige Ergebnisse erzielt wurden. Als er nach Rom zurückkehrte, fletschte man, als Anerkennung, eher mit den Zähnen über das, was er getan hatte. Noch größere und beunruhigendere Blockaden gab es in anderer Hinsicht. Untersuchungsrichter aus Bologna, die seitens einiger Armeeteile Behinderungen und Verschleierungen erfahren hatten, wandten sich an ihn zwecks Mitarbeit bei den Ermittlungen über das Attentat auf den Bahnhof von Bologna vom 2. Augunst 1980 (von Rechtsterroristen verübt, 85 Tote, A.d.Ü.). Vater vermerkte in seinem Tagebuch verschiedene Begegnungen mit diesen Richtern, mit Carabinieri-Offizieren und dazu mit nicht näher genannten Leuten aus dem internationalen Spionagefeld. Er hatte begründete Hoffnung auf bedeutende Ergebnisse; in sein Tagebuch schrieb er unter dem 11. März 1982, als sich sein Übertritt in ein Amt außerhalb der Armee bereits abzeichnete: »Ich hoffe, daß bei der nächsten Begegnung etwas entsteht oder sich konkretisiert, und es würde mich freuen, daß ich, sofern mir wirklich ein anderes Amt anvertraut werden sollte, hier in diesem Sektor mit einer großen Sache abschließen kann.«

Aber seine Aktivität fand keinen Dank. Die »Kompetenzen« zeigten sich schon damals als unendlich wichtiger als das allgemeine Interesse der Öffentlichkeit. Einige Tage später notierte er überaus bitter, daß er seit dem Morgen völlig durcheinander war, »als ich mich, für etwa zwei Stunden, dem Armee-Kommandanten (General Valditara, N.d.Ch.) gegenüberbefand, der mir einmal mehr, offenbar von der üblichen Person bestärkt (dem General De Sena, Chef des Generalstabs, N.d.Ch.), meinen persönlichen Beitrag zu den Ermittlungen über den Anschlag von Bolonga bestritt. Er wollte weder erkennen, wie wichtig die geleistete Arbeit war, noch, daß das ganze Militär von dem überaus wahrscheinlichen Erfolg sehr, sehr viel Prestige erwarten konnte.«

Ihm, dem Vizekommandanten des Heeres, der völlig ausgeschaltet wurde – sogar bei Antiterrorismus-Besprechungen und Besuchen des Polizeichefs – wurde also zugemutet, keinerlei Aktionen oder Operationen auszuführen, wenn er nicht vorher bis ins Detail das Generalkommando informiert hatte – was man nicht einmal von einem Hauptmann verlangte. Durfte der General dalla Chiesa nichts Neues mehr unternehmen, seit sie ihm einige Jahre zuvor gerade in Rom eine heikle Aktion gegen den Terrorismus zunichte machen, indem sie die geplanten Zeitabläufe »verbrannten« – nur damit er und seine Leute

25

nicht die Anerkennung dafür beziehen konnten (über diese Episoden gibt es Andeutungen auch in einem Beitrag von Indro Montanelli im »Il giornale nuova« vom 8. August 1981)? Natürlich nicht. Er konnte auch nichts mehr unternehmen, weil meiner Meinung nach am Ursprung dieses Gesamts an Mißtrauen und Feindseligkeit nicht nur Gefühle menschlicher Mittelmäßigkeit standen. Da war noch etwas anderes. Ich habe oft daran gedacht, wenn ich nach dem 3. September (1982, der Tag der Ermordung Carlo Alberto dalla Chiesas, A. d. Ü.) die letzten zwei oder drei Jahre an mir vorüberziehen ließ. Und ich bin überzeugt, daß es mit Sicherheit sehr wahrscheinlich starke Interessen daran gab, daß man Vater nicht ins Generalkommando der Armee in Rom übernahm.

An dieser Stelle muß man etwas zurückblenden. Und die Geschichte der P 2 (Loge »Propaganda 2«, A. d. Ü.) heranziehen. Ich weiß davon wenig, wohl nur das, was mir mein Vater davon berichtet hat. Und das war genau das, was er damals auch den Zeitungen erklärt hatte. Mitte der siebziger Jahre wurde Vater, der damals gerade ziemlich isoliert war (man denke nur an die Feindseligkeit, mit der ihm die fortschrittlichen Teile der öffentlchen Meinung begegneten), beständig von seinen Oberen angesprochen und aufgefordert, in die Geheimloge Gellis einzutreten, durch die er Solidarität und Unterstützung finden würde. Er beschloß, den Antrag zu stellen, auch – wie er hinzufügte – um herauszufinden, worum es sich dabei handelte, welche Interessen sich da konzentrierten. Tatsächlich wurde sein Antrag niemals angenommen (sein Name fand sich auch nicht in der Liste der Mitglieder). Daß dies nicht geschah, lag meiner Meinung nach daran, daß eine aufmerksame Bewertung des Temperaments meines Vaters und seiner Haltung den Institutionen gegenüber zum Schluß geführt hatten, daß seine Gegenwart für die hehre Loge »kontraindiziert« war. Warum sollte man sonst einen Mann abweisen, der zu den mächtigsten Italiens zählte und obendrein ein »starker Mann« war, wenn nicht deshalb, weil man eigene Pläne verfolgte? Kluge Schlußfolgerungen aus der Tatsache, daß sein Bruder Romolo auf der berühmten Liste stand, sind völlig unbegründet. Mein Vater wußte auch nicht über alles Bescheid.

»Heute sind endlich die famosen Listen der bekannten Loge publiziert worden«, notierte er unter dem 21. Mai 1981, »und wenn ich am Ende zufrieden bin, daß nun alle wissen, ich bin nicht dabei, so fand ich es gar nicht schön, den Namen Romolos darin zu finden. Nicht nur, daß er mir das nie angedeutet hat, sondern weil er es nicht für möglich hielt. Es kann sich herausstellen, daß der Verdacht der letzten Tage mir gegenüber von daher kommt. Hoffen wir, daß das Trauma für unser Land sich nicht zum Irreparablen und zu etwas Unangemessenem ausweitet, so daß die gutwillige Hilfsbereitschaft (die er jedenfalls meinem Onkel unterstellte, N. d. Ch.) mit hinein verwickelt wird, die nichts mit den Machenschaften und dem Opportunismus einiger weniger zu tun hat. Hoffen wir aber auch, daß, wenn ein Plan hinter alledem steht, dieser mit all seinen Verantwortlichen ans Licht kommt.«

Diese Episode bedeutete viel im Leben meines Vaters, war sicher ein Einschnitt, und zwar ein großer. Ich spreche hier nicht über die Jahre, nachdem er den Antrag gestellt hat, sondern über die Zeit nach der Publikation alle dessen (1981–82), die uns hier besonders interessiert. Nachrichten über seinen Antrag gab es in der Presse im Mai 1981, und das war in Wirklichkeit der Vorwand zum Versuch, ihn aus der Carabinieri-Armee herauszuwerfen. Ein Versuch, den der damalige Chef des Heeres-Generalstabs, General Cappuzzo, mit unerhörter Entschlossenheit betrieb. Zwischen meinem Vater und Cappuzzo gab es niemals umfangreichere Beziehungen. Meiner Ansicht nach hat Cappuzzo meinem Vater die Popularität, den Erfolg nie verziehen, die Tatsache, daß man unter Carabinieri meinen Vater meinte, wenn man von »unserem General« sprach (was ja auch natürlich war angesichts dessen, was er vierzig Jahre durchgemacht hatte). Ansonsten wäre es auch kaum erklärlich, warum ein Oberkommandierender, der wie besessen das Wort »Entpersonalisierung« predigte, gleichzeitig auch der erste und einzige in der Geschichte des Militärs war, der sich geradezu wissenschaftlich durch die gesamte italienische Presse kämpfte (vom »Corriere della sera« bis zur »Familia Cristiana«), um Interviews zu geben.

Wenn sich bei irgendeiner Gelegenheit eine Zeitung für meinen Vater interessierte, geriet Cappuzzo eifrig ins Wehklagen, daß man ihm weniger Raum gegeben habe. So geschehen gegenüber dem »Corriere della sera«, der sich »schuldig« gemacht hatte, nach einer Sitzung der Kommission zur Aufklärung der Ermordung Aldo Moros der Aussage Cappuzzos weniger Bedeutung beigemessen zu haben als der meines Vaters, der Jahre des Kampfes gegen den Terrorismus hinter sich hatte. So geschehen in noch gröberer Form, als Cappuzzo anläßlich von Fernsehinterviews, die mein Vater der RAI (staatlicher Rundfunk, A. d. Ü.) und Enzo Biagi für eine private TV-Anstalt gegeben hatte, so lange nachhakte, bis auch er innerhalb derselben Sendereihe der RAI (»Tam Tam«) interviewt wurde. Schon damals konnte man die Schläge nicht mehr zählen, die mein Vater aus Rom von hinten übergezogen bekam. Derart, daß er auf die Frage von Enzo Biagi: »Wer ist ein Mafioso?« antwortete: »Das ist einer, der... bevor er tötet – ich verstehe unter Mord hier auch den Rufmord – imstande ist, Ausdrücke zu benutzen wie ›ich rate dir väterlich, in aller Freundschaft...‹.«

Der Antrag zur Aufnahme in die P2 war der ideale Vorwand, eine Lynchjustiz großen Stils gegen den General dalla Chiesa auszulösen. Daß man ihm allerhand Dankbarkeit schuldete, daß die Institutionen ohne ihn auf einige Vorteile verzichten müßten, daß der Antrag ohne Erfolg war und schon fünf Jahre zurücklag, das alles war völlig ohne Einfluß. Warum Ausnahmen machen? War die Moralisierung nicht wichtiger? Die Methode dieser »Moralisierung« paßte so richtig zur moralischen Verfassung der Moralprediger: journalistisches Gift. Die Nachricht vom Antrag und der mutmaßlichen Mitgliedschaft wurde über den »L'Espresso« verbreitet. Und es ist besonders bezeichnend, daß der Leiter dieser Wochenzeitung angesichts der Verleumdungsklage durch meinen Vater diesen über den Chef des militärischen Geheimdienstes SISMI (!) wissen ließ, daß er ihn treffen wolle, »bereit zu schreiben«, notierte mein Vater unter dem 6. Mai 1981, »was immer ich wolle«.

Noch verdächtiger die zweite journalistische Episode. Nachdem mein Vater seine Version bekanntgemacht hatte und dabei unter anderem behauptete, daß er herausbekommen wollte, wer ihm von der P2 bei einem so exponierten und gefährlichen Auftrag wie dem seinen schaden konnte, verspritzte »Panorama« (am 1. Juni 1981) ein geradezu unglaubliches Gift. Über die anonyme Publikation einer Reihe geheimer Informationen aus dem Generalkommando gipfelte der Artikel in folgender Behauptung: »Vor fünf Jahren war dalla Chiesa nicht mehr exponiert als Dutzende andere Carabinieri-Offiziere auch.« Mein Vater, jahrelang das Ziel Nummer eins der Terroristen, wollte es nicht glauben. Er konnte, wie er unter dem 22. Mai in sein Tagebuch schrieb, nicht begreifen, daß diese Attacken und diese Hinterlist aus dem Inneren des Militärs kamen, »einem Militär, dem ich auf Knien gedient habe, dem ich alles gegeben habe.« Obwohl ihm die Feindseligkeit des Gespanns Cappuzzo / De Sena klar war, hatte er doch nie gedacht, daß man zu einem solchen Zynismus gelangen könnte. Er war derart verzweifelt, daß er sich, nach so vielen Jahren, erstmals seiner Familie öffnete und nach Zuspruch und Unterstützung suchte.

Es kann ihm nicht leicht gefallen sein, ihm, der stets allen, und besonders seinen Kindern, ein unbeflecktes Bild der Institutionen gezeichnet hatte, so daß man mitunter daran fast im religiösen Sinne glauben mochte.

Wir haben versucht, ihm nahe zu bleiben. Weder die Verschiedenheit unserer persönlichen Biographie noch der Unterschied im Denken konnte mich, gerade in diesem Fall, an einer voller Solidarisierung mit ihm hindern, so eindeutig waren die Zutaten der Operation, mit der sie ihn treffen wollten.

Eines Morgens suchte er telefonisch Klärung bei Cappuzzo. Er protestierte gegen die Flut von Gift. Es war ein peinliches Gespräch. Cappuzzo riet ihm (freundschaftlich, versteht sich), einen Monat Urlaub zu nehmen, um »aus der Schußlinie zu kommen« und auch nicht die Rede beim Fest des Militärs am folgenden 5. Juni zu halten – aus Imagegründen.

Soweit also war es gekommen. Mein Vater, den das italienische Volk als Carabiniere schlechthin betrachtete, schuf »Imageprobleme«! Er nahm keinen Urlaub. Es war klar: wenn er ihn genommen hätte, wäre er nach seiner Rückkehr abgesetzt gewesen. Und er sprach beim Fest des Militärs. Aber er lebte in einem Klima voller Qual und Tortur. Nach dem Fest gingen wir mit ihm essen. Er war derart angespannt bei Tisch, daß er nach einem kleinen Lausbubenstreich meines Sohnes Carletto – den er doch über alles liebte – das Glas zerdrückte, das er in der Hand hielt. Es war einer der leidvollsten Abschnitte in seinem Leben.

Wir befürchteten das Schlimmste, denn seinen Sinn für Ehre kannten wir. Unbegründet war diese Furcht nicht. Auf den Seiten des 29. und des 31. Mai kommt es in seinem Tagebuch zu einem verzweifelten Ausbruch. Er wendet sich in einem imaginären Gespräch an meine Mutter, und darin finden sich Erklärungen späterer Entscheidungen: »Es war eine saubere, ehrenhafte und leidvolle Vergangenheit, und sie ist der einzige Besitz, den wir unseren Kindern hinterlassen. Ich möchte so gerne bei dir sein.« Zwei Tage später setzte er das Gespräch fort: »Die Atmosphäre ist drückend; ich werde erst froh sein, wenn ich feststellen kann, daß der gute Wille siegt und nicht die Absicht, mir zu schaden und mich moralisch zu zerstören. Ich könnte mich nicht mit der Demütigung… abfinden, daß mir meine Mitarbeiter und die vielen Bürger nicht mehr glauben, die mir auf so viele Art und Weise gezeigt haben, daß sie mich gerne haben. Ich wäre froh, wenn du mich zu dir nähmst, denn das, was ich dir von Anfang an versprochen habe, ist offenbar vorüber: gerade so lange zu leben, wie es nötig ist, um dich stolz auf mich sein zu lassen.«

Zum Glück schufen die Politiker, dieses eine Mal wenigstens, Abhilfe. Während Cappuzzo auf der Entlassung meines Vater bestand, beschlossen die Minister Rognoni und Lagorio (Inneres bzw. Verteidigung, A. d. Ü.) – mit Unterstützung des Generalstabschefs im Verteidigungsministerium, General Rambaldi – im Rahmen der Kommission, die über das Schicksal der auf unterschiedliche Weise in den Fall P2 verwickelten Offiziere zu entscheiden hatte, die Einstellung des Verfahrens gegen meinen Vater und die Bestätigung des Vertrauens der Regierung in ihn.

Es war meines Erachtens notwendig, an diese biographischen Aspekte zu erinnern. Auch wenn sie nur beiläufig zum Bild meines Vaters beitragen (dessen Verdienste ansonsten ja vor der Geschichte bestehen), so sind sie doch unentbehrlich, will man den Sinn der folgenden Ereignisse auf zwei verschiedenen miteinander verbundenen Ebenen von Anfang an verstehen.

Die erste Ebene ist die der »Einsamkeit«. Denn es besteht ein deutlicher Zusammenhang zwischen der Lynchjustiz, mit der man ihn unter der Ausrede »P2« vor seinem Amtsantritt als Vizekommandant in Rom hinauswerfen wollte, und der eisernen Isolation, mit der er 1982, dann in Palermo, belegt wurde. Es stimmt, daß es in der Bürokratie vor Eifersüchteleien und Rankünen, auch manischer Art, wimmelt. Aber hier zeichnet sich (zumindest für mich) eine andere, wahrscheinlichere Erklärung ab: irgendjemand hatte Interesse daran, daß der General dalla Chiesa keine Chance zum Eingreifen hatte oder zur Kenntnis bestimmter Fakten, Operationszentren, Handlungsabläufe und Beziehungen gelangte.

Das muß ich näher erläutern. Ich schätze das Militär und die Menschen, die dort arbeiten. Das kann auch gar nicht anders sein, da ich aus einer Familie komme, die zwei Generationen lang zum Militär gehörte. Ich selbst war Offizier auf Zeit und habe meine Kindheit in Kasernen verbracht, immer in Folge der Versetzungen meines Vaters. In gewisser Weise empfinde ich das Ambiente des Militärs auch als das »meine«. Es geht also nicht um die Institution »Militär«. Aber angesichts dessen, was nun geschah, halte ich die Annahme für durchaus nicht abwegig, daß einzelne Personen (mein Vater sprach bei einigen Gelegenheiten von einer »Viererbande«) dort als Verbindungsglieder zu militärfremden Systemen und zu illegalen Interessen fungieren konnten.

Phantastereien? Leider sehen die Fakten real aus, die sich da in der zweiten Hälfte der siebziger Jahre miteinander verbanden: ein kommandierender General der Guardia di Finanza (Finanzpolizei) mit allerhand politischen Paten, der zusammen mit seinen engsten Mitarbeitern auf direktem Wege den Schmuggel organisiert; die Geheimdienste, verwickelt in den internationalen Waffenhandel; ein Verteidigungsminister namens Attilio Ruffini, der beim Begräbnis des Don Calogero Volpe in der ersten Reihe sitzt und an den »Wahlempfehlungs-Parties« der Inzerillo und Spatola teilnimmt (allesamt Mafiosi, A..d.Ü.); die Spitzen von Militär und Geheimdiensten von der P2 kontrolliert; und all die anderen Scheußlichkeiten, die erst jetzt zusammen mit den Namen der dafür Verantwortlichen und ihrer Inspiratoren ans Licht kommen.

Kein Wunder also, wenn ein General dalla Chiesa in Rom als »unbequem« betrachtet werden konnte. Und daß man folglich gegen ihn arbeitete. Ganz sicher hatte man damit Erfolg. Mein Vater ließ seine Schulterstücke vorzeitig sein; und er war es, der schon zwei Monate nach seiner Ankunft in Rom – und sicher nicht leichten Herzens – die ersten Schritte unternahm, damit ihn die staatliche Administration anderweitig einsetzte. Dieses Alleinsein sollte dann noch eine andere, dramatischere Einsamkeit vorbereiten – ohne daß dies recht viele Skrupel bei denen hervorrufen mochte, die ursprünglich für die Isolation verantwortlich waren, und die ihn dann, nach dem Anschlag in der Via Carini, gar noch öffentlich wie privat beschuldigten, er habe diese Isolierung »selbst gewollt«.

Aber es gibt noch eine zweite Ebene, deren Einfluß auf das Geschehen mitbedacht werden muß: die Psychologie meines Vaters. Aus alledem ging er nicht ohne Trauma hervor. Zunächst hatte er, insbesondere im Frühjahr 1981, auf ätzende Weise erfahren müssen, daß die Oberen, die »Kommandierenden«, nicht immer – wie er ständig ehrlich, und nicht nur formal, glaubte – geistige Führer und Beschützer ihrer Untergebenen sind. Für einen nüchternen Beobachter sind das wohl eher Banalitäten. Aber bei meinem Vater provozierte diese Erkenntnis einen Bruch, der auch seine ethische Optik, das Bild der Macht in ihm veränderte. Es war die militärische Ethik, die er von seinem Vater erlernt hatte, seine Sicht der Hierarchie, die in einer Erziehung im Geiste der Risorgimento und in einer faschistischen Disziplin gereift war, und die nun in ihm zerfiel – erst jetzt, obwohl er doch schon früher Skandale aus dem »Palazzo« (metaphorische Bezeichnung des Machtapparates, A.d.Ü.) gekannt hatte.

Zweitens, und vielleicht vor alledem, saß in ihm der Stachel der Frage P 2. Der Kampf gegen den Terrorismus – der ihm besonders hoch angerechnet wurde – war für ihn weniger Machtfülle und Erfolg, obwohl ihm auch dies nicht mißfiel, sondern Vertrauen, womit ihn die Menschen umgaben. Irgendein Mann oder einer Frau, die ihm begegneten und sagten »Gott schütze Sie« oder »Alles Gute, Herr General« waren für ihn der größte Lohn für seine Mühen und der mächtigste Antrieb zum Weitermachen. Das war ein charakteristischer Zug seiner Sicht bezüglich der Staatsmacht. Eine ziemlich einmalige Sicht, über die wir oft lange diskutiert haben, und in der sich ein tiefgreifendes Mißtrauen gegen die Kontrollfunktion der Presse und der öffentlichen Meinung mit der Frage (als »Anspruch«) vollen Vertrauens in die Institution verband: Die Leute sollen nicht kontrollieren, sie sollen Vertrauen haben. Und die Institutionen müssen sich des Vertrauens würdig erweisen.

Daß die Menschen, nach oftmaligem Unverständnis, an ihn glaubten, ihn gerne schwierige und vertrauliche Aufträge übernehmen sahen, das, genau das gab ihm das Gefühl, daß er seine Aufgabe als Mensch und als Carabiniere voll erfüllte. Und das hat ihn dann auch weniger mißtrauisch gegenüber Politik und Presse gemacht, auch gegenüber der traditionell kritischeren. Der Fall P 2, seine Publikation mit soviel Gift gegen ihn, hatte – in seiner Sicht – diesem Vertrauens- und auch Dankbarkeitsverhältnis einen Stoß versetzt. Es blieb ein innerer, für ihn nicht akzeptabler Zorn zurück.

Das war der Grund, warum er von allen den ihm von der Regierung angebotenen Posten, von der Leitung der Strafvollzugsanstalten über die Präfektur von Neapel bis zur Koordinierung des Kampfes gegen die Mafia, mit Begeisterung den exponiertesten und gefährlichsten annahm: den nämlich, der ihm, sofern er ihn gut ausfüllte, das Vertrauensverhältnis in vollem Umfang zurückgegeben hätte. Es lag nicht daran, wie in so manchem übelwollenden Zirkel gemunkelt wurde, weil ihm die baldige Heirat mit Emmanuela jugendlichen oder revolutionären Überschwang eingeimpft hätte. Als er mich Mitte April in Rom in seine Heiratspläne einweihte, hatte er – trotz erster Einschüchterungsversuche – bereits die Versetzung nach Sizilien akzeptiert. Und er hatte auch bereits entschieden, welche Richtlinien da anzuwenden waren.

Dieser Vertrauensriß lag also gerade hinter meinem Vater, als er am Tag der Ermordung Pio La Torres (Kommunistischer Abgeordneter, Minderheitsberichterstatter der Antimafia-Kommission, am 30. April

1982 in Palermo erschossen, A. d. Ü.) die jährliche Feier zur Amtsüber-
nahme in Pastrengo verließ und sich nach Rom begab. Und in vollem
Bewußtsein des Schrittes, den er zu tun im Begriff war, schrieb er an
diesem Tag – im Flugzeug nach Palermo – an seine Kinder sein geisti-
ges Testament im wahrsten Sinne.

II

Die »Ablehnung«:
Zwischen Mafia und Politik

Will man den Gemützustand meines Vater und die Gedanken verstehen, die ihn bewegten, als er diesen Brief schrieb, während er per Flugzeug nach Palermo aufbrach, so reicht freilich der Bezug auf die Fälle, die ihn in den letzten Jahren – als General und als Carabiniere – berührt hatten, nicht aus. Obwohl er noch gar nicht Präfekt von Palermo war, reiste er dorthin, belastet von Drohungen und Anspielungen, von den Spannungen und Vorurteilen, die ihn als Präfekt schon betrafen. Die Bitternis gegenüber der Vergangenheit vereinte sich mit Furcht und Unsicherheit hinsichtlich der nächsten Zukunft. Obwohl er sich schon im Zustand institutionalisierter Einsamkeit befand, begann er mit gewohnter Begeisterung das letzte Amt seines Lebens zu übernehmen.

Wieso »schon im Zustand institutionalisierter Einsamkeit«? Recht einfach. Die Nachricht von seiner Nominierung zum Präfekten von Palermo hatte, zusammen mit der Aussicht, daß ihm Machtbefugnisse für den Kampf gegen die Mafia eingeräumt würden, in Sizilien wie in Rom besorgte Reaktionen ausgelöst. Natürlich konnte man sich da nicht zu sehr exponieren. Nach ihren jahrelangen Klageliedern über den Staat, der nichts tut, konnten die sizilianischen Politiker, insbesondere – klar – die der insularen Regierungspartei sich nicht offen über die künftige Anwesenheit eines Mannes wie der des General dalla Chiesa beklagen. Die allerersten Reaktionen bestanden daher aus Frostigkeit und Abstandhalten. Obwohl sie sich, nach außen hin, zusammennahmen und »völlig überzeugte Zustimmung« zur Nominierung zeigten, gab es nicht wenige bedeutende politische Persönlichkeiten, die eine gewisse Unsicherheit erkennen ließen. Als der Regionalsekretär der DC (Democrazia cristiana, A. d. Ü.), Rosario Nicoletti, unversehens um eine diesbezügliche Stellungnahme gebeten wurde, lautete die verärgerte Antwort: »Die DC gibt Erklärungen ab, wann sie will«

(»L'Europeo« Nr. 15/1982). Der nationale Partei-Vize der PSDI (Partito socialdemocratico italiano, A. d. Ü.), der Sizilianer Carlo Vizzini, schwächte seinerseits die von seiner Partei in Rom erklärte Unterstützung ab und bereitete die Ausschaltung des Kampfes gegen die Mafia aus dem Aufgabenbereich meines Vater vor, indem er daran erinnerte, daß »die heikle Aufgabe«, die ihm anvertraut sei, in der »Zerstörung des gefährlichen Zusammenspiels zwischen organisiertem Verbrechen und umstürzlerischen Aktivitäten« bestünde (Meldung der Nachrichtenagentur ANSA vom 2. April 1982). Mario D'Acquisto, der christdemokratische Parteipräsident der Regionalregierung, sah es so: Die Nominierung sei »das Zeichen einer präzisen Absicht des Staates, sich den großen Fragen der Gewalt und der organisierten Kriminalität zu stellen« (»L'Europeo«, 15/1982).

Mein Vater hatte eine »sizilianische Vergangenheit« vorzuweisen, die die mafiosen Politiker auf jeden Fall beunruhigen mußte. Außer seiner Erfahrung bei den Einheiten in Corleone zur Zeit des Banditen Giuliano (wo er, unter anderem, die Mörder des Gewerkschaftsführers Placido Rizzotto dingfest gemacht hatte) gab es eine noch bedeutendere Epoche, in der man über ihn sprach. Zwischen 1966 und 1973 hatte er als Oberst die Carabinieri-Legion von Palermo geleitet, der das Gebiet des westlichen Sizilien unterstand; und dies waren die Jahre, in denen die Antimafia-Kommission des italienischen Parlaments gearbeitet hat.

Mein Vater hatte damals, zum ersten Mal, Daten, Beweise, Informationen und logische Rekonstruktionen geliefert, nach denen es möglich war, noch *während der Lebenszeit* bestimmter Politiker zu behaupten, daß diese Mafiosi waren. Die Kommissionsakten sind, auch wenn man die »Omissis« (die üblichen Tilgungen von Namen und Fakten wegen »Staatsgeheimnisses« etc., A. d. Ü.) abrechnet, voll von Bezugnahmen auf die Beweise des Obersten dalla Chiesa. In diesen Beweisstücken tauchen z. B. wiederholt die Namen von Vito Ciancimino (Bürgermeister Palermos, A. d. Ü.), Salvo Lima (ehem. Bürgermeister Palermos, heute Europaabgeordneter der DC, A. d. Ü.) und des oftmaligen Ministers Giovanni Gioia auf. Über Giovanni Gioia – von dem heute seine Schüler behaupten, er sei niemals juristischen Sanktionen unterworfen gewesen – eine bezeichnende Geschichte: Der Schriftsteller Michele Pantaleone hatte in seinem Buch *Antimafia, occasione mancata* Gioia einen Mafioso genannt. Gioia hatte daraufhin mit mafioser Dreistigkeit (»Freispruch mangels Beweises«) Pantaleone wie auch den Verleger Einaudi angezeigt. Aber diesmal gab es Beweise. Pantaleone gelang es, dem Gericht ein »Omissis« der Anti-mafia-Kommission beizubringen, das eben vom Obersten dalla Chiesa unterschrieben war. Der Gerichtspräsident lud meinen Vater vor, der nicht umhin konnte, seine Unterschrift als authentisch zu be-zeichnen. Pantaleone und Einaudi wurden freigesprochen. Zum ersten Mal hatte ein Gericht unseres Staates erklärt, daß ein Minister unseres Staates ein *Mafioso* ist.

Dies war also vorausgegangen. Und vor solchen Dingen mußte man sich fürchten. Die Leute, die noch immer in Palermo herrschten, waren unvorstellbarerweise gegenwärtig dieselben, die von der Anti-mafia-Kommission überprüft worden waren. Nichts wahrscheinlicher, als daß in den berühmten, bislang für die Gerichte unerreichbaren »Omissis«, mit deren Hilfe man sogar einen Minister zum Mafioso erklären konnte, auch ihr Name erschien, verwickelt in kriminelle Tä-tigkeiten noch über das hinaus, was schon aus den der Presse überge-benen Teilen der Kommissionsberichte hervorging. Lassen wir die Frage der Rechtmäßigkeit von »Omissis« beiseite (sollte das Geheim-nis der Mafia identisch sein mit dem Staatsgeheimnis?), so drängt sich dennoch eine Überlegung auf: während die Leute, die von der Anti-mafia-Kommission überprüft wurden, allesamt ungestört ihre politi-sche Macht ausbauen konnten, wurden die führenden Mitglieder die-ser Kommission und alle, die für die der Kommission zugeleiteten Er-gebnisse verantwortlich waren – bzw. die integersten Verwahrer der »Omissis« oder Teilen davon – ermordet, kaum daß sie nach Palermo zurückgekehrt waren. Von Costa (Generalstaatsanwalt, A.d.Ü.) bis Terranova (Ermittlungsrichter, Mitglied der Antimafia-Kommission, A.d.Ü.), von La Torre bis zu meinem Vater; 1970 wurde auch Angelo Nicosia umgebracht (Abgeordneter der MSI (Movimento sociale ita-liano, A.d.Ü.) und zusammen mit La Torre und Terranova Mitglied des Spezialausschusses, der zur Bewertung und Überwachung der Veröffentlichung von Dokumenten der Antimafia-Kommission ins Leben gerufen worden war. Er wurde von einem ausländischen Killer erstochen, der später unter ungeklärten Umständen umkam).

Nahm man zu alledem auch noch den Verlauf der weiteren Karriere meines Vaters hinzu, vervollständigte sich das Bild eines Machtmen-schen, der sicher auch zu unvoreingenommenen Kompromissen fähig war – aber stets unter dem Gesichtspunkt, den er für das höhere Inter-esse des Staates hielt. Kompromisse *gegen* den Staat hätte er also nie-mals geschlossen. Daß er, im Unterschied zu einigen Ministern, die Mafia nicht als materiellen *Teil* des Staates betrachtete, hatte er immer wieder bewiesen. Und es war in Palermo auch bekannt, daß er als erster – vielleicht lediglich mit der Intuition eines hervorragenden Polizisten – erkannt hatte, worin die expandierenden Entwicklungen der mafiosen Interessen bestanden. Der Fall De Mauro (palermitanischer Journalist, der 1970 verschwand und vermutlich ermordet wurde, A.d.Ü.) war hier bezeichnend: während die Polizei auf den Spuren des Falles Mattei (Öl-Manager, 1962 wahrscheinlich ermordet) entlangstampfte, marschierten seine Carabinieri auf der Drogen-Piste. Hier nämlich liefen seiner Ansicht nach all die Fäden der mafiosen Organisation und Ökonomie zusammen. Die Beförderung zum General 1973 hatte seine äußerst gefährliche Fahndungsarbeit unterbrochen. Nun kehrte er zurück, ausgestattet mit großem Prestige und bekanntermaßen – wohl auch als Präfekt – nicht geneigt, sich von den Leimruten offizieller und politischer Beziehungen irritieren zu lassen. Leimruten, zum besseren Verständnis, die einen in einer Stadt wie Palermo neutralisieren und blockieren, selbst wenn man nur das Gesetz zur Geltung bringen will.

Seit Mitte März die ersten Nachrichten auftauchten, daß meinem Vater Machtbefugnisse zur Koordinierung des Kampfes gegen die Mafia übertragen würden, gab es daher eine vielfältige und unermüdliche Abfolge von Kontakten und Pressionen, damit sich diese Möglichkeit nicht realisierte. Es kam zu ganz unterschiedlichen Signalen dieser Art. Einige waren expliziter Natur und vorhersehbar wie die parlamentarische Anfrage der PDUP (Democrazia proletaria), die von der üblichen antiautoritären und garantistischen Besorgnis herrührte; oder die Interpellation des sozialistischen Abgeordneten Giacomo Mancini, auch sie ausgelöst durch garantistische Besorgnisse und vielleicht nicht nur durch diese. (Garantismus = stark menschen- und verfassungsrechtlich orientierte Strömung, die auf strikte Einhaltung konstitutioneller Rechte der Bürger dringt, A.d.Ü.)

Aber es gab auch Signale, die man aufmerksamer bewerten mußte. In Presseorganen, die meinem Vater traditionell gutgesinnt waren, wie »Il Giornale« und »Il Tempo« gingen »garantistische« Lampen an, die absolut nicht dahin paßten und ganz anders waren als die während der Zeit des Terrorismus, als sie jede Unterstützung der außerordentlichen Vollmachten zur Aufrechterhaltung der öffentlichen Ordnung signalisierten. Auf diese Weise schlich sich der typische Versuch der mafiosen Kultur ein, ihre Gegner von der »progressiven Seite her« zu schlagen. Es waren Zeichen, die nicht im Einklang mit dem allgemeinen Verhalten der politischen Spitzen standen, welche ja meinen Vater tatsächlich während der Polemiken des August 1981 unterstützt hatten. Aber gerade deshalb waren diese Signale bezeichnend. Sie machten doch deutlich, daß spezifische Kreise, die zu den politischen Spitzen Zugang hatten und daher auch traditionell meinem Vater nahestanden, sich nun gegen ihn wandten. Anders ist es z. B. nicht zu erklären, warum man sich im »Giornale nuovo« vom 29. März 1982 »links« von meinem Vater einordnete und schrieb: »In Rom fehlt es an einer Macht, die imstande ist, die Mafia mit den Methoden der Mafia zu bekämpfen, wie etwa Mori sie darstellte (Mori war während des Faschismus Präfekt von Palermo, A. d. Ü.). Möglicherweise beklagt sich dalla Chiesa darüber. Wir aber nicht.« (Verfasser: Guido Guidi). Oder, warum man im »Tempo« vom 1. April unter dem Titel »Der General dalla Chiesa, ausgestattet mit diktatorischen Vollmachten, an der Spitze des Kampfes gegen die Mafia« mit süffisanter Ironie (und Bosheit) kommentierte: »Wir erwarten jetzt jedenfalls eine Reihe von Gesetzen für geständige Mafiosi, eines großzügiger als das andere.«

Mein Vater nahm die Hinterlist wohl wahr, die man da aufzubauen begann und verfolgte Stück für Stück die offiziellen und inoffiziellen Meldungen, die die formale Ankündigung seiner Nominierung Ende März umgaben.

Ein kurzes Interview im »Resto di Carlino« (Tageszeitung in Oberitalien) vom 30. März traf ihn ganz besonders. Es stammte vom Bürgermeister Palermos, Nello Martellucci, ein Mann Salvo Limas, der wiederum der unbestrittene Chef der Seilschaft Andreottis (Democrazia cristiana, DC, heute Außenminister, dreimal schon Regierungschef, A. d. Ü.) in Sizilien ist und der immer wieder in den Akten der parlamentarischen Antimafia-Kommission zitiert wird – aber trotzdem Europaabgeordneter und Mitglied der nationalen DC-Parteileitung geblieben ist. Der Bürgermeister berichtete ohne Umschweife, welches die spezifischen Beziehungen zwischen ihm und seinem Herrn waren: »Ich habe mich den Forderungen meiner Partei gebeugt. Eines schönen Tages, Anfang 1980, sagten sie mir, daß sie mich als Nummer eins auf der Wahlliste haben wollten. *Ich habe gar nicht das passive Wahlrecht*, sagte ich. Kein Hindernis, antworteten sie. Ich fügte hinzu: Ich habe kein Geld, und selbst wenn ich welches hätte, hätte ich nicht die Absicht, es für eine Wahlkampagne auszugeben. *Darum kümmern wir uns*, geben sie zurück... Ich habe nachgegeben und *habe die meisten Stimmen bekommen*. Seit 23. Juli 1980 bin ich Bürgermeister.« (»La Repubblica« vom 14. August 1982; kursiv von mir)

Martellucci sagte dann, wenn man heute von der Mafia spräche, bedeute dies, daß man zwangsläufig die gesamte Bevölkerung Siziliens und die sie repräsentierende politische Macht kriminalisiere, indem man ihnen stillschweigende Duldung der Mafia unterstelle. Stattdessen solle man korrekterweise von der *organisierten Kriminalität* sprechen, gegen die sich der Staat und seine Repräsentanten auf der Insel täglich mit ihrem Kampf engagieren. Dann fügte er hinzu: »Unter den vielen Ermordeten in Palermo gibt es auch ›prominente Leichen‹: den Generalstaatsanwalt Scaglione, den Staatsanwalt Costa, den Chef des Überfallkommandos, Boris Giuliano; Cesare Terranova (Ermittlungsrichter, A.d.Ü.), Mattarella (Ministerpräsident der Provinz Sizilien, A.d.Ü.), Reina (DC-Provinz-Sekretär, A.d.Ü.), Basile (Polizeichef von Monreale bei Palermo, A.d.Ü.): alles Zeugen dafür, wie seit langer Zeit die Repräsentanten des Staates im Kampf gegen das Verbrechen engagiert sind.«

Ich kann natürlich nicht wissen, was Martellucci sagen wollte. Ich weiß aber sicher, wie mein Vater diese Worte interpretierte: als eine nicht einmal verhüllte Drohung direkt gegen ihn. Vielleicht hatte er damit unrecht; aber man kann wohl kaum sagen, daß ihm die späteren Ereignisse Unrecht gegeben hätten. Bewahrheitet hat sich in der Tat folgendes: Während die nationale Presse der Designierung meines Vaters zustimmte, wobei sie ihm die veraltete Deutung des »Eisernen Präfekten« (Spitzname des Präfekten Mori während des Faschismus) unterschob und dabei bewies, daß es sich bei der Mafia (1982!) um ein lediglich lokales Problem handle, begann in Wirklichkeit – auf nationaler Ebene – das, was später in jeder Hinsicht seine unglaublichen Aspekte entfaltete: eine öffentliche Debatte über die Zweckmäßigkeit, die Figur des Antimafia-Präfekten Carlo Alberto dalla Chiesa zu eliminieren. Die offizielle Position der politischen Macht Palermos wurde weiterhin vom Bürgermeister höchstpersönlich dargelegt, in seinem und in anderer Namen. Pio La Torre hatte am 4. April 1982 in »La Repubblica« erklärt: »Seit langer Zeit haben wir die Verabschiedung der Vorschläge der Antimafia-Kommission gefordert... Nun, nach der Reform der Maßnahmen zur öffentlichen Sicherheit obliegt die Koordinierung der verschiedenen Kräfte dem Präfekten.« Am Tag danach schlug der Mann Salvo Limas in »La Nazione« mit der Versicherung zurück: »Ein einzelner Mensch, wie großartig er auch sei, genügt hier nicht: da braucht man Mittel und Möglichkeiten zum Eingreifen; und der Staat sollte sich klar darüber sein, daß das Problem Sizilien nicht einfach eine polizeiliche Frage ist.« Sollte es noch Zweifel über diese Tatsache des »Meridionalismus« (übersetzt »Südstaaterei«, ital. Bezeichnung für selbstbewußtes Hervorkehren der »Eigenart« des Südens, speziell Siziliens, A. d. Ü.) geben, zeigte das nächste Interview in »La Nazione« (8. April), daß man sich irrte: »Man versucht weiterhin, eine Region und eine Stadt zu kriminalisieren, die nichts anderes als die ihnen gebührende Anerkennung fordern... die 101 Toten des Jahres 1981: über die redet man soviel, weil man politisches Kapital daraus schlagen möchte. In Neapel gab es im selben Zeitraum 243 Morde, aber niemand regt sich darüber auf, und keiner hat den Bischof von Neapel aufgefordert, über die Camorra herzuziehen, wie es der Erzbischof Pappalardo (von Palermo, A. d. Ü.) tat, der das Kirchenvolk aufwiegelte.« Im selben Interview schoß der Bürgermeister ein Torpedo gegen die Ermittlungen über das Privatvermögen von Mafiosi ab, indem er erklärte, daß man »Gefahr laufe, die freie Marktwirtschaft zu blockieren« (bzw. die Wirtschaft, die in Palermo in Kraft ist). Die Haltung des Bürgermeisters unterschied sich ausgesprochen von der Haltung des Präsidenten des sizilianischen Landtags, des Sozialisten Salvatore Lauricella, der zumindest anfangs die »Koordinierungs«-Lösung unterstützt hatte.

Innerhalb der DC wurden nicht nur die Andreottianer lebendig, sondern auch Exponenten des »Basis«-Flügels. Der Minister Marcora floß geradezu vor Erklärungen über: Koordinierungs-Vollmachten, versicherte er, werde es nicht geben. Die Positionen Zanones (Chef der Liberalen, A. d. Ü.), Craxis (Sozialistenchef, A. d. Ü.) und Spadolinis (Vorsitzender der Republikaner, A. d. Ü.) – er hatte die Nominierung befürwortet – ließen stattdessen innerhalb der jeweiligen Parteien kaum Platz für Feindseligkeiten, selbst nicht für verdeckte. Auf alle Fälle lebte in diesen Parteien, sieht man von einigen Ausnahmen ab, bestimmt nicht jene politische Elite, für die sich einst die alte Antimafia-Kommission (vergeblich) interessiert hatte.

Die bereits wenige Tage nach der Nominierung aufgebauten Feindseligkeiten gegen meinen Vater hatten allerdings einen präzisen Grund. Man mußte sich tatsächlich nicht nur wegen seiner Vergangenheit in Sorge versetzt fühlen, sondern auch und vor allem, weil er selbst seine Pläne deutlich klar gemacht hatte. Ich sage »vor allem«, weil mancher wohl zuerst gedacht hatte, daß mein Vater auf eine rein repräsentative Amtsführung zusteuern wollte, um seine Karriere glanzvoll zu beenden und gleichzeitig die Jahre eines Dienstes »auf Abruf« (als General) zu umgehen. Aber er hatte schon genug Prestige; wer hätte ihm da an der Schwelle seines sechsten Lebensjahrzehnts noch etwas dazugeben können? Vermutlich war ihm die Zweideutigkeit dieser Situation bewußt, und darum wollte er die Angelegenheit sofort klären.

Bei einer Begegnung mit dem Minister Rognoni (Inneres, DC, A. d. Ü.) stellte er die rhetorische Frage, ob er im Falle eines ernsthaften Kampfes gegen die Mafia – wie er ihn vorhabe – bestimmte Christdemokraten der Insel als »unberührbar« betrachten müsse. Rognoni versicherte: »Sorgen Sie sich nicht, Sie sind nicht der Innenminister der Democrazia cristiana.« Mein Vater glaubte zunächst, auch aufgrund dieser Ermutigung, daß die Regierung wirklich entschlossen war, der Sache auf den Grund zu gehen. Und er tat in den ersten Wochen nichts anderes, als den Grad, das Ausmaß dieser Entschlossenheit zu erkunden. Er wollte nicht als Zielscheibe präsentiert und noch weniger als impotente Marionette nach Sizilien geschickt werden. Er suchte die Unterstützung der Regierung, *bevor* er losfuhr, um dasselbe Vertrauensverhältnis herzustellen, unter dem er auch gegen den Terrorismus gearbeitet hatte. Dies auch dann, wenn er sein Ziel nicht anders erreichen konnte als durch die Zerstörung vorhandener Balancen, vor allem innerhalb der DC. Er erklärte auch einem anderen »sehr hohen Exponenten« der DC (dessen Name jedoch unbekannt ist), daß er selbst angesichts politischer Pressionen nicht Halt machen würde.

Die Interviews, die Erklärungen und die Eröffnung der »Debatte« über die Formen seiner Gegenwart (bzw. schließlich *über seine Gegenwart als solche*) in Palermo waren daher Ausdruck von Reaktionen eines Ambiente, das sich schon deutlich bedroht fühlte, bevor die Auseinandersetzung überhaupt begonnen hatte. Die Atmosphäre um meinen Vater herum begann sich trotz zahlreicher Freudenbekundungen zu verschlechtern. Er fühlte das sofort. Derart, daß er am 2. April an den damaligen Ministerpräsidenten Spadolini einen Brief schrieb, dessen Gesamtlektüre sich lohnt:

Sehr geehrter Herr Professor,
ich beziehe mich auf unser letztes Gespräch. Auch wenn ich ungern Ihre Zeit in Anspruch nehme, so scheint es mir doch unumgänglich, daß ich Sie – im Hinblick auf die Zusammenarbeit und bevor alles von den Tatsachen überholt wird – auf folgendes aufmerksam mache:
– Die mögliche Nominierung zum Präfekten darf, obwohl sie mich in jedem Fall ehrt, nicht alleine dazu dienen, mich zur Aufgabe meines derzeitigen Postens zu überreden;
– die mögliche Nominierung zum Präfekten von Palermo kann und darf den Kampf gegen die Mafia nicht bloß »implizit« enthalten,

weil man sonst den Eindruck bekommen würde, daß man nicht weiß, was der Ausdruck »Mafia« bedeutet und die Gewißheit geben würde, daß der erklärte Wille zur Beschneidung und Bekämpfung des Phänomens in seinen vielfältigen Formen (»organisiertes Verbechen« ist ein viel zu geringer Ausdruck) nicht mit allem Ernst versehen ist.

Das würde zeigen, daß die bereits einigen Presseorganen zugegangenen »Botschaften« seitens der besonders beunruhigten »politischen Familie« Palermos die Adressaten schon erreicht hatte.

Weit entfernt, »außerordentliche« Gesetze oder Vollmachten anregen zu wollen, braucht jemand, der zum Kampf gegen ein »Phänomen« solchen Ausmaßes bestimmt ist, nicht nur den Zuspruch der Presse, die ja nicht immer autorisiert und glaubwürdig und mitunter äußerst sensibel gegenüber Kurswechseln ist, sondern muß sich auch »ausdrücklicher« und »kodifizierter« Unterstützung erfreuen:

– »ausdrücklich«, damit sich das Bild seines »Prestiges« in einem Rahmen präsentiert, der diesem »Prestige« zusteht;

– »kodifiziert«, weil die Erfahrung (eine trübe Erfahrung) lehrt, daß man mit der Zeit jedes Versprechen vergißt, daß sich jede Garantie (»man wird machen ...«, »es ist vorgesehen ... «) abnutzt, und daß dies alles erstickt und erdrückt wird, ehe man überhaupt an bestimmte Interessen herankommt.

Nun ist der Herr Ministerpräsident ganz sicher nur von den lautersten Einschätzungen bestimmt, aber es ist eben auch sicher, daß ich mehr oder minder harten, örtlichen Widerständen, wenn nicht gar totaler Ablehnung seitens der berühmten »Palazzi« begegnen werde. Und da ich als Verantwortlicher in keiner Weise die Erwartungen des Herrn Innenministers und der Regierung enttäuschen möchte, der ein Mann vorsteht, den ich bewundere und dem ich mit all meinen Kräften dienen will, möchte ich Sie bitten, in dieser so bedeutenden Phase – nicht nur meines Lebens als ›treuer Staatsdiener‹ – den bestmöglichen und überzeugendsten Beitrag dazu zu leisten, daß dieser neuen Aufgabe weder die sachliche Unterstützung fehlt noch der Segen der stets von Ihnen gezeigten Begeisterung in höchster Verantwortlichkeit.

Mit der besten und aufrichtigsten
Hochschätzung
Ihr Gen. dalla Chiesa

Einige Betrachtungen drängen sich bei diesem Brief sofort auf. Erstens war sich mein Vater, schon Anfang April, der Gefahren voll bewußt, die er lief. Ausdrücke wie »bevor alles von den Tatsachen überholt wird« oder »daß ich mehr oder minder harten, örtlichen Widerständen, wenn nicht gar totaler Ablehnung seitens der berühmten ›Palazzi‹ begegnen werde«, oder auch »in dieser so bedeutenden Phase – nicht nur meines Lebens als treuer Staatsdiener –« stehen hier, um die planmäßigen Verbündeten der Mafia zu avisieren. Jene Verbündeten, damit wir uns recht verstehen, die sich nach dem 3. September so gelehrt und so trefflich zu erklären bemühten, er habe nicht bemerkt, daß er die Mafia gar nicht besiegen könne, weil er die Transformationen der Mafia nicht verstanden hätte (mithin: die Front der Mafiagegner braucht sich nicht zu ereifern, sie hat ja mit ihm nicht viel verloren). Zweitens war meinem Vater der Ort ziemlich klar, an dem sich die mafiosen Interessen niederschlugen – derart klar, daß er gegenüber dem Ministerpräsidenten ausdrücklich darauf verwies: außer den »berühmten palazzi« und den »bestimmten Interessen« nennt er deutlich »die besonders beunruhigte politische »Familie Palermos« und identifiziert sie mit den parlamentarischen Statthaltern Andreottis, von dessen obersten örtlichen Repräsentanten, dem Bürgermeister Palermos, die erste »Botschaft«, wie er in Erinnerung ruft, ausgegangen war. Dritte Bemerkung: Mein Vater hatte bereits das Massakrier-Spiel verstanden, dessen Objekt er wenige Wochen später werden sollte: die Manipulation eines Teils der Presse, die aufreibenden Zweideutigkeiten bezüglich des Antimafia-Auftrags und seiner Machtbefugnisse, die Angriffe auf sein Ansehen – all dies waren fundamentale Momente der Strategie und des Klimas, die zum Attentat in der Via Carini führen sollten.

In diesem vollen Bewußtsein unterzog sich mein Vater einer Begegnung, die aller Wahrscheinlichkeit nach entscheidend für sein Schicksal war: das Treffen mit Giulio Andreotti. Unter dem 6. April schrieb mein Vater in sein Tagebuch: »Nun hat mich gestern auch der Abgeordnete Andreotti aufgefordert, nach Palermo zu gehen; er zeigte sich natürlich, wegen seiner Wählerinteressen in Sizilien, indirekt an dem Problem interessiert. Ich bin sehr deutlich geworden und habe ihm klargemacht, daß ich keine Rücksicht auf die Wählerschaft seiner parteiinternen Anhänger nehmen werde. Ich bin überzeugt, daß ihn das mangelnde Bewußtsein dieses Phänomens zu falschen Einschätzungen geführt hat und noch führt, auch wenn er mich gerne an seine frühere Hilfe bei der Klärung der Position Messeris in Partinico erinnern wollte. Alleine schon die Tatsache, daß er mir berichtet hat, wie während des Falles Sindona (Mafia-Bankier, A. d. Ü.) ein gewisser Inzerillo, der in Amerika umgekommen war, in einem Sarg nach Italien kam, mit einem Zehndollarschein im Mund (Mafia-Signet für Verräter, A. d. Ü.), weist auf diese Haltung Andreottis hin.« Mein Vater erwähnte das Treffen auch kurz im Familienkreis: »Ich war bei Andreotti. Als ich ihm all das sagte, was ich über seine Leute in Sizilien weiß, wurde er kreidebleich.« Diese Andeutung zusammen mit den ständigen Anmerkungen in seinem Tagebuch verweist meiner Meinung nach auf eine absolut zentrale Stelle in den letzten Monaten des Lebens meins Vaters. Darum hier einige Betrachtungen darüber.

Andreotti war zu dieser Zeit nicht Regierungsmitglied. Er hatte daher auch keinerlei Recht darauf, daß mein Vater seine Vorschläge berücksichtigte. Seine Initiative war deshalb rein persönlich, sie kam – wie das Tagebuch ausdrücklich ausweist – aus rein persönlichen Interessen. Mein Vater hatte in den entscheidenden Jahren des Terrorismus ein Verhältnis der Dankbarkeit und der Ehrerbietung zu Andreotti aufgebaut. Gerade Andreotti hatte ihn auch gegenüber einer unschlüssigen oder kritischen öffentlichen Meinung unterstützt. Aber schon seit einiger Zeit hatte mein Vater diese Beziehung gelockert. In einem Fall hatte er auch Ausreden gebraucht, um ein Treffen zu vermeiden; seiner Meinung nach hatten sich Indizien für die Annahme gehäuft, daß Andreotti, als Politiker »allzu kompromittiert« war. Einmal sprach er insbesondere davon, daß Andreotti ein »doppeltes Spiel« treibe, ein Ausdruck, der im Sprachgebrauch meines Vaters einen typisch »militärischen« Bezug hatte.

Trotz dieser Lockerung der Beziehungen, und obwohl Andreotti keiner seiner Vorgesetzten war, glaubte ihm mein Vater einen Besuch zur freimütigen Klärung dessen schuldig zu sein, was er zu tun gedachte. Warum? Ich habe mich zwar immer der Theorie widersetzt, wonach mein Vater unvorsichtig gewesen sei, aber ich habe mich öfters gefragt, ob nicht jener »Brief über die Absichten« (an Spadolini, s. o., A. d. Ü.) die wirkliche Unvorsichtigkeit meines Vaters gewesen war. Und ich habe mir sein Verhalten an diesen Tagen so zu erklären versucht, daß all das wohl weniger mit Hilfe meiner Vernunft und/oder meinem Instinkt begründet werden sollte, als vielmehr aus seinem Temperament abgeleitet werden muß, aus seiner Art zu handeln – und aus dem Umfeld, in dem er sich zu bewegen hatte.

Die plausibelste Erklärung, die ich finden konnte, kann man so formulieren:

1. Er wollte schon *vorsorglich* die Qualität seiner Gegenwart in Palermo klarstellen, um seitens der Regierung eine effektive Bestallung zu erreichen, im Bewußtsein der Widerstände, die es zu überwinden galt; eine Bestallung, die man nicht nach seiner Einsetzung in der Präfektur unverfrorenerweise wieder rückgängig machen konnte.

2. Daß er umso mehr die Spielregeln gegenüber denjenigen klären wollte, die später eine Schutzfunktion für Mafiosi ausüben konnten; im anderen Fall (bei anderen Spielregeln) wäre mein Vater nicht nach Sizilien gegangen.

3. Insbesondere Andreotti sollte sich keine Illusionen darüber machen, daß die meinem Vater seinerseits beim Kampf gegen den Terrorismus gewährte Unterstützung nun von ihm hinsichtlich der Mafia »zurückgezahlt« würde; denn die seinerzeitige Unterstützung war nicht ein persönlicher Gefallen gewesen, sondern eine Entscheidung zugunsten des Staates; und der Staat, nicht Andreotti, würde auch weiterhin der Fixpunkt für das Handeln meines Vaters sein.

4. Schließlich: Auf der Ebene von politischen Einflüssen konstituierte sich die Mafia für meinen Vater lediglich als »wählerbestimmende Präsenz«, so daß man die kriminellen Verwicklungen auf die örtlichen Kräfte rückbeziehen konnte.

Wenn dies die logischen Voraussetzungen waren, innerhalb derer sich mein Vater bewegte – und mir scheint, daß es so war –, dann war seine – konsequente – Entscheidung nicht unvorsichtig. Auch wenn einige dieser Annahmen falsch waren. Wenn es so war, darf man nicht von Unvorsichtigkeit sprechen, sondern von jener Arglosigkeit, die Giorgio Bocca (italienischer Publizist, A. d. Ü.) des öfteren mit großer Sensibilität angedeutet hat. Warum »Arglosigkeit?« Weil, wie schon gesagt, in meinem Vater trotz alledem eine Art geistigen Imperativs lebendig war: der Gedanke, daß seine Vorgesetzten keine Verbrecher sein konnten. Kompromittiert, ja: aber durch die Schuld ihrer Untergebenen, ihrer Mitarbeiter; niemals persönlich. Vielleicht trieb mancher auch ein doppeltes Spiel: aber mit den »wirklichen« Verbrechen standen sie allenfalls im Verhältnis von Gewählten zum Wähler. Eine Einstellung, die er dann in seiner täglichen Praxis mit aller Macht durchsetzte, von dem Augenblick an, in dem er bei der Wahl seiner Mitarbeiter überaus scharfe Kriterien anlegte.

Deshalb konnte er aller Wahrscheinlichkeit nach gar nicht nachvollziehen, daß jener »Brief über die Absichten« in Wirklichkeit ein wundersames Interessensystem im Innersten zu treffen vermochte. Wahrscheinlich hat er auch Andreotti, indem er ihm berichtete, was er

wußte, dabei implizit versichern wollen, daß er ihn nicht auf jeden Fall
für mitverwickelt hielt, so daß seine Maßnahmen gar nicht höher zie-
len würden als bis zu den sizilianischen Andreottianern. Er beschränkte sich wohl darauf, Andreotti auf »gefährliche Freundschaften« aufmerksam zu machen. Und das war keine Verschlagenheit. Wie
aus seinem Tagebuch hervorgeht, war er wirklich davon überzeugt;
eine Überzeugung, die er schon im Fall P2 bewiesen hatte und die in
den nächsten Monaten unter endlosen bitteren Erfahrungen völlig
durcheinander geriet.

Deshalb löste bei ihm der ausdrückliche Bezug (»er wollte mich
erinnern...«) Andreottis auf seinen früheren Einsatz für Girolamo
Messeri – der christdemokratische Abgeordnete, der in den Fall des
Paters Agostino Coppola verwickelt war, der seinerseits in einem Ma-
fiaprozeß auftauchte – bei ihm keinen Alarm aus. Und deshalb machte
ihn vor allem auch die Erwähnung Sindonas nicht betroffen; er hielt
das nicht für eine mögliche Warnung, sich ja nicht in diese Affäre ein-
zumischen – auch wenn (wie sich später klar herausstellte) gerade im
Zusammenhang mit der vorgetäuschten Entführung Sindonas und
seines Aufenthalts in Sizilien sich jene fürchterliche Reihe »prominenter Leichen« in Palermo zu entwickeln begann. Wahrscheinlich war
ihm das Ermittlungsprotokoll der Behörden im Fall Ambrosoli (Konkursverwalter der Sindona-Banken, der 1979 ermordet wurde) nicht
bekannt, in dem (laut »Corriere della sera« vom 20. Mai 1984) der Text
eines Drohanrufs bei Ambrosoli vom 9. Januar 1979 wiedergegeben
wird, in dem der Anrufer nach vielen chiffrenartigen Anspielungen
dem verblüfften Mailänder Anwalt erklärte, daß »der große Chef«, gegen den der Konkursverwalter da vorgehe, »der Herr Andreotti« sei.
Er konnte auch noch nicht die Gründe wissen, weswegen die Ermittlungsrichter Turone und Colombo am darauffolgenden 22. Oktober
Haftbefehle gegen Michele Sindona erließen und dabei seine privile-
gierten Beziehungen zu Andreotti, Stammati und Evangelisti (alle
DC, A. d. Ü.) beschrieben. Auch Andreottis Anspielung auf Pietro
Inzerillo im Zusammenhang mit Sindona schien meinem Vater, wie
er unten auf der Seite vermerkte, eher »folkloristisch«. Freilich konnte
er sich an diesem 6. April wohl nicht vorstellen, daß er mit derselben
Waffe erschossen werden sollte, mit der im Mai 1981 der Bruder
Pietros, Totò Inzerillo, umgebracht worden war, der Chef der Mafia-
Cosca Inzerillo (Cosca = Mafia-Gruppe, A. d. Ü.), die eng mit Sin-
dona liiert war und die in einem einmaligen Kriminal-Schauspiel re-
gelrecht dezimiert wurde (hier sei angemerkt, daß der Staatsanwalt

Costa im August 1980 unmittelbar nach seiner höchstpersönlichen Unterschrift unter die Haftbefehle gegen die sindonianischen Clans der Spatola und der Inzerillo ermordet wurde).

Stattdessen bleibt noch etwas anderes zu klären: Warum wurde Andreotti »kreidebleich«, als er hörte, was mein Vater über seine römischen Statthalter wußte? Rein formal kann man drei Hypothesen aufstellen:

1. Er fiel tatsächlich aus allen Wolken, als er hörte, wohin es diese Leute gebracht hatten.

2. Er hatte Angst vor den Konsequenzen, die eine Aktion meines Vaters für sein persönliches Machtsystem bedeuten konnte. Dann wäre er »weiß« geworden, weil er nicht gedacht hatte, daß bestimmte Sachen bekanntgeworden sein konnten.

3. Er war voller Wut und Ungläubigkeit angesichts der »Schmach«, die ihm mein Vater antat – seine »Kreatur« aus der Zeit des Antiterrorismuskampfes – indem er sich heute mit derselben Entschiedenheit gegen ihn wandte, mit der er sich dem Terrorismus entgegengestellt hatte.

Nun kann man sich zwar vorstellen, daß einem das Gesicht weiß wird, wenn man von den Missetaten seiner Statthalter zum ersten Mal hört; aber es ist wohl kaum möglich, daß Andreotti, der stets alle Taten und Untaten seiner Gegner kannte – wie es heißt, besser als jeder andere – nun umgekehrt über die Aktivitäten seiner Freunde (und Freunde der Freunde) so im Dunkeln war. Die zweite und dritte Hypothese scheinen also schon aus logischen Gründen eher wahrscheinlich – und man kann sie auch miteinander verbinden. Der Gedanke der »Schmach«, der wegen seiner Implikationen zunächst zu einer vulgärpsychoanalytischen Deutung führen könnte, bietet meiner Meinung nach in Wirklichkeit eine ständig zunehmende Möglichkeit, die Symbole und Ereignisse korrekt zu verstehen.

Die Auseinandersetzung wurde nach dieser Begegnung fortgeführt. Andreotti höchstpersönlich stieg wenige Tage später in die Arena. Er nahm sich der Sache eigenhändig an und nutzte dafür die schon immer als Fundgrube für Botschaften und Anspielungen fungierende Rubrik »Bloc notes«, die er wöchentlich, und ohne daß es Skandale darum gäbe, in der Zeitschrift »L'Europeo« betreut. Unter dem Titel »Längen- und Breitengrade« erinnerte er an seine Enttäuschung (er war »negativ beeindruckt«) einige Jahre vorher, als mein Vater von der Antiterrorismus-Einheit zum Kommando der Division Pastrengo versetzt wurde, wo die Machtbefugnis nur auf Norditalien beschränkt war. »Nun ist der General zum Präfekten von Palermo nominiert worden, mit einer klaren ›Antimafia‹-Stoßrichtung. Sehr gut, aber da die alarmierende Kriminalität aus Kalabrien und aus der Campania kommt, könnte der Verdacht einer Verwechslung von Zeit und Ort aufkommen.« Er schloß mit einem »Jedenfalls: alles Gute für diese Arbeit.«

Andreotti bringt hier eine andere, neue Enttäuschung zum Ausdruck: daß mein Vater mit deutlicher »Antimafia-Stoßrichtung« nach Palermo geschickt wurde. Die Enttäuschung ist umso größer, als diese Entscheidung der Regierung und meines Vaters trotz anderer, zumindest hypothetischer Wahlmöglichkeiten getroffen wurde, etwa der Präfektur von Neapel oder einer Stelle zur Koordinierung des Kampfes gegen die organisierte Kriminalität unter Einbeziehung des gesamten Südens. Wie motiviert Andreotti diese Enttäuschung nun, die ja in ausgeprägtem Gegensatz zu den begeisterten Erklärungen (»der rechte Mann am rechten Fleck«) des neapolitanischen DC-Parteichefs Antonio Gava stehen, die dieser zur selben Zeit der Nachrichtenagentur ANSA übergeben hatte? Andreotti begründet seine Enttäuschung mit der Tatsache, daß – wie er sagt – die alarmierende Kriminalität aus Kalabrien und aus der Campania kommt. Inwieweit stimmt das? Daß Kalabrien und vor allem die Campania explosive Kriminalität vorweisen, steht außer Zweifel. Warum aber alarmiert die von dort ausgehende Kriminalität mehr als die von Sizilien kommende?

Unvorstellbar, daß Andreotti diese blutigen Verbrechen in Palermo nicht mitgekriegt hatte: 101 Tote 1981, über 30 schon in den ersten 3 Monaten 1982, unzählige Fälle von »lupara bianca« (das Verschwinden von Personen ohne Auffinden der Leiche, A. d. Ü.) Auch kann ihm kaum die Entdeckung der sizilianischen Morphium-Raffinerien entgangen sein, die von der Verwandlung der Insel in eine effektive Produktionsbasis von Heroin zeugte. Und er mußte wissen, daß in den letzten fünf Jahren in der Provinz Palermo der Carabinieri-Oberst Giuseppe Russo ermordet wurde, der Journalist Mario Francese, der Chef des Überfallkommandos, Boris Giuliano, der Ermittlungsrichter Cesare Terranova, der DC-Provinzsekretär Michele Reina, der Carabinieri-Oberst Emanuele Basile, der Staatsanwalt Gaetano Costa und sogar der Regional-Ministerpräsident Piersanti Mattarella. Auf der Ebene des Angriffs auf die Institutionen waren da in Palermo schon Dinge geschehen, die sich in keiner anderen italienischen, ja in keiner anderen Stadt der ganzen Welt (außer bei Staatsstreichen) abgespielt hatten. Kann man objektiverweise angesichts solcher Realitäten wirklich behaupten, daß der »kriminelle Alarm« nicht aus Sizilien kommt – und sich enttäuscht zeigen, daß der General dalla Chiesa gerade dorthin geschickt wurde? Plausible Erklärung dafür ist allenfalls, daß es sich hier um eine völlig subjektive Einschätzung handelt – oder daß Andreotti (dessen parteiinterne Strömung dort ihre Bastionen hat) das, was in Palermo oder allgemeiner in Sizilien geschah, nicht als Gegensatz zu seinem eigenen Interessensystem und seiner Sichtweise des politisch-institutionellen Lebens auf der Insel und ihrer Hauptstadt betrachtet. Und deshalb zeigt er Enttäuschung über die »klare Antimafia-Stoßrichtung« – die er dann aber mit einem »sehr gut« begleitet.

Dazu seien noch einige Bemerkungen angebracht. Seine Kommentierung drückt tatsächlich eine Position aus, die die nachfolgenden Auseinandersetzungen und Entscheidungen mitbestimmen sollte. Es war, außer der von Giacomo Mancini (PSI, A. d. Ü.), die erste Stellungnahme gegen die seitens der Regierung erfolgte Nominierung. Womit eine politisch ausgesprochen schwergewichtige Position gleichsam offiziell angemeldet wurde. Wichtig ist dabei die genaue Chronologie der Ereignisse. Mein Vater vermerkte die Begegnung mit Andreotti unter dem 6. April in seinem Tagebuch. Die fraglichen »Bloc notes« wurden in der Nummer 15 von »L'Europeo« publiziert, der das Datum des 16. April trägt, aber wie gewöhnlich einige Tage vor dem Datum ausgeliefert wurde. Die Beiträge dieses Heftes, besonders die wochen-aktuellen, wurden also höchstwahrscheinlich in den Tagen unmittelbar vor dem 10. April geschrieben. Mithin erscheint der Beitrag Andreottis wie eine ausdrückliche und postwendende Antwort auf die Absichtserklärungen meines Vaters; und das stärkt die Glaubwürdigkeit der zweiten und dritten Hypothese über sein »kreidebleiches Gesicht« während der Unterredung.

Einzigartiges Zusammentreffen: Am 8. April erschien, wie schon zitiert, das Interview des Bürgermeisters Martellucci in »La Nazione«, wo es ebenfalls um eine Gegenüberstellung von Neapel und Palermo geht. Martellucci führt hier ein Prinzip ein – das Leichenzählen, für das später auch Andreotti Wertschätzung zeigen sollte (vgl. für diesen Zynismus seinen Kommentar »Il derby del Sud« in der Nr. 4/1983 von »Europeo«).

Es war also – damals – nicht nur eine ausdrückliche »Antwort«; was man sich merken muß, ist (zumindest auf der Ebene der logischen Argumentation) die perfekte Synchronisation und Identität der Ansichten der Andreottianer aus Palermo und ihres nationalen Führers.

Wie das eben so geht – nun erwiesen sich auch die amtlichen Versprechungen immer deutlicher als leere Worte. Mein Vater verlangte weder spezielle Machtbefugnisse noch Sondergesetze (so hatte er es Spadolini geschrieben), im Gegensatz zu dem, was ihm die natürlichen Verbündeten der Mafia unterstellten. Er forderte lediglich die Koordinierung kleiner Einheiten von Beamten und Fahndern in den von mafiosen Aktivitäten besonders betroffenen Städten außerhalb Siziliens (soweit ich weiß, dachte er dabei an ca. zehn solcher Einheiten). Weniger mithin – allerdings in ihrer Struktur ähnlich – als er beim Kampf gegen den Terrorismus hatte. Weniger auch, viel weniger sogar, als sie, nach dem 3. September, sein Nachfolger erhielt. Davon hing natürlich seine letztendliche Bereitschaft zur Übernahme einer derart exponierten Stellung bei gleichzeitiger politischer und – was für ihn noch mehr zählte – institutioneller Vereinsamung ab.

Doch dann geschah etwas, was die Ereignisse in unvorhersehbarer Weise beschleunigte, die Dinge zum Überstürzen brachte – wie mein Vater im Brief an Spadolini befürchtet hatte. Am 30. April fiel, wenige Meter vom Sitz der regionalen Parteileitung des PCI entfernt, der Regionalsekretär des PCI und langjährige Leiter der Bauernbewegung der Insel, Pio La Torre, in einen mafiosen Hinterhalt. Er wurde in seinem Auto von Kugeln durchsiebt. Mit ihm starb sein mutiger Fahrer, Rosario Di Salvo, der zurückzuschießen versucht hatte. Der DC-Landtagsabgeordnete Mommo Giuliano, der Piersanti Mattarella sehr nahegestanden hatte, kommentierte sofort: »Dramatisch. Das Markenzeichen der Mörder ist dasselbe wie bei Piersanti.« (»L'Ora«, 3. Mai 1982).

Es war ein politisches Verbrechen, das nicht nur einen Parlamentsabgeordneten traf, sondern auch einen politischen Führer, der stets in vorderster Linie gegen die Mafia angetreten war und der gerade in diesen Monaten die Leitung des Kampfes gegen eine Aufstellung der Marschflugkörper in Comiso hatte. Gerade auf diesem Gebiet hatten sich seine Führereigenschaften am klarsten und deutlichsten gezeigt, als er Millionen von Unterschriften gegen die Cruise missiles im Zuge einer Kampagne sammelte, die den PCI aus seiner damaligen Isolierung herauslotste und ihn zwar nicht mit dem kleinen Häuflein der Politiker, wohl aber mit dem Bewußtsein der einfachen Leute und mit den katholischen Schichten verbündete – wodurch sich ein umfangreicher Einfluß auf Bereiche ergab, die traditionell eher apolitisch waren. Aus diesem Grund lag bei den Ermittlungen über diesen Mord der Akzent auf den Gebieten, die mit der Aufstellung der Marschflugkörper zu tun hatten. Ich halte diesen Ansatz für nicht sehr aussichtsreich.

Es ist zwar nicht auszuschließen, daß es Interessen in dieser Richtung gab, die man größtenteils auf mafiose Gruppen beziehen kann (welche sich ständig weiter in Provinzen ausbreiten, die vordem mafiafrei waren). Aber der Ursprung des Verbrechens liegt woanders – davon war auch der Richter Chinnici (1983 von der Mafia ermordet, A. d. Ü.) überzeugt –, und zwar auf demselben politisch-geschäftemacherischen Gebiet, in dem der Mord an meinem Vater seinen Ausgang genommen hat.

Die sizilianischen Kommunisten hatten die Nominierung des Präfekten dalla Chiesa begrüßt und ohne jeglichen Vorbehalt aufgenommen. Aber Pio La Torre, der vor wenigen Monaten als Regionalsekretär nach Sizilien zurückgekehrt war, hatte sich nicht auf die bloße Zustimmung beschränkt. Als Abgeordneter hatte er sich zum Vorkämpfer eines Gesetzesvorhabens gemacht, das zum ersten Mal den Begriff einer »mafiosen Vereinigung« enthielt und das mit Hilfe von Ermittlungen über das Privatvermögen die Grundlagen der wirtschaftlichen Macht der Mafia angreifen wollte. In den vorangegangenen Monaten hatte La Torre aktiv in der römischen Zentrale dafür gearbeitet, daß mein Vater mit diesem Auftrag und in solcher Funktion nach Sizilien geschickt wurde. Das war im Umfeld des Innenministers Rognoni nicht unbekannt – und das war von Spitzenbeamten besetzt, die sich im entscheidenden Augenblick gegen die Übertragung von Koordinierungsbefugnissen für meinen Vater zusammengetan hatten. Ich will damit sagen, daß diese Aktivitäten La Torres, selbst wenn sie über einige politische »Umwege« liefen, seinen Mördern nicht verborgen geblieben waren. Ich halte es auch nicht für zufällig, daß er am Vorabend der Amtseinführung des neuen Präfekten umgebracht wurde. Die Tatsache, daß dieser Tod meinem Vater quasi vor die Füße geworfen wurde, ist gleichzeitig eine Erklärung für das Verbrechen – und eine letzte Warnung. Zwischen La Torre und meinem Vater, die einander kannten und schätzten – schon 1949, vor allem aber während der Zeit der Antimafia-Kommission – gab es sicherlich Informations- und Meinungsaustausch. Derart, daß mein Vater, noch in Rom, meiner Schwester gegenüber eine bedeutende Prognose wagte: »Wir beide, Pio La Torre und ich, müßten in ein paar Jahren so weit sein, daß wir die wichtigsten Dinge durchbringen.«

Den Charakter dieser wiedererneuerten Beziehung zwischen ihm und La Torre präzisierte Franco La Torre, der Sohn des ermordeten PCI-Führers, in einer Erklärung unmittelbar nach dem Mord: »Die Ebene des politisch-mafiosen Terrorismus ist mittlerweile international geworden. Ich glaube, daß dalla Chiesa auch aus diesem Grunde von Nöten war, und mein Vater hat seine Nominierung unterstützt. Aber auch dieser Präfekt braucht Leute, die ihm helfen, die ihm die zum Verständnis notwendigen Informationen geben; mein Vater war einer von denen, die dies hätten tun können.« (»Giornale di Sicilia«, 4. Mai 1982). Welche Informationen genau hätte La Torre nun meinem Vater geben können? Zweifellos viele. Vor allem aber eine: »Ich bin der Meinung«, hatte Pio La Torre bestätigt, »daß es in Sizilien heute eine politische Mafiosi-Gruppe gibt, die mit ihren Pistolen Politik zu machen beschlossen hat, die den Weg des politischen Terrorismus gewählt hat, um denen ihr Terrain zu versperren, die da Ungelegenheiten bereiten... Ich weigere mich zu glauben, daß ein Mensch vom politischen Gewicht eines Piersanti Mattarella im Auftrag irgendeines mafiosen Bauunternehmers umgebracht worden sein soll.« Angesichts dessen, was danach geschehen ist, läßt einem diese Aussage das Blut gefrieren. Man muß sich fragen, in welchem Maß diese »politische Mafiosi-Gruppe« von dem betroffen war, was mein Vater über Palermo wußte und Andreotti berichtete.

Umso mehr, als gerade auch mein Vater der Meinung war, daß die Kette schwerer Verbrechen nicht bloß auf irgendeine Cosca oder auf einen beliebigen »Bauunternehmer« zu beziehen war, sondern einen politischen Stempel trug. In einem Gespräch mit Saverio Lodato, das am 6. August 1982 in »L'Unità« erschien, präzisierte er seine Ansicht. Zunächst bemerkte er, daß diese Verbrechen als »gemeinsamen Nenner die Tendenz zur Destabilisierung der Institutionen« aufweisen. Dann fügte er hinzu: »Männer wie Mattarella, Terranova, Costa, La Torre wollten eine Wende im öffentlichen Leben Siziliens durchsetzen. Aber sie kollidierten mit handfesten Interessen.« Der auslösende Grund für diese Verbrechen war seiner Meinung nach also die gefürchteten »Wende« im »öffentlichen Leben«. »Öffentlich«, wohlgemerkt. Wer lenkte das öffentliche Leben in entgegengesetzter Weise und hatte Interesse an solcher Lenkung? Wer konnte auf derart hoher Ebene morden und doch Straflosigkeit behalten? Waren das etwa nicht eben jene Lenker des »öffentlichen Lebens«, die mehrgleisig mit der mafiosen Wirtschaft verflochten waren, und für die sich mein Vater schon als Kommandant der Carabinieri-Legion von Palermo interessiert hatte?

Mein Vater hätte am 5. Mai in Palermo ankommen sollen. Was jedoch am 30. April geschah, traf die öffentliche Meinung zutiefst, und plötzlich fiel die traditionelle Gefühllosigkeit gegenüber den sizilianischen Ereignissen völlig ab. Spadolini rief meinen Vater nach Rom; er mußte die ihm teure Zeremonie in Pastrengo verlassen und sich eiligst aus Mailand verabschieden – voller Anspannung, betrübt und sichtbar melancholisch geworden.

Die Ermordung La Torres sollte ihn vor vollendete Tatsachen stellen. Statt aber nun die Schwere der mafiosen Herausforderung zu erkennen und (wie er es verlangt hatte), die versprochene Machtbefugnis zu »kodifizieren«, um auf diese Weise als voll ausgestatteter Repräsentant des Staates nach Sizilien zu kommen, gab er sich fast ein wenig verängstigt und verlegte sogar noch seine Abreise dorthin um einige Tage vor, ohne den Politikern – gerade auf der Woge der Empörung – die Gewährung eben der verlangten Garantien zu ermöglichen. Die Frage war für ihn freilich: Konnte, durfte er, der General dalla Chiesa, beladen mit einer enormen Verantwortung für das Land, in einer solche Notlage überhaupt zaudern, nur um der Frage von Machtbefugnissen willen? Er nahm das Fugzeug und reiste los. Auf diese Weise verpflichtete – eines dieser abstrusen Paradoxe, die unser Land überziehen – ein mafioses Verbrechen meinen Vater, anstatt die zum Schlag gegen die Mafia nötigen Entscheidungen zu provozieren, sich gerade dem zu unterwerfen, was die Mafiosi schlußendlich wollten: daß er nach Sizilien kam, aber allein, mit »Titel ohne Mittel« – einer, um den sie sich schon kümmern würden. In diesem Gemütszustand, und ohne daß er eine Artwort auf seinen prophetischen Brief vom 2. April an Spadolini hatte, flog Vater also nun nach Palermo und ließ die Schulterstücke, die Familie und die Andenken an sein Leben hinter sich zurück.

III

Die Hoffnung des »Neuen Staates«

Mein Vater kam am 30. April um 19²⁰ Uhr in der Präfektur von Palermo an. Sein Amt begann mit einer Zeremonie, die bezeichnender nicht hätte sein können: die Beerdigung Pio La Torres. Man schrieb den 2. Mai: einer der schlimmsten Tage in der Geschichte Siziliens. Nicht nur, weil Palermo Adieu sagte zu einer der angesehensten Persönlichkeiten Nachkriegsitaliens, zu einem neuen Symbol jenes »anderen Siziliens«, gefallen nunmehr unter den Schüssen der Mafia. Sondern auch, weil diese Beerdigung ein weiteres Mal auf beunruhigende Weise klarlegte, welche Art »Gastfreundschaft« sich die Mafia ausgedacht hatte.

Die Sache hatte enorme Bedeutung. Der Regionalsekretär des PCI von der Mafia ermordet; eine ins Herz getroffene Partei, eingeschüchtert, behindert in ihrem demokratischen Recht auf nicht nur verbale Opposition. Dies und nichts anderes sollte signalisiert werden: Demokratische Politik, einverstanden. Aber als leere Hülse, aufgeteilt unter die Interessengruppen. Laßt uns mit Drogen handeln und die Macht per Mord verwalten. Kommt nicht auf den Gedanken, den Rechtsstaat nach Sizilien zu bringen! Durch die Entsendung dalla Chiesas habt ihr den »Pakt der Sizilianität« (jawohl, auch diesen) verletzt.

Wenn dies die Botschaft war, wer war wohl ihr Absender? Irgendeine diffuse und phantomatische Mafia? Manche Reaktionen könnten darauf hindeuten. So hatte man z. B. Mario D'Acquisto auf die Tribüne, gleich hinter die Bahre, eingeladen oder jedenfalls dort toleriert. Mario D'Acquisto, das war der Ministerpräsident der Region Sizilien, dessen Name immer wieder in den Akten der parlamentarischen Antimafia-Kommission wiederkehrt – nicht nur im Bericht der Minderheit (den Pio La Torre verfaßt hatte, A. d. Ü.), sondern auch in dem der Mehrheit –, und dem ist auch ein Dossier über ihn beigelegt, unterschrieben vom Obersten dalla Chiesa. Ich weiß nicht, ob die zum letzten Geleit für Pio La Torre versammelten Menschen wußten, daß der Name D'Acquisto in jenen Akten auftaucht, wahrscheinlich haben sie diese auch nie gelesen. Aber das Gefühl des Volkes, diese Sensibilität, die das sizilianische Volk – wenn auch in besonderer Weise – wie kaum ein anderes entwickelt hat, diese Sensibilität reagierte instinktiv: D'Acquisto wurde mit einer Lawine von Pfiffen eingedeckt, man schrie »Hau ab, du Mafioso!«, während die PCI-Führer von der Tribüne herab Zeichen machten, man solle ruhig sein, solle ihn reden lassen – das verlangt doch die demokratische Praxis, nicht wahr. Und dann ist da auch noch dieses unausgesprochene Vorurteil, das in den Jahren der »Solidarität« (der Zusammenarbeit von PCI und DC in den späten siebziger Jahren, A. d. Ü.) besonders gepriesen wurde, wonach die Repräsentanten der Parteien und der Institutionen schon per Definition gute Menschen seien. Aber die Menge ließ sich nicht abhalten. Während man auf der Tribüne mit den Armen herumfuchtelte, kramte D'Acquisto brüllend einen für die Rechtfertigungs-Phraseologie typischen Ausspruch hervor: »Wir stehen doch auf derselben Seite der Barrikade!«

Als Beweis dafür schrieb er am 4. Mai einen Artikel für »L'Ora«, die Abendzeitung von Palermo. »L'Ora« druckte ihn ab. Ein Schmuckstück mafioser Kultur. Es handelt von La Torre, von der Situation in Sizilien – das Wort »Mafia« findet sich freilich nicht. Und die »Barrikade«? Die Barrikade ist eine Fiktion, jenseits der wir uns angeblich befinden, alle im Kampf gegen das Phantasma »Mafia«. D'Aquisto verließ sich darauf, daß die Sirenen des autonomistischen Paktes (weitgehende Unabhängigkeit Siziliens von Rom, die von den meisten Parteien unterstützt wurde, A. d. Ü.) ihren Lorbeer auch in der Vergangenheit meist bei der PCI geerntet hatten und legte dementsprechend seinen Köder aus: »Mit Geduld und Ausdauer müssen wir verständlich machen, daß unser Land da nicht ohne einen Pakt, eine grundlegende Übereinkunft auskommt; ein Abkommen, das – ohne allen ideologischen Druck – eine unüberwindliche Barriere gegen die *verborgene Macht des Umsturzes* (Hervorhebung von mir, N. d. Ch.) aufbaut, die Zersetzung des demokratischen Gewebes verhindert, und Vernunft an die Stelle politischer Pressionen setzt. Die da seit eh und je morden, kennen die menschliche Psyche und wissen, daß darin die Angst wohnt. Angst überwindet man durch Solidarität und Bündnisse; in der Einsamkeit wird sie fast unüberwindlich.« Gedanken ganz in Übereinstimmung mit denen Salvo Limas, die dieser in derselben Zeit auf dem XV. Nationalkongreß der Christdemokraten von sich gab: »Die DC... hatte und hat die Pflicht, sich als Partei der Verteidigung des Mezzogiorno (italienischer Süden, A. d. Ü.) und der Schwachen gegenüber neokapitalistischen Absichten zu präsentieren... Nötig ist eine offene Debatte mit dem PCI, die ihn unter anderem dazu zwingt, sich zu stellen und präzise Entscheidungen hinsichtlich der meridionalistischen Politik zu treffen.« (»Il popolo«, 5. Mai 1982)

Die gewohnte andreottianische Strategie. Bequeme Einigkeit gegen die Phantasmata. Vom manipulierten Putschismus zum Neokapitalismus und zu den okkulten Mächten des Umsturzes. Verwirrend dies alles: Da schlägt man – sei es aus Angst vor der Reaktion, sei es aus einer Art Schuldkomplex heraus – einer Oppositionspartei, der man den Regionalsekretär erschossen hat, die Teilhabe an der Regierungsmehrheit vor – und beschuldigt gleichzeitig La Torre (!), keine präzisen »meridionalistischen« Entscheidungen getroffen zu haben. Derart linke Rabulistik ist in Wirklichkeit nichts anderes als die Sublimierung von Jahren einer Politik des »Bezahlens«. Eine Politik des Alptraums, kafkaesk: kafkaesk wie die Diskussion im Stadtrat, wo Martellucci, der wenige Tage zuvor im Fernsehen behauptet hatte: »Wir brauchen keinen Superpräfekten«, nun sagt, daß »die Ankunft dalla Chiesas in Palermo eine Angelegenheit von großer Bedeutung ist – ein Erfolg des Drucks und der Appelle der Stadtverwaltung.«

In diesem impressionistischen Rahmen einer Politik auf der Basis von Formeln, die mitunter vom tragischen Spiel der Interessengruppen übrigbleiben, begann mein Vater mit seiner konkreten Analyse des Klimas, der Personen und der Lage. Am 4. Mai fuhr er nach Monreale zur Gedächtnisfeier eines seiner früheren Untergebenen, des Hauptmanns Basile, hinterrücks von der Mafia erschossen auf einem Volksfest, während er sein vierjähriges Söhnchen auf dem Arm hielt. Am Abend verließ er Palermo noch einmal, ehe er endgültig dorthin zurückkehrte. Er verabschiedete sich offiziell von der Carabinieri-Armee im Generalkommando in Rom. Man schrieb den 5. Mai. Er hielt eine kurze, bewegte Ansprache. Um sich vor emotionalen Anwandlungen zu schützen, las er zum ersten Mal in seinem Leben vom Blatt ab. Er erinnerte an seine Mitarbeiter, an die Klugheit der Gefreiten und der Feldwebel, sprach von seinen Lehrern. Er dankte dem General Valditara (der sein Verhalten seit der Ernennung Vaters zum Präfekten ihm gegenüber radikal geändert hat). Und unter der Fahne sprach er auch von seinem Glauben, »diesem Glauben, den ich brauche, so sehr brauche, angesichts meines neuen Weges«.

Das ist keine leere Phrase. Es war ein Aufruf, den er mit der größten und unerschütterlichsten Kraft, die ihm möglich war, aus der Tiefe seines Herzens, seiner Wertordnung, seiner eigenen Geschichte heraus formulierte. Das Umfeld, in dem er sich nun bewegen würde, hatte er bereits vollständig geklärt. In seinem Tagebuch zeichnet er dieses Umfeld in einem seiner imaginären Dialoge mit meiner Mutter so akzentuiert, daß keine Zweifel möglich sind. Worte, die er in den Tagen zwischen der Beerdigung La Torres und dem Abschied vom Generalkommando schrieb: »Bist Du Dir klar darüber, was mit mir passiert ist, in meinem Inneren? Und welche Reaktionen in einer derart – vom schlimmsten aller Ereignisse, der Ermordung Pio La Torres, des PCI-Regionalsekretärs, mitten in Palermo – aufgeheizten Atmosphäre hervorbrechen? Italien ist von diesem Fall gerade am Vorabend des DC-Kongresses erschüttert worden, einer DC, die in Palermo geprägt ist von fürchterlichstem mafiosen Aktivismus, der weit über politische Macht hinausreicht. Und ich, der ich sicherlich der intimste Kenner aller Vorgänge einer noch nicht lange verflossenen Vergangenheit bin, stehe vor den Anforderungen einer wirklich mühsamen und, warum nicht, auch gefährlichen Aufgabe. Versprechungen, Garantien, Unterstützungen – sie lassen alles beim alten und werden alles beim alten lassen. Die Wahrheit ist, daß ich innerhalb weniger (fünf bis sechs) Stunden von einer mir teuren Zeremonie, die den Abschluß meiner langen Karriere bei der Armee bilden sollte, in ein unsicheres Umfeld katapultiert wurde, reich an Geheimnissen und an Kämpfen, die mir durchaus zum Ruhm gereichen können – aber hier habe ich niemanden hinter mir, habe nicht die Hilfe einer Freundin, habe auch keine Familie an meiner Seite, wie einst zu Zeiten des Kampfes gegen den Terrorismus, als mich die gesamte Armee unterstützte. Plötzlich habe ich mich in einem fremden Haus wiedergefunden und in einem Ambiente, das auf der einen Seite von Deinem Carlo Wunder erwartet und das auf der anderen Seite über meine Besimmung und meine Ankunft schlecht daherzureden beginnt. Das heißt, ich finde mich im Blickpunkt einer öffentlichen Meinung, die mich in weiten Bereichen die Luft ihrer Hochschätzung hat atmen lassen, und eines Staates, der seine weitere ruhige Existenz weniger auf die Bekämpfung und den Krieg gegen die Mafia und eine mafiose Politik, als auf die Benutzung und die Ausbeutung meines Namens zur Glättung der Wogen in den Parteien abstellt. Ob meine Arbeit nützlich ist, haben sie ganz meinem ewigen Enthusiasmus anheimgestellt; sie sind jederzeit bereit, mich aufzugeben, sobald bestimmte Interessen berührt oder unterdrückt werden oder werden müssen; sie sind bereit, mich in der Verantwortung allein zu lassen, die es sicher geben wird; allein zu lassen auch in den physischen Gefahren, denen ich mich stellen muß. Das ist diesmal eine realistische Einschätzung und nicht eine, die von absurden Bedenken herrührt (an dieser Stelle bringt mein Vater meiner Mutter mit bitteren und bewegten Worten die Augenblicke in Erinnerung, in denen er von der Ermordung des Obersten Russo erfuhr, N. d. Ch.). Mich überfällt heute weder Panik noch Terror. Aber ich bin mir völlig bewußt, daß mein Handeln Selbstmord wäre, wenn ich die neue Aufgabe nur mit Hilfe von Eskorten und Bedeckung angehen würde, und nicht auch mit der nötigen Intelligenz und ein wenig... Phantasie.«

In weniger als einer Seite sind da klar und hart Anmerkungen zusammengefügt, die eine Reihe von Fixpunkten konstituieren. Die Garantien, die es nicht geben wird, der träge Staat, die künftige Isolierung *(auch bezüglich der physischen Risiken)*; das Bewußtsein der Gefahren, das Problem der Eskorte, der Ersatz der Armee durch ein »unsicheres« Ambiente, der hohe Wert, den er der Hochachtung durch die öffentliche Meinung zuschreibt; die Bedeutung der berühmten »Omissis« der Antimafia-Kommission (»Ich, der ich der intimste Kenner... bin«). Schließlich sein Urteil über die DC Palermos. Mein Vater behauptet nicht, daß die gesamte palermitanische DC mafios sei. Aber auf der anderen Seite ist ihm klar, daß die DC in Palermo »geprägt ist vom fürchterlichsten mafiosen Aktivismus«. Das heißt: Das Zentrum der Verbindung Mafia/Politik ist Palermo. Und, man beachte, er spricht nicht von »Begünstigung« oder »Trägheit«; er spricht von »mafiosem Aktivismus«, das bedeutet, der direkten Teilhabe; der Ausdruck »über die politische Macht hinaus« impliziert eine präzise begriffliche Unterscheidung zwischen Mafia und korrupter Verwaltung.

Er trat also mit diesem Bewußtsein und dieser Erregung an; aber er klärte weiter den Charakter seiner Aufgaben und der Probleme, die vor ihm standen. In diesem Zusammenhang sollte ein Vorfall erwähnt werden – schon deshalb, weil mein Vater ihm bis in den August hinein starke Symbolwirkung zuschrieb. In Palermo stand er nach seiner Ankunft vor einer Reihe protokollarischer Verpflichtungen, die er erfüllen mußte. Eine davon betraf die Begegnung mit dem Bürgermeister, der als Repräsentant der Stadt, den ersten Besuch beim Präfekten, als dem Repräsentanten des Staates, zu machen hatte. Mein Vater hätte an diesen Tagen kein Aufhebens um Protokollfragen gemacht, weil er von Anfang an vorwiegend daran interessiert war, solidarische und – soweit möglich – herzliche Beziehungen mit den städtischen Institutionen zu fördern. Aber er konnte nicht vergessen, daß ihm gerade dieser Bürgermeister via Presse eine Botschaft zugestellt hatte, die er als Todesdrohung auffaßte. Warum sollte er also zuerst zu ihm hingehen? Diese Geste hätte exakt bedeutet, daß er die Warnung verstanden hatte und daß er sich bedingunslos unterwarf. So und nicht anders wäre ein dalla Chiesa interpretiert worden, den man mit Morddrohungen eingedeckt hatte und der trotzdem (obwohl es das Protokoll nicht einmal verlangte) nun gerade demjenigen huldigte, der ihn eingeschüchtert hatte. Mein Vater weigerte sich also, den ersten Schritt zu tun. Einige Tage blieb er hart. Im übrigen hatte er auch die Regierung wissen lassen, wie er diese Botschaft verstanden hatte. Wieso sollte sich der Staat, der ihn ausgesandt hatte, nicht an seine Seite stellen?

Die Beziehungen zwischen Mafia und Staat bekamen dadurch wesentlich schärfere Konturen. Aufgrund ministeriellen Drucks, und um die nun besonders schwierige Situation zu entspannen, erklärte sich mein Vater bereit, den Stadtrat oder die Stadtregierung von Palermo zu besuchen. Martellucci verweigerte das und streute das Gerücht aus, daß dalla Chiesa die Stadträte quasi »militärisch« antreten lassen wolle. Mein Vater ließ wissen, daß er noch immer bereit sei zu einem Besuch beim Bürgermeister, sofern zwei Stadträte als Vertreter der regierenden Koalition dabei anwesend sein würden. Martellucci weigerte sich erneut. Es sollte eindeutig klar werden, daß der Antimafia-Präfekt es war, der verloren hatte: das Treffen kam schließlich auf die Weise zustande, wie es Martellucci vorgeschlagen hatte. Und wie man es so mit dem besiegten Feind hält, erwies dieser meinem Vater hohe Ehren. Der Staat war also schon nach wenigen Tagen in die Knie gegangen. Der General dalla Chiesa, der Mann, der den Kampf gegen den Terrorismus geleitet hatte, war gezwungen worden, sich vor dem Bürgermeister Salvo Limas zu erniedrigen. Bitter sollte sich mein Vater im August an diese Episode erinnern: »Solange ein Parteiausweis mehr wert ist als der Staat, werden wir niemals gewinnen.«

Während sich also der Staat, der konkrete Staat, zurückzog, beschloß mein Vater, diesen Staat zu repräsentieren, seine Idee in sich zu personifizieren. Und er erklärte ausdrücklich, daß er »in der Gesellschaft leben und sich in diese einfügen werde, um institutionell die Regierung in jeder Hinsicht zu repräsentieren«. (»Corriere della sera«, 18. Mai 1982). Die Karten lagen jetzt hinreichend auf dem Tisch. Mein Vater beeilte sich, seine Sicherheit wenigstens einigermaßen zu gewährleisten. Er änderte die Einrichtung seines Büros in der Villa Withacker (Residenz des Präfekten in Palermo, A.d.Ü.), ließ den Schreibtisch in eine uneinsehbare Ecke schieben, so daß man nicht aus dem gegenüberliegenden Haus auf ihn schießen konnte, wo ein Gerüst für Restaurationsarbeiten aufgebaut war. Er ließ einige Männer überprüfen, die für eine Gebäudereinigungsfirma in der Präfektur arbeiteten und erfuhr so, daß diese – die übliche ihm schon bekannte Infiltrationstechnik – mit Mafiosi verschwägert waren. Er dachte daran, sich innerhalb der Präfektur ein Appartement einzurichten, damit er nicht jeden Tag zu diesen vier Fahrten – von und nach der Via Pajno (seine Wohnung, A. d. Ü.) – gezwungen war, die ihm seine neue Rolle vorschrieb: er wollte, daß seine Bewegungen unvorhersehbar waren, wie damals zur Zeit des Kampfes gegen den Terrorismus. Vorläufig realisierte er den Plan jedoch nicht; dringlich erschien er ihm im August. Er achtete darauf, niemals eine Tasse Kaffee allein zu trinken, denn diese Situation hielt er für besonders attentatsträchtig.

Er reaktivierte Beziehungen zu Carabinieri, zu alten zuverlässigen Gefreiten und Feldwebeln, und betraute sie mit den besonders problematischen Aufgaben. Er nahm Kontakte auf, um sich mit einigen Leuten – Offizieren und Unteroffizieren – aus der Zeit des Antiterrorismuskampfes zu umgeben. Er wollte in seinem Amt eine Sicherheitszelle installieren – weniger auf der Ebene der physischen Eskorte, als auf dem Gebiet der Zuverlässigkeit, der Sammlung und Durchleuchtung der Informationen: daraufhin stellte er die Auswahl der Personen besonders ab. Dann nahm er einige Versetzungen innerhalb der Präfektur vor: Der Verwalter und ein allzu plauderhafter Sekretär, der mir am Telefon (das erste Mal, daß er mich hörte) alle Bewegungen meines Vaters an diesem Nachmittag erzählt hatte. Die Eskorte allerdings verstärkte er nicht. Seine Einstellung dazu war klar: Wichtig war, daß sein Tagesablauf, seine Fahrten, sein Aufenthaltsort nicht bekannt waren. Verwirrung stiften mit der notwenigen Vorsicht, aber verwirren: Das hatte sich stets als erfolgreiche Technik erwiesen. Zweimal z. B. hatten Terroristen ein gegen ihn geplantes Attentat nicht ausführen können, weil er überraschenderweise zu Fuß und in Zivil zu dem betreffenden Ort gekommen war bzw. weil er mit einem Kleinwagen und meiner Mutter am Steuer ankam. Von einem dieser Fehlschläge hat ihm Peci (geständiger Terrorist der »Roten Brigaden«, A. d. Ü.) selbst erzählt. Auch in den diffizilsten Perioden hat er solche Maßnahmen alternativ zu der Eskorte durch zwei Carabinieri angewandt; zwei, die besonders schlagkräftig und vertrauenswürdig waren, aber immer nur zwei. Große Eskorten hat er nie gehabt.

In Palermo nahmen die Dinge nun eine strategische, vorwiegend kulturelle Wertigkeit an. Die Mafia gründet in der Angst, genauso wie die »Omertà«, die »Verschwiegenheitspflicht« der Sizilianer: darum war mein Vater auch der Überzeugung, daß sich die Herrschaft der Mafia nicht auf einem wirklichen Konsens der Sizilianer aufbaut. Das heißt, er dachte nicht, daß die »Sizilianer Mafiosi seien« – wie das viele von denen, die es verbal jeden Tag leugnen, insgeheim doch glauben (oder sich wünschen). Die Überwindung der Angst wäre ein überaus wichtiger Schritt vorwärts, aber das war auch genau das, was er nicht mit Hilfe von Predigten erreichen konnte. Welcher arme Teufel kann seine Angst ablegen, wenn er sieht, daß sich am Ende sogar der General dalla Chiesa fürchtet und mit Eskorten und Sirenen herumfährt? Gerade in diesem Bewußtsein und der daraus folgenden Entscheidung, die ihm die Schakale des September (Kommentatoren zu seiner Ermordung, A. d. Ü.) dann als eine Art Schuld vorwarfen, bestand nach meiner Ansicht (wenn mir das zu sagen erlaubt ist) tatsächlich der größte und bewundernswerteste Entschluß meines Vaters. Er entschied sich dafür, ein Beispiel zu geben, auch wenn er sich dadurch stärker als alle anderen exponierte.

Er begann schon am ersten Tag damit – mit dem Taxi kam er in der Präfektur an. Er hörte sich die Meinung des Taxifahrers über den Verkehr an, über den Mangel an städtischen Polizisten; und am Ende stellte er sich vor: »Vielen Dank. Ich bin der neue Präfekt.« Er fuhr oft mit dem Autobus. Eines Morgens erschien er alleine um sieben Uhr früh auf dem Fischmarkt, einer Mafia-Hochburg, damit die Mafiosi sahen, daß er sie nicht fürchtete – vor allem aber, damit die Leute sahen, daß er die Mafiosi nicht fürchtete. Das war keine improvisierte Geste. Es war Teil seiner »Kommandanten«-Psychologie. Auch in Mailand ging er, als er erkannte, daß die Volkshysterie bezüglich des Terrorismus alle Vernunft überstieg (und damit die Terroristen förderte), mit meiner Mutter eine Stunde in voller Uniform spazieren, ohne Bedeckung, unter den Arkaden zwischen Piazza Scala und Piazza Duomo. Das war keine persönliche Herausforderung. Er wollte, daß sich die Leute davon überzeugen: Wenn der General dalla Chiesa sich derart frei bewegen kann, heißt das, daß die Stadt nicht in der Gewalt der Terroristen ist.

Auch in Palermo war das keine »persönliche« Herausforderung. Sicher, gegenüber den Pontius Pilatus' der nationalen Politik spielte mein Vater angesichts seiner Einsamkeit sein gesamtes Prestige aus, seine Person als Ganzes. Aber nicht um eines individuellen Kampfes willen. Vielmehr, um alle wirklich am Sieg über die Mafia interessierten Kräfte in den Gesamtrahmen des Staates zu integrieren, den seine

Person hier repräsentierte. Schon ehe er nach Palermo fuhr, hatte er auf einem freundlichen Telegramm an die Gewerkschaften bestanden, mit dem Wunsch nach Zusammenarbeit und dem Versprechen, es selbst auch so zu halten. Nach seiner Ankunft traf er sich mit den Werftarbeitern und wurde durch ihr Vertrauen sehr ermutigt. Er erzählte mir, daß er insbesondere überrascht war von den Klagen einer Gruppe von Arbeitern über den Mangel an Sozialdiensten in Palermo. Er machte sich zum Vorkämpfer einer neuen Sicht der Macht und arbeitete dafür mit der ihm eigenen Entschlossenheit und seiner spezifischen Art des Zupackens – auch in seiner Tonlage und seinen Gesten.

Eine Sichtweise, die er authentisch in einer Rede Anfang Mai auf dem Fest der »Maestri di lavoro« (vom Staat ausgezeichnete, verdiente Arbeiter, A. d. Ü.) darlegte.

»Wenn es wirklich Macht gibt, dann ist dies ausschließlich die Macht des Staates, seiner Institutionen und seiner Gesetze; wir dürfen diese Macht weder an ungetreue Staatsdiener, noch an machthungrige oder unehrenhafte Leute delegieren. Macht kann in unserer Sprache ein Substantiv sein, aber es ist auch ein Verbum (»Potere« bedeutet im Italienischen sowohl »Macht« als auch »können«, »vermögen«, A. d. Ü.). Ich habe dieses Verbum gehört, und ich habe es aufgenommen und möchte es in all seinen Bedeutungen, oder zumindest denen, die mir einfallen, auffächern: zusammenleben können, fröhlichsein können, dem Nächsten in die Augen sehen können ohne den Blick niederzuschlagen, lachen können, reden können, fühlen können, unseren Kindern und Enkeln ins Gesicht sehen können, ohne uns etwas vorwerfen zu müssen; auf die Jugend blicken können, um ihnen ein Leben voller Opfer und Entsagungen geben zu können, in einer Gesellschaft, die aus vielen, vielen schönen Dingen besteht, aber vor allem Arbeit bereithält, Arbeit für alle: für die Arbeiter, die Angestellten, die Führungskräfte, die hier... für die fernsten Winkel dieses Siziliens stehen, dieses Sizilien, das ein gutes Land sein will, heil, verteidigt, das vorankommen will und nicht weiter das Opfer derer bleiben kann, die ihr Amt mißbrauchen und vermittels der Macht Gewinne erzielen. Schulter an Schulter müssen wir uns vereint fühlen, denn auch wer von Enthusiasmus erfüllt ist, wer seinen Glauben hat, einen Glauben wie der, der da eben zu euch spricht, braucht Unterstützung, Hilfe, muß fühlen, daß er inmitten von Leuten lebt, die auch glauben, denn indem wir glauben, können wir schon die Hälfte dessen erreichen, was wir uns wünschen: Ruhe und frohen Mut.«

Ein Ansatz, der die Mächtigen Palermos nicht gleichgültig lassen konnte. Und tatsächlich – deutete mir Vater an – vermochte Ernesto Di Fresco seinen Unwillen angesichts dieser Worte nicht zu unterdrükken. Di Fresco, damals Leiter der Provinzverwaltung, seit etwa zehn Jahren an der Spitze der palermitanischen Administration, konnte wenige Monate später die einzigartige Erfahrung einer Direktfahrt von der Leitung der Provinz ins Gefängnis und dann ins Parlament erleben (er wurde im November 1982 wegen möglicher Verwicklung in mafiose Geschäfte verhaftet, danach von der dortigen DC zum Parlamentskandidaten gemacht und auch gewählt, A. d. Ü.). Ihn ließ dieser Schnitt in die Krallen mafioser Rhetorik natürlich nicht unberührt. Mein Vater hatte sich nicht darauf beschränkt zu sagen, daß die Macht dem Staat gehört. Vor einem solchen Gedanken fürchtet sich die Mafia nicht, war es ihr doch stets leichtgefallen, (wobei das Geplärre der Linken oft genug mithalf), diese Macht auszuschalten, insoweit es sich dabei um die »zentrale«, römische Macht handelte, um die »böse, unterdrückende« Macht. Genauer gesagt, hatte die Mafia ihre Legitimation auf dieser Macht aufgebaut, indem sie sich als alternative, im Volk verwurzelte Macht darstellte.

Die kulturelle Tätigkeit, die mein Vater als Präfekt durchführte, drückte sich aus im Bezug auf das *Verbum* »potere«, über das *Substantiv* »*potere*« hinaus: es ging darum, die Idee des Rechts mit der der Freiheit zusammenzufügen und damit die Schemata der kulturellen Hegemonie der Mafia zu erschüttern. Und damit es nicht bei Worten blieb, handelte er mit Konsequenz. Er versammelte die Bürgermeister der kleinen Gemeinden der Umgebung Palermos. Im besonderen organisierte er eine Versammlung von fünfzehn Bürgermeistern in Corleone (ein Mafia-Hauptort, südlich Palermos, ca. 20000 Einwohner, A. d. Ü.) und forderte sie auf, ihm furchtlos alle Fälle von Druck anzuzeigen, der auf sie bezüglich öffentlicher Aufträge oder Bebauungspläne ausgeübt worden war. Das war eine weitere Kampfansage, denn soweit bekannt, war damals der mächtige Ex-Bürgermeister von Palermo, Vito Ciancimino – Hauptobjekt der Antimafia-Kommission – innerhalb der Insel-DC zuständig für die städtischen Betriebe. Vor allem aber entwickelte mein Vater Sprachformen, die in den wenigen Wochen seiner Präsenz in Palermo ständig klarer wurden. Er sagte den Bürgermeistern, daß sie das *Recht* haben, vom Staat das zu bekommen, was der »Staat pflichtgemäß der Gemeinschaft zu geben hat«; der Gemeinschaft, die sie regieren. Daß sie sich daher nicht an Vermittler wenden sollen, an die »unentbehrlichen Verteiler« von Vergünstigungen. Er machte sich zum Garanten ihrer Rechte: »Man muß die Mafia auch dadurch bekämpfen, indem man ihr Klientelsystem, das System der ›Empfehlungen‹ bekämpft.« Einige dieser Bürgermeister betrachteten ihn mit Argwohn, aber die meisten waren bewegt und fühlten sich in ihrer Würde aufgewertet. Denn für meinen Vater waren sie nicht »Männer« bestimmter Politiker, sondern »öffentliche Amtsträger«, wie er ihnen gern in Erinnerung brachte. Beim Verlassen der Versammlung drückte der christdemokratische Bürgermeister von Marineo das Vertrauen der meisten so aus: »Er hat uns ohne Zweifel ein ungewohntes Stimulans für unser Handeln gegeben. Es war wunderbar. Er hat uns mit einem moralischen Auftrag versehen. Wir haben ihm gesagt: ›Wir sind müde‹. Er hat geantwortet: ›Ich werde euch helfen.‹« (»Corriere della sera«, 18. Mai 1982)

Dies war eine der ersten Etappen in der von ihm formulierten Strategie; er sagte, daß es nicht nur notwendig sei, »so oft wie nur irgend möglich die Interessen zu stören, aus denen Mafia hervorwächst und von denen sie sich ständig nährt«, sondern daß man auch danach trachten muß, »die Mafia zu isolieren, indem man ihr die Verbündeten entzieht und das Vertrauen der Menschen in eine erneuerte Glaubwürdigkeit der Institutionen weckt.« Auch wenn die Erfahrung beim Kampf gegen den Terrorismus etwas anderes war, so erwies sie sich doch als äußerst wertvoll: »Wie beim Kampf gegen den Terrorismus müssen wir so vorgehen, daß die Piranhas der Mafia – Fische, wie ihr wißt, die einen Menschen innerhalb von Sekunden abnagen – kein Wasser mehr finden. Sie müssen nach Luft schnappen. Und die Leute, die so vielen lokalen Mächten unterworfen sind, werden von der Glaubwürdigkeit des Staates wie magnetisch angezogen.«

Anfang Juni faßte er einen Entschluß, der meiner Meinung nach ein unauslöschliches Zeichen in die Geschichte – und nicht nur die sizilianische Geschichte – der Beziehungen zwischen Staat und Studenten setzte: er begann in Schulen zu sprechen. Und er redete über die Mafia. Nicht als Pädagoge; es ging ihm darum, voller Geduld die mafiose oder resignative Mentalität der jungen Menschen zu ändern. Daß die Jugendlichen Hoffnungsträger sind, war für ihn ausgemacht; er hat immer vom »sauberen Blick der Jugend« gesprochen. Er ging in die Schulen, um den Jugendlichen zu verstehen zu geben, daß der Staat sich ihnen hier als Bezugspunkt ihres Freiheitsdranges anbot. Kurz und gut, er kreierte eine konkrete Antithese zur mafiosen Macht.

Die Gelegenheit dazu verschaffte ihm ein offener Brief, den ihm am 29. Mai die Schüler der dritten wissenschaftlichen Klasse des Lyceums »Gonzaga« in Palermo in der Zeitung »L'Ora« geschrieben hatten;

eine von Jesuiten getragene Schule, die von den Sprößlingen des bürgerlichen Palermo besucht wird. Bezeichnend für die sich abspielenden Veränderungen innerhalb der palermitanischen Gesellschaft: daß dieser Brief gerade von Jugendlichen kam, die von Hause aus mit der Macht liiert sind; eine »Botschaft der Sympathie und der Bewunderung« – für ihn eine wichtige Unterstützung aus einem besonders lebendigen Bereich der bürgerlichen Gesellschaft. »Wir möchten Ihnen daher sagen«, erklärte der Brief, »daß Ihre Leistungen für die Verteidigung der Menschen- und Bürgerrechte uns und allen Jugendlichen nicht entgehen, und daß sie, im Gegenteil, in uns nicht nur große Hochachtung für Ihre Person auslösen, sondern vor allem den Wunsch und Willen, für unsere städtische Gemeinschaft einen ständigen und konkreten Beitrag auf der Grundlage einer aktiven und uneigennützigen Liebe und eines immer größeren Engagements zu leisten.« Schließlich: »Die Mafia und ihre verbrecherischen Aspekte hat es gegeben und gibt es, weil es uns noch nicht gelungen ist, eine brüderliche Zusammenarbeit auf der Ebene aller Bürger zu schaffen, die die ›omertà‹ überwindet, die Ängste, die Habsucht – und exakt dies ist die Botschaft der Einheit, die wir bringen wollen.« Mein Vater war davon sehr überrascht. Und er beschloß, sich mit den Studenten der »Gonzagâ-Akademie zu treffen.

Es war eine sehr freimütige Begegnung. Die Jungen waren begeistert davon. »Zum ersten Mal«, sagten sie zu den Reportern, »stehen wir einem Nichtsizilianer gegenüber, der die Sizilianer versteht und dem es gelingt, die grundlegenden Aspekte miteinander zu vereinen.« Und ein anderer meinte: »Ich glaube, ich habe verstanden, daß er Sizilien liebt und daß er zeigen möchte, wie man Dinge ändern kann, die man in unserem Land für unveränderbar hält.« Auch mein Vater ging aus dem Treffen ermutigt heraus. Er erkannte, daß die Jugendlichen große Hoffnungen auf seine Anwesenheit in Palermo setzten, daß sie auf seiner Seite waren, daß die sizilianische Gesellschaft ein unausgesprochenes, aber bisher gedemütigtes Potential besitzt.

Und er beschloß, diese Erfahrung sofort zu wiederholen. Am 3. Juni erschien er, unangemeldet, im Humanistischen Lyceum »Garibaldi«, einer Schule mit altehrwürdiger Tradition, mit der er sich emotional verbunden fühlte, weil er mich und meine Schwester Simona dort hatte studieren lassen. Er fragte den Direktor, ob er mit den Studenten sprechen dürfe. Worüber? Über die Mafia. Der Direktor versammelte die Schüler in der Turnhalle. Die Presseagenturen berichteten: »Als die Studenten hörten, warum man sie zusammengerufen hatte, gab es langen Applaus.« Mein Vater gab nicht etwa eine Lektion. Er hörte die Fragen, denn ihm ging es darum, Interessen und Verhaltensweisen zu verstehen.

»Was ist die Mafia?« fragte ihn der erste Junge. »Die Mafia ist eine bestimmte Art zu leben, sich gegenüber den anderen Menschen zu verhalten.« Und er fuhr, auf eine andere Frage hin, fort: »Mir reicht es nicht, wenn ich den Urheber eines Mordes, eines Attentats überführe. Die Mafia ist nicht die Summe der Morde oder der Attentate. Manche schreiben über die Mafia, eingeschlossen in ein Hotelzimmer in Palermo – und werden dadurch auch berühmt; mir geht es um die Herstellung einer Diagnose, um die Genesung von der Mafia aufgrund einer aufmerksamen, vernünftigen Analyse, nicht nur einer kurzfristigen. Es soll eine sein, die auf lange Sicht hin reift. Es gibt da einen mafiosen ›Höhepunkt‹, über den es nicht hinausgeht; er wird dargestellt vom mafiosen Terror, der eine objektive Gefahr für die demokratischen Institutionen darstellt.«

Nachdem er die Existenz einer Verbindung zwischen Mafia und Politik und die Notwendigkeit zur Zerstörung dieses Konnexes betont hatte (»Ich habe das schon vor Jahren in Caltanissetta zur Antimafia-Kommission des Parlaments gesagt«) zeigte er eine beredte Zurückhaltung gegenüber einer anderen präzisen Frage: »Welche Art von Zusammenarbeit hatten Sie mit anderen Stellen Palermos?«

»Ich bin ja erst kurze Zeit hier; sagen wir, daß wir einander studieren, das heißt, jeder schätzt nun seine eigenen Möglichkeiten ein.« Man achte auf die Worte: »Wir studieren einander«. Es ist genau dieselbe Antwort, die er im August Giorgio Bocca geben wird, als ihn dieser über sein Verhältnis zur Mafia fragt.

Als jemand wissen wollte: »Was kann denn ein Superpräfekt ausrichten?« antwortete er, wohl um zu zeigen, wie wenig »persönlich« der Kampf ist, den er schlagen wollte: »Die Präfekten sind nicht super, sie sind nicht aus Eisen (»eiserner Präfekt« war der Spitzname des Präfekten Mori während des Faschismus, A. d. Ü.) und auch nicht aus anderen Metallen... Man braucht nicht *jemanden*, an den man glauben kann, sondern *etwas* (Hervorhebung durch mich, N. d. Ch.), woran man glaubt. Ich bin bei euch und unter euch, weil ich rückhaltlos an eure Jugend glaube. Ihr erbt ein Vermögen, das nicht leicht zu behandeln ist, das keineswegs durchgehend positiv ist. Ihr müßt unversehrt aus diesem Tunnel herauskommen, ihr müßt an die moralischen und bürgerlichen Werte appellieren, die ihr ohne Zweifel in eurem Innern tragt.« Und weiter: »Ich glaube an die jungen Menschen, und ich bin hierher gekommen, um ihnen etwas zu geben: Ich hoffe, daß es mir mit dieser meiner Tätigkeit zumindest gelingt, Zweifel an denen zu schaffen, die in dieser Verderbnis leben, die aufgrund der Korruption reich werden. Ich glaube, daß es noch immer Werte gibt, vor allem deshalb, weil wir Menschen sind und keine bloßen Nummern.«

»Sie sprechen von neuen Werten«, bedrängte ihn ein Junge, »aber wo diese schaffen, etwa in der P 2?«

»Es gibt Schuld und Verfehlungen, die wir nicht auf die Jugendlichen übertragen können, und denen wir auch nicht zugestehen dürfen, daß durch sie das politische und private Leben in unserem Land umgestülpt wird.«

Schließlich, enthüllend, Frage und Antwort: »Haben Sie Angst?« – »Wenn man Angst hat, muß man sie alleine auf sich nehmen, ohne sie auf andere zu übertragen. Jedenfalls besiege ich die mögliche Angst nicht durch die Anwesenheit einer Eskorte.«

Eine allgemeine Atmosphäre des Vertrauens in den Staat, die Hoffnung, daß man wirklich etwas ändern könne, begann sich da in den sensibelsten Bereichen der palermitanischen Gesellschaft auszubreiten. Wer Änderungen wollte, suchte ihn auf, lud ihn ein. Niemand wurde dabei enttäuscht, von der »Bürgerinitiative zur Errichtung eines Denkmals für die Opfer der Mafia« bis zur »Antidrogen-Liga«. Speziell dort, bei einer Versammlung dieser Liga Ende Juni im »Teatro Ranchibile« des Don Bosco-Instituts, einer angesehenen religiösen Schule der Hauptstadt Siziliens, gab mein Vater einen seiner explizitesten Beiträge zum Thema Recht und Macht. Der Inhalt der Tagung hatt ihn immer schon beschäftigt: Er hatte stets eine unendliche Verachtung für Drogenhändler gezeigt.

Betroffen gemacht hatte ihn eine Episode in Palermo. Möglicherweise in etwas provokativer Absicht hatten ihm die Freunde eines jungen Mannes, der an einer Überdosis Heroin gestorben war, einen Brief geschrieben: »In Palermo wird man umgebracht, entweder weil man im Räderwerk der Mafia gefangen ist, oder weil man nicht darin steckt und sie bekämpfen will. Wie könnt ihr, General, Du und Deine Carabinieri, darüber hinwegsehen, daß 150 Meter von der Carini-Kaserne entfernt der größte Heroin-Markt der Stadt abgewickelt wird?... Die Parteien, die Gewerkschaften, die Expertenkommissionen, die Juristen veranstalten Tagungen über die Mafia. Währenddessen sterben unsere Kameraden, umgebracht von der Spritze, von der Einsamkeit und der Verzweiflung in einer Stadt ohne Hoffnung und ohne Liebe. Wir wollen nicht, daß sie weiterhin sterben, General. Deshalb haben wir beschlossen, uns zu organisieren: eine Bewegung von unten, einfache Leute, junge und alte, alles Leute, die leben wollen und nicht mehr von Gangstern regiert sein wollen. Wenn sich dieser Bewegung alle ehrlichen Menschen anschließen, die sich nicht aufgeben wollen, können wir mehr ausrichten, als Du es in diesem Augenblick vermagst.«

Mein Vater wartete nicht lange: Er organisierte eine Begegnung mit den Briefschreibern, in Gegenwart des Provinzarztes, und erbat sich von ihnen eine Denkschrift über den Heroinhandel in Palermo, und wie man ihn bekämpfen könnte. Es war sicher kein Verzicht auf die Ermittlungstätigkeiten des Staates. Er wollte lediglich ihren Standpunkt kennen, und er wollte sie vor allem davon überzeugen, daß der Staat hier nicht abseits stand oder gar ihr Feind war, sondern daß sie ihn zur Verfügung hatten.

Das Treffen im »Don Bosco« war ein wichtiges Etappenziel seines Einsatzes. Er stand dort in voller, vor allem menschlicher Eintracht, mit den etwa zweihundert Eltern von Drogenabhängigen, die das Theater füllten. Er polemisierte indirekt mit der Stadtverwaltung, bei der er mit aller Energie intervenieren mußte (»Da gibt es Leute, die nicht glauben, daß ich sie zwingen kann«), damit das CMAS, das vom Gesetz Nr. 685 vorgesehene »Centro medico e di assistenza sociale« (Medizinisch-soziales Betreuungszentrum) eingerichtet wurde – seit mehr als sieben Jahren war dies hinausgeschoben worden – mit der Ausrede, daß man keine Räume dafür habe (es wurde dann sofort nach dem Tod meines Vaters wieder geschlossen).

»Man muß von Fakten reden«, forderte er, »und nicht zu viele Worte verschwenden. Wir haben nicht viel Zeit zur Verfügung, und wir müssen schnell an die Dinge herangehen. Ich wurde aufgefordert, einmal nach dem Forschungs- und Studien-Komitee der Verwaltung zu sehen. Ich bin dem nachgekommen und habe bemerkt, daß da noch nicht viel aufgebaut ist. Die Aktivität des Komitees hat sich auf die Publikation einiger Bücher und auf paar Versammlungen beschränkt, in denen man so tat, als würde man Entscheidungen treffen. Vier Tagungen in einem Jahr, das bekanntlich nicht nur zehn, sondern 365 Tage hat. Und man sage mir nicht, daß das eine Frage der Finanzen sei. Die Beiträge hatten keine andere Funktion, als Reklame für diesen oder jenen Verlag zu machen. Hier braucht man stattdessen eine starke persönliche Überzeugung, den Willen und das Bewußtsein, Gutes zu tun. Wenn ich also hier bin, dann um dies zu bewirken. Bezüglich des Komitees gibt es keinen Zweifel, daß man bereits seine Zusammensetzung ändern muß.« (Der zuständige Verwalter wurde einige Tage nach dieser Versammlung versetzt).

Nachdem er versichert hatte, daß er nichts anderes als seine Aufgabe erledigen wolle, allerdings unter einer etwas weniger bürokratischen und »funktionärshaften Interpretation«, erklärte er weiter: »Darum ist mein Beitrag hier auch alles andere als formal. Ich kann mich nicht damit abfinden, daß die Jugend sich der Gesellschaft mit krummem Rückgrat zeigen soll; ich kann nicht anerkennen, daß dies alles unvermeidlich sein soll. Wir haben den Kampf schon verloren, wenn wir meinen, daß wir nichts dafür tun könnten, ihnen ein fröhliches Leben zu ermöglichen, so daß sie Vorkämpfer für eine mit eigenen Händen erbaute Zukunft werden. Darum müssen wir einig sein, denn wir sind nicht nur die Herren über unsere eigene Persönlichkeit sondern auch über unsere Rechte.« Und mit aller Schärfe bestand er darauf: »Wir dürfen nicht in die Knie gehen, denn wir alle haben unseren eigenen Kopf und unsere geistigen Werte. Wenn wir diese neu einschätzen und verteidigen, heißt dies, daß wir uns genau die Instrumente nicht rauben lassen, die es uns als einzige erlauben, die wirklichen Gestalter unseres Schicksals zu bleiben. Ich sage den jungen Leuten: Laßt euch nicht von den Dieben dieses Systems aufsaugen, von denen, die ihren Reichtum auf eurem Tod bauen. Tretet diesem System entgegen, das von denen gestaltet wird, die euch die Luft zum Atmen rauben, um daraus Gewinn und Ansehen zu ziehen.«

Hier spricht der Mann des Rechts, der Carabiniere, nicht der Revolutionär. Er macht dies mit einer Idee deutlich, die wahrscheinlich aus seinem Innersten kommt und womit der General in ihm sich nicht verleugnen kann: »Sehen wir zu, daß wir uns erneut treffen, zahlreicher und weniger ängstlich. Auch wenn es paradox scheint: ich hätte es gerne, wenn ihr alle zusammen zu meinen Ordnungskräften gegen die Drogen würdet.« Es ist der Mann des Gesetzes, der da spricht. Aber das reicht aus, ihn in aufhebbaren, tödlichen Gegensatz zu der Macht zu bringen, die auf der Verletzung und Unterdrückung des Gesetzes und der Menschen- und Bürgerrechte beruht.

Das Klima in der Stadt und in ganz Sizilien hat sich tatsächlich gewandelt. Es hat dazu weder Jahrhunderte noch Jahrzehnte gebraucht; zwei Monate waren genug. Meinen Vater erreichten Hunderte von Briefen, Anzeigen von Gesetzesübertretungen und Eigenmächtigkeiten, zugesandt von einfachen Bürgern. Von der schwarzgebauten Mauer bis zur Bauspekulation und zum Müll vor der Haustür wurde alles zum Anlaß, sich an den neuen Präfekten zu wenden. Mitte Juni gingen ihn die Bürger von Lercara Friddi und von Valledolmo um Hilfe beim Kampf gegen eines der Erzübel Siziliens an, den Durst: Ihre Dörfer waren ohne Wasser. Verbittert errichteten die Frauen Straßensperren, als die Leute in den Wasserverwaltungen die Hände zum Himmel hoben und die Trockenheit verantwortlich machten. Mein Vater begab sich dorthin, und obwohl es nicht regnete, transportierten die Äquadukte zwei Tage später wieder Wasser. An meinen Vater wandten sich mit neuer Hoffnung sogar die Verwandten der – prominenten oder nicht prominenten – Opfer. Er verstärkte die Beziehungen zu den mutigsten Teilen der palermitanischen Justiz, förderte und redigierte den berühmten »Bericht über die 162« (staatsanwaltliche Anklageschrift über 162 Mafiosi, A. d. Ü.), der den aktuellsten Stand der neuen Mafia-Gruppen und ihrer wechselseitigen Beziehungen darstellte. Sein Enthusiasmus mischte sich freilich mit der tiefen Erbitterung über seine Isolation, dem Gefühl, daß man ihn gerade dann verlassen hatte, als er nach seiner präzise definierten Entsendung nach Sizilien mit der klügsten und entschiedensten Strategie zu arbeiten beginnen wollte. Schon Ende Mai vertraute er sich einigen Freunden an. Besonders erhellend ist dabei der Brief, den er an den Heereskommandanten, General Valditara, sandte. Die Beziehungen zu diesem hatten sich, wie schon angedeutet, allmählich verbessert und waren am Ende freundschaftlich geworden. Mein Vater war, aus verschiedenen Gründen, davon überzeugt, daß einige Leute aus dem Generalkommando Valditara anfangs gegen ihn »gehetzt« hatten; und er hatte es hoch eingeschätzt, daß der General beim Abschied von der Armee demonstrativ zugegen war, ihm den Gruß in der Offiziersanwärter-Schule der Carabinieri entbot und ihn für den 5. Juni zum Heeresfest in Rom einlud. Am 30. Mai gestand er ihm: »Lieber Kommandant, ich habe um mich herum eine unendliche Leere. In mir habe ich das Gefühl absoluter Stille, und daß ich keine Stimme habe, um mein Credo zu behaupten und zu verteidigen. Vor mir sehe ich ein Heer von Fragezeichen, die zu beantworten mir niemand hilft. Es fehlte mir, bei dieser von mir nicht gewollten Begegnung mit dem Schicksal, selbst jemand, der über die üblichen Wertvorstellungen hinaus eine sinnvolle Vermittlung bieten könnte für einen weniger traumatischen ›Übergang‹. Heute hängt alles notwendigerweise an meinem Stolz, meinem Glanz als Carabiniere, am Willen sich hinzugeben und unter den vielen Menschen zu weilen, den guten, bescheidenen, zurückhaltenden, unwissenden Menschen, die Gerechtigkeit wollen und die an die Gerechtigkeit glauben wollen. Heute brauche ich so vieles, um nicht zu enttäuschen!... Deine wichtigen Gedanken haben mich während meiner Überlegungen und trotz meiner Depressionen sehr beeindruckt und kamen mir wie eine ›zarte‹, glückliche Umarmung ›meiner‹ ganzen Armee vor.«

Unter solchen Umständen suchte mein Vater innerhalb seiner familiären Beziehungen Zuspruch. So manchen Abend verbrachte er im Haus meiner Tante Lydia, einer Schwester meiner Mutter, um zu reden, Erinnerungen zu pflegen, sich anzuvertrauen, auch um mit ihr, mit Onkel Francesco und den drei ihm eng verbundenen Vettern mal wieder zu lachen. Allabendlich rief er uns, seine Kinder an – immer bereit, uns zu »rüffeln«, wenn er uns nicht zu Haus fand (und er hatte gute Gründe dafür...); er dachte viel an seine Enkel und insbesondere an den, der sieben Monate danach geboren werden wollte; vor allem aber waren da die Telefonate und manches eilige Treffen sonntags in Mailand mit Emmanuela, dem Mädchen, das er zu heiraten beschlossen hatte und das sein Schicksal teilen sollte – das die anderen schon vorzubereiten begannen.

IV

An den Ursprüngen
eines politischen Verbrechens

Wie reagierten nun die örtlichen Herrschergruppen auf die neue Situation, die sich da abzeichnete? Die Antworten artikulierten sich auf mehreren Ebenen. Vor einer Analyse ist es jedoch sinnvoll, uns die Namen der Politiker zu vergegenwärtigen, denen sich mein Vater gegenüberfand. Auf institutioneller Ebene waren das der Bürgermeister Nello Martellucci, DC, parteiintern Andreotti-Richtung; der Verwaltungschef der Provinz, Ernesto di Fresco, Richtung Fanfani; und der Regional-Ministerpräsident Mario D'Acquisto, wiederum ein Andreottianer. Die institutionelle Macht ist jedoch nicht völlig identisch mit der realen. Innerhalb der Institutionen agieren im allgemeinen die »Leute« einiger politischer Führer. Die politische Macht wurde effektiv von Salvo Lima gehalten, dem Bevollmächtigten Andreottis in Westsizilien und sozusagen »Ehrengast« der Antimafia-Parlaments-Kommission sowie Objekt erheblicher Aufmerksamkeit seitens des Obersten dalla Chiesa und (noch ein Zufall) des Richters Terranova in den sechziger und siebziger Jahren; ihm zur Seite Vito Ciancimino, innerhalb der christdemokratischen Partei zuständig für die städtischen Unternehmen, auch er von meinem Vater oftmals in den Berichten der Antimafia-Kommission Anfang der siebziger Jahre angeklagt; er rühmt sich, die Kontrolle über eine erhebliche Gruppe von Stadträten auszuüben (!). Schließlich Attilio Ruffini, ein ehemaliger »Doroteo« (nach einem Kloster benannter Kreis zentrumsorientierter Christdemokraten, A. d. Ü.), der bereits Verteidigungs- und Außenminister war, und der beim Begräbnis des berühmten Mafioso Don Calogero Volpe in der ersten Reihe saß und später Galagast bei einem Wahlbankett war, das die Verbrecherbanden (aus dem Rauschgiftgeschäft) der Spatolo und Inzerillo 1979 organisierten – in der Zeit, in der er, wie auch Lima, in der nationalen Leitung der Christdemokratischen Partei saß. Und dann war da noch Luigi Gioia, ein Fanfanianer mit guten Beziehungen zu den Andreottianern, der Bruder des mafiosen Ministers Giovanni Gioia, dessen Imperium er geerbt hat.

Schließlich sei neben diesen »Größen« (von denen besonders Mario D'Acquisto auch noch eine spezielle persönliche »Hausmacht« besitzt), der Regionalsekretär Rosario Nicoletti genannt, der dem Partei-Vize Bodrati zugezählt wird; aber bei der erheblichen Zahl von Strömungen keine große Rolle spielt. Die größte ökonomisch-finanzielle Macht üben stattdessen die Bauunternehmer Cassina aus, die goldene Verbindungen zur Kommune Palermo besitzen; sowie die Vettern Salvo aus Salemi: sie haben immense Güter durch ihre Tätigkeit als Steuereinnehmer für den Staat angehäuft (die Steuer wird in Italien von Privatfirmen in staatlichem Auftrag eingezogen, A. d. Ü.) bzw. haben 40 % der vom Staat für die sizilianische Landwirtschaft ausgeworfenen Gelder übernommen und danach in besonders schlechten Gegenden eingesetzt, dabei auch profitablen Handel mit den Ländern des Ostblocks begonnen. Die Beziehungen zwischen der Familie Salvo und Salvo Lima sind ehern; und ehern halten auch die Familien Salvo, Salvo Lima und Antonio Ardizzone zusammen: Letzterer ist Eigentümer der Tageszeitung »Giornale di Sicilia«, und seine Familie hat ihrerseits wieder Beziehungen zu Michele Greco, dem wegen der Ermordung des Richters Chinnici zu lebenslangem Zuchthaus verurteilten Mafia-Boss. Weitere Träger realer Macht sind Aristide Gunnella, auch er in den Akten der Antimafia-Kommission zu Hause, berüchtigtes Mitglied der nationalen Leitung der Republikanischen Partei (heute ist er deren Vize-Parteisekretär), enger Freund Cianciminos; sowie Vito Guarrasi, eine Art Graue Eminenz des palermitanischen Establishments. Schließlich sind da noch die Grecos aus Ciaculli (ein Vorort Palermos, A. d. Ü.), die nicht nur eine Cosca aus der Peripherie darstellen, sondern heftig umworbene Gäste in den Kreisen der blasiertesten High Society Palermos, dazu noch prominente Kunden der Banco di Sicilia waren, engstens befreundet mit Giovanni Gioia und, nach den Erkenntnissen Chinnicis, Nutznießer einer immensen Mittelzuweisung seitens des Landwirtschaftsministeriums der Region Sizilien in den letzten Jahren – eine Zuweisung, die niemals geahndet wurde.

Zwischen diesem Establishment und meinem Vater war eine Vermittlung unmöglich. Beim Angriff auf ihn ging man auf verschiedenen Ebenen vor. Die erste war, wie gesehen, die politische; da wählte man zunächst interne Wege im Inneren der DC und intervenierte bei der Regierung und beim Innenminister Rognoni im besonderen. Die große Chance dafür bot sich schon Anfang Mai, beim Nationalkongreß der DC. Und hier zeigte sich allmählich, wieviel Mitschuld die »Gesetze der Politik« an der Macht der Mafia haben. Das Parteisekretariat De Mitas (Ciriaco De Mita, seit 1982 DC-Parteisekretär, A. d. Ü.), das Sekretariat der »christdemokratischen Erneuerung«, ging aus dem Kongreß mit einer Mehrheit von 65 % hervor – einer Mehrheit, die entscheidend durch die Andreottianer zustande kam, die 15 % der Delegiertenstimmen mitbrachten. Auch Vito Ciancimino, der nicht voll zu den Andreottianern zählt, stimmte mit den Andreotti-Leuten – wie er verstört in Erinnerung brachte, als ihn De Mita nach den Polemiken im Anschluß an das Blutbad in der Via Carini – dem Mord an meinem Vater – aus der Partei herauszudrängen versuchte. Auch für die »Erneuerer« galt also: »Wählerstimmen stinken nicht« – und so bedeuteten dieses Votum und diese Mehrheit definitiv die Besiegelung des Schicksals meines Vaters innerhalb der DC; sie isolierte ihn gerade dort, wo er immer seinen stärksten Rückhalt gehabt hatte und wo er mit einigen Politikern – von Taviani bis Cossiga (beide Innenminister in den 70er Jahren, A. d. Ü.) sogar wirkliche Freundschaft aufgebaut hatte.

Die zweite Ebene, auf der man zur Demontage des neuen Präfekten antrat, war die der materiellen Interessen, und speziell die des sozialen Friedens. Man verbreitete, daß seine Ankunft das bürgerliche Zusammenleben zerstören werde. Einige stark frequentierte Zirkel und Anwaltsklüngel engagierten sich bei der Vorbereitung dieser Atmosphäre des Mißtrauens ganz besonders. Der Direktor der Tageszeitung »L'Ora« bekam in einem Moderestaurant den Vorgeschmack davon. »Der General dalla Chiesa kann zu einem Unglück für Palermo werden«, unterstellte ein anonym zitierter »bekannter Anwalt«, »wenn er den Superpolizisten gegen die Drogenhändler abgeben will, wird er am Ende diese Stadt ruinieren. Man stelle sich nur vor, wenn alle, die vom Gewinn aus dem Drogengeschäft leben, auf den Arbeitslosenmarkt geworfen werden. Dann werden unsere Häuser geplündert. Wir können am Abend nicht mehr ausgehen, sie werden uns ausrauben, werden Geschäfte aufbrechen, Villen, Büros. Aus wäre es, nach meiner Meinung mit dem Frieden. Restaurants wären nicht mehr sicher, unsere Frauen könnten nicht mehr mit ihrem Pelzmantel ausgehen. Nein; er muß aufpassen, was er tut, dieser piemontesische General.«

Nichts kann den Gegensatz zwischen meinem Vater und der Mafia stärker manifestieren. Der Mann der Ordnung par excellence, der als drohende Unordnung »empfunden« wird. Die Ankunft des Generals dalla Chiesa, die man als Ursache für die Explosion der Delinquenz fürchtet, anstatt sich davon deren Unterdrückung zu erhoffen! Größtenteils sind dies Ausreden. Hinter der Sorge um die Delinquenz stand – viel mächtiger – die Sorge um die mit dem Drogenhandel aufgehäuften Güter; statt der Angst, daß die Diebe die Pelze klauen und in die Villen einbrechen, fürchtete man wohl eher, daß der Fluß schmutziger Gelder versiegen könnte, mit deren Hilfe man die Pelzmäntel und die Villen kauft. Hier erklärten sich die mafiose Ordnung und die »Pax mafiosa« eindeutig gegen die Ordnung des Gesetzes.

Der Bezug auf den »piemontesischen General« öffnete den Zugang zu einer weiteren Angriffsebene, der kulturell-ideologischen. Das heißt, man hetzte gegen ihn, wenn auch in der den Umständen und der Person entsprechenden Art und Weise, das übliche sizilianistische Gekläff. Unter Teilnahme der intellektuell oft so trägen Presse stellten ihn alle als eine Neuausgabe des Präfekten Mori vor, als »eisernen Präfekten«. Der mafiosen Kultur konnte nichts besseres widerfahren – weil sie ja die Themen der Linken viel unbefangener als die Linke selbst wiederzukäuen versteht. Wie bitte? Wir wollen die Mafia mit Hilfe des zentralistischen Staates bekämpfen? Wo doch die Mafia gerade die Antwort auf den zentralistischen Staat ist! Was man stattdessen braucht, sind neue Fonds zum Kampf gegen die Armut und die Arbeitslosigkeit, durch die die Mafia entsteht und ständig reproduziert wird. Mein Vater verstand diese Hinterlist sofort und tat alles, um von diesem Eis herunterzukommen, das ihm eine Presse bereitete, die von der sizilianischen Realität nichts verstand. Die Verknüpfung von Recht und Freiheit ließ ihn die erste Runde gewinnen.

Der Angriff auf der kulturellen Ebene geschah jedoch auf höherem Niveau, nämlich auf dem der institutionalen Kompetenzen. Ein entscheidender Punkt, unter ideologischem Aspekt. Das sizilianische Autonomiestatut sieht in Art. 31 tatsächlich vor, daß auf sizilianischem Gebiet die Ordnungskräfte durch den Regional-Ministerpräsidenten geleitet werden, in diesem Fall von dem bereits vorgestellten D'Acquisto. Wer hatte jedoch nun konkret den Kampf gegen die Mafia zu leiten – dieser Mario D'Acquisto oder der Präfekt dalla Chiesa? Für jeden rechtschaffenen und gutwilligen Italiener gab es da keinerlei Zweifel. Stattdessen gab es harten Streit. Die Übertragung der Koordinationsaufgaben auf den neuen Präfekten von Palermo wurde zum »Anschlag auf die sizilianische Autonomie«. Bis zum 3. September dauerte der unglaubliche Versuch, die »de facto-Unvereinbarkeit« der Koordinierung des Kampfes gegen die Mafia mit der Dezentralisierung bzw. der Regionalautonomie zu beweisen; mit anderen Worten, der Versuch, auch auf diese Weise den Antimafia-Präfekten aus der Geschichte der sizilianischen Gesellschaft hinauszuwerfen.

Eine vierte Angriffsebene, noch subtiler als die anderen, zielte darauf ab, ihn persönlich zu irritieren. Mein Vater war äußerst vorsichtig und gewarnt. Er wußte, wie die Techniken der Verwicklung funktionierten; und er hatte solche Versuche stets zu blockieren versucht. Ehe wir als Kinder in Palermo eine Einladung zu einem Fest oder einem Essen annehmen durften, durchleuchtete er den gesamten Stammbaum des Hausherrn. Einmal, zu Weihnachten, hat er eine Krokoledertasche an den Absender zurückgeschickt: ein Unternehmer hatte sie ihm geschenkt, den er gerade erst kennengelernt hatte; und er interpretierte dies als unrechtmäßiges Mittel zum »Aufbau« einer Freundschaft. Die Mächtigen der Stadt boten ihm auch diesmal den berühmten »goldenen Käfig« an – sie erwiesen ihm Gastfreundschaft. Wer von ihnen konnte am zwanglosesten mit ihm in Kontakt treten? Kein Zweifel: Attilio Ruffini, sein früherer Verteidigungsminister. Und Ruffini lud ihn tatsächlich zum Essen ein. Mein Vater geriet in Verlegenheit. Trotz allem, was da geschah, lebte in ihm noch der Sinn für Hierarchie, für den »Höheren«. Wie auch immer: Er beschloß dennoch, nicht hinzugehen. Aber er lehnte nicht direkt ab, sondern legte einen Termin in Rom auf dieses Datum und schickte der Frau Minister einen Blumenstrauß. Er, der Antimafia-Präfekt, konnte doch nicht mit einem Mann speisen, der von den Spatola, den Inzerillo und anderen Bandenchefs (auch wenn man in Palermo anders davon sprach) erwählt worden war. Dazu kam noch ein weiterer wichtiger Aspekt: Ruffini wohnte im selben Haus wie die Salvo, so daß mein Vater fürchtete, vor der Haustür fotografiert und dann auch noch als Besucher des Hauses Salvo erpreßt zu werden. So wie hier war er auch in allen anderen Fällen auf der Hut. Jedesmal, wenn er zu einem Cocktail eingeladen wurde, informierte er sich zuerst über die Namen der anderen Gäste, ehe er sich dann entschied. Aus diesem Grunde ging er privat selten aus. Im Interview mit Giorgio Bocca für »La Repubblica« erwähnte er dies ausdrücklich unter Bezug auf eine Einladung, die ihm durch einen Freund überbracht worden war: »Wenn ich nicht weiß, daß in diesem Haus das Heroin in Strömen fließt, diene ich, wenn ich hingehe, als Schutzschild. Wenn ich es aber weiß und dennoch hingehe, könnte ich damit andeuten, daß ich das Ganze sogar billige.«

Mitunter erlegte ihm sein Amt bestimmte Pflichten auf. D'Acquisto war der Regional-Ministerpräsident, und so konnte die Furche, die mein Vater in die Institutionen ackerte, nicht allzu tief werden. Man würde das Spiel der Mafia spielen. Und so arrangierte es D'Acquisto denn auch, daß plötzlich Salvo Lima vor meinem Vater stand. Der war außer sich vor Wut, und er machte sich bewußt, daß die auf der anderen Seite nun ihre letzten Karten ausspielten, bevor sie zum Frontalangriff übergingen.

Die allerletzten, wirklich die allerletzten Karten, kamen im Juli auf den Tisch. Am 11. heiratete mein Vater. Bei einem Empfang einige Abende danach drängte sich eine Gruppe von Frauen an Emmanuela heran. Sie luden sie in ihre Villen ein, an ihren Swimming-Pool. Mein Vater, der intuitiv begriff, was da los war, trat heran, und eine Frau sagte ihm flachsend: »Morgen belegen wir Emmanuela mit Beschlag.« Das konnte natürlich auch eine bloße Redewendung sein, eine liebenswürdige Geste. Gerade deshalb konnte sich mein Vater auch nicht dagegen aussprechen; er wußte nicht genau, was er antworten sollte. Und um sich aus der Verlegenheit zu retten, meinte er: »Meine Frau geht aus, wenn ich es ihr sage.« Während unseres Urlaubs im August lachten wir viel über diesen unglücklichen Satz und machten daraus die üblichen familiären Foppereien. Tatsächlich aber war der Satz ein Indikator für die immense Spannung, in der er lebte, für die tausend Fallen in einem Ambiente, das ihm bereits des Krieg erklärt hatte.

Gerade die Heirat mit Emmanuela bot übrigens den Anlaß für eine fünfte Form des Angriffs auf meinen Vater – den auf sein persönliches Prestige; ein Angriff, der – wie wir sehen werden – im August auf Touren kam. Mein Vater wußte genau, daß der Entschluß zur Hochzeit mit einer viel jüngeren Frau in einer Welt – nicht nur in Sizilien – voller Mittelmaß und Betrügerei den Vorwand zu Klatsch aller Art geben würde. Aber auf dieser Entscheidung beharrte er unerschütterlich – und zeigte dabei die Fähigkeit zu einem Nonkonformismus, den ich ihm, offen gesagt, nicht zugetraut hatte. Sofort begann das Geflüster, daß ein wiederverheirateter Mann an Prestige verliere. In Wirklichkeit erzeugte seine Heirat ein gewisses Echo in der Presse, und meiner Meinung nach störte es seine Feinde gewaltig, daß er auch aufgrund seines Privatlebens möglicherweise größere Popularität bekam. Also griff man Emmanuela an, um ihn zu treffen. Bühne dafür war, selbstverständlich, der »Giornale di Sicilia«, der vom 24. Juli ab eine unerhörte Leserdebatte über die stattgefundene Hochzeit veröffentlichte. Ein weiteres Mal wurden dabei Argumentationsfiguren der »Linken« verwendet. Es sei absurd, erklärte der »Eröffnungs«-Brief, daß eine Tageszeitung dem Privatleben eines »Staatsfunktionärs« (ein Ausdruck, der merkwürdigerweise nach seinem Tod mitunter von Personen, die alles andere als anonym waren, zum Zwecke einer Herabwürdigung verwendet wurde) soviel Bedeutung einräume. Man solle stattdessen von »all den Verbrechen sprechen, die sich in Palermo ereignen und von denen ihr nicht einmal andeutungsweise berichtet – wohl, um Donna Emmanuela, vielmehr Emmanuela, nicht aufzuregen.«

Das sind offensichtlich überkreuzte Angriffsformen von äußerster Komplexität, deren Herr zu werden man ein außergewöhnliche Natur und besonders gute Nerven braucht. Die politische Welt Palermos bewegt sich nicht am Tageslicht. Man redet miteinander, trifft sich und entscheidet dann vorwiegend auf internen Bahnen.

Es gab dementsprechend wenige Ereignisse von gewisser politischer Bedeutung. Eines davon war die Ankunft Andreottis in Palermo. Den Anlaß dafür bot am 3. Juli das Friedensfest der ACLI (Associazioni cristiani lavoratori italiani, katholischer Arbeitnehmerverband, A. d. Ü.), an dem er als Vorsitzender des Auswärtigen Ausschusses des Parlaments teilnahm. Andreotti dämpfte den Enthusiasmus der Organisatoren, als er sich auf die Petition des ACLI-Nachwuchses für eine Aufhebung des politisch-militärischen Staatsgeheimnisses bezüglich des Waffenhandels ausweichend und eher pessimistisch äußerte. Er traf sich auch mit seinen Vertrauten; aber im Unterschied zu seinem späteren Verhalten unter gewandelten Umständen – im Oktober danach – hielt er diesmal noch keine offiziellen Versammlungen seiner Anhänger ab.

In der Zwischenzeit folgten einige recht bedeutende Ereignisse aufeinander. Im Mai hatte die Guardia di finanzia (Finanz- und Steuerpolizei) zum ersten Mal im Reich der Salvo Kontrollen durchgeführt. Ende Juni sandte Nino Salvo im Rahmen eines Interviews mit dem Magazin »L'Espresso« (4. Juli 1982) eine ausdrückliche Botschaft an die DC: »Kann diese Partei die systematischen Verfolgungen der ihnen besonders nahestehenden Unternehmer zulassen?« Am 16. Juni wurde auf der Umgehungsstraße, die zur Autobahn Palermo-Trapani führt, der Mafia-Boss Alfio Ferlito aus Catania, Rivale des anderen Bosses Nitto Santapaola, zusammen mit den ihn eskortierenden Carabinieri, ermordet. Dabei wurde dieselbe Kalashnikov-Maschinenpistole verwendet, mit der auch schon Salvatore Inzerillo (Mafia-Boss, im Mai 1981 erschossen, A. d. Ü.) umgebracht worden war und die, achtzig Tage später, auch gegen meinen Vater verwendet werden sollte. Nach dem Verbrechen tauchte Santapaola unter. Im Juni verschwanden auch die Greco (Mafia-Familie aus Ciaculli bei Palermo, A. d. Ü.), die zusammen mit Santapaola und anderen später vom Ermittlungsrichter Giovanni Falcone des Anschlags in der Via Carini beschuldigt werden sollten. Da waren alle Anzeichen für ein Klima, das sich immer schneller erhitzte, auch wenn man immer noch so tat, als handle es sich nur um »Meinungsverschiedenheiten«, und die diplomatische Höflichkeit wahrte.

Warum aber war die Auseinandersetzung nun am »point of no return« angelangt? Weil sich die Mafia-Macht in Todesgefahr wähnte? Eine erste Antwort ist natürlich: Weil ihre obersten, örtlichen Repräsentanten von vornherein die Absichten meines Vaters erkannt hatten. Aber diese Antwort reicht nicht aus. Mein Vater hätte auch auf andere Weise besiegt werden können. Es hätte auch andere Wege dazu gegeben, vor einem Mord; vor allem, wenn man sich die institutionelle Isolierung vergegenwärtigt, in der man ihn gelassen hatte. Sicher, die Technik der Irritation, der Verwicklung, der Erpressung hatten sich als nicht funktionabel erwiesen. Aber es gibt andere Ebenen, auf denen man, wie wir schon gesehen haben, die Offensive eröffnen konnte. Warum lief das diesmal nicht? Weiter: Mein Vater hatte sich bei seinen Intentionen auf eine spezifische Gruppe der politischen Macht bezogen. Warum haben die anderen Zirkel aus dem Ambiente sich, anstatt aus der Situation für sich Profit zu ziehen, mit dieser Gruppe gegen ihn verbündet; warum stellte sich ihm die ganze sizilianische Macht, die wirkliche Macht in ihrer Gesamtheit entgegen? Die Antwort auf diese Fragen – soweit sich etwas aus alledem ableiten läßt – bedeutet die sukzessive Klärung von Sinn und Inhalt der Auseinandersetzung, die sich da in Sizilien abzuzeichnen begann.

Unabhängig von dem, was er über die einzelnen politischen Exponenten wußte, unabhängig von den Ermittlungen, die er durchführte, scheint mein Vater jedenfalls ein todeswürdiges Ziel für die mafiose Macht geworden zu sein. Denn er trug einen Angriff auf das Machtsystem als solches vor, er ging es in seiner Globalität an, in seinen Verbindungen und Mechanismen, er attackierte nicht nur die Personen. Daß sich die Aktionen gegen die Mafia auf dieser Ebene konzentrieren müssen, hatte mein Vater schon dem Innenminister Rognoni erklärt und sich dabei von der traditionalistischen und »präfektenhaften« – gleichwohl hoch im Kurs stehenden – Art der Interpretation von Ergebnissen aus staatlichen Aktionen abgesetzt. Er schrieb ihm am 24. Juni: »Ich bin weit davon entfernt, in die Kompetenzen anderer eingreifen zu wollen. Aber man kann verantwortlicherweise nicht behaupten, daß man die Mafia durch die Entdeckung irgendwelcher besonderer Verbrechen oder die Inhaftierung von ein paar Verantwortlichen schon besiegt: Solches dient vielleicht dazu, die Sensibilität einer unaufmerksamen öffentlichen Meinung zu stärken, und es kann auch eine gewisse Befriedigung bei den Ordnungskräften aufbauen, die mit bewundernswerter Begeisterung ihre Arbeit verrichten; aber damit ist man noch ziemlich weit ab selbst von einer Diagnose darüber, wie weit sich die Mafia heute schon ausdehnt, auf welchem Terrain sie sich niedergelassen hat, auf welchem Territorium sie Kolonien und Interessen unterhält, wie sie sich tarnt und wie sie sich nach außen manifestiert.« (»Corriere della sera«, 7. September 1982).

Die von ihm geleitete Aktion unterminierte die Fundamente einer einzigartigen Machtorganisation durch die endgültige Zerstörung ihrer Verfassung – die de facto-Legitimierung im Rahmen des Staatskörpers. Die Mafia ist etwas anderes als der Terrorismus. Sie ist kein dem Staat und den Institutionen fremder Feind; im Gegenteil: sie durchsetzt und durchdringt diese sogar. Sie ist ein Phänomen im Inneren des Staates, dessen täglichen Lebensrhythmus und dessen strategische Entscheidungen sie bestimmt. Durch meinen Vater wurde dieses Integrationsverhältnis aufgelöst. Der General dalla Chiesa beabsichtigte, sich der Mafia gegenüber genauso zu verhalten wie einst gegenüber dem Terrorismus, indem er eine goldene Regel des Staatslebens verletzte: er behandelte die Mafia als direkten Feind des Staates, als einen Feind, der außerhalb des Staates steht; und dem erklärte er formal den Krieg. Weshalb er auch mit aller Entschiedenheit das Wort »Mafia« verwendete: um den Feind exakt an der Stelle zu bezeichnen, wo die Tradition – eine aus Lügen und Angst zusammengemengte Tradition – verlangte, daß man dieses Wort, wenn überhaupt, allenfalls am Tag nach den schweren Verbrechen ausspricht, besser aber noch umschreibt mit Vokabeln wie »Terrorismus«, »Gewalt« oder (wie mein Vater gegenüber Spadolini in Erinnerung brachte) »organisiertes Verbrechen«. Nein: die Mafia existiert immer, sie ist der alltägliche Feind. Und die Mafia verstand. Plötzlich wurde sie wirklich als Terrorismus behandelt, und sofort hat sie sich – wie wir sehen werden – nach terroristischem Muster verhalten.

In Anbetracht des Verhältnisses, das mein Vater zur Mafia aufgebaut hat, versteht man auch, warum sich die Dinge so überstürzten. Es war tatsächlich nicht eine Frage der Ermittlungen. Der Terrorismus hatte einst, entsprechend seiner Natur, aufwendige Nachforschungen nötig gemacht, um herauszubekommen, wer die Terroristen waren und wo sie wohnten. Bei der Mafia war dies nicht so. Die Mafia ist keine okkulte Macht – trotz der verschleiernden Anwendung dieses Wortes auf die Mafia. Die Mafia ist eine sichtbare Macht: damit die Leute wissen, wem sie »Achtung« entgegenbringen sollen, von wem sie sich Hilfen und Vergünstigungen erbitten können, *müssen* sie ja wissen, wer die Mafiosi sind. Sie *müssen* wissen, wer da kommandiert. Man braucht also, wie mein Vater vor der Antimafia-Parlamentskommission betont hat, keine besonderen Nachforschungen, um herauszubringen, wer die Mafia-Chefs sind und wo sie wohnen. Beweis dafür ist, daß viele dieser Namen in den Akten der Kommission selbst festgehalten sind und daß diese – anstatt daß es politische Sanktionen gegen sie gegeben hätte – immer weiter vorankamen, immer höher in der Partei und in den Institutionen aufstiegen. Und das gilt nicht nur für die Mitglieder der sogenannten »dritten Ebene« (»terzo livello«, ein seit den Aussagen des Mafia-Bosses Tommaso Buscetta 1984 gebrauchter Ausdruck für die Ebene, auf der sich mafiose und politische Machtträger miteinander verständigen, A. d. Ü.). Von den Greco weiß man seit zwanzig Jahren alles – und dennoch gehen sie in den feinsten Zirkeln ein und aus und befehlen über die bekanntesten Notare, als wäre das nichts. Es geht also lediglich darum, daß man handeln will. Nur darum, daß man will (sicherlich mit Hilfe einer umsichtigen Arbeit, so wie sie die Mutigeren und die Richter und Fahnder tun). Und ich glaube, daß mein Vater deshalb im zitierten Gespräch mit meiner Schwester Rita »zwei Jahre« veranschlagt hatte, um »die wichtigsten Dinge« zu erledigen.

Es war also ein expliziter Konflikt, in dem die alten Spielregeln in schneller Folge zerstört wurden. Angesichts dieses Konflikts hat sich der Staat, der reale Staat, zurückgezogen – Gefangener und Komplize nach den Regeln der Politik. Zunächst bot er Unterstützung; dann, unter Druck und zur Entscheidung gezwungen, wählte er die Mafia. Der Vergleich mit Pontius Pilatus ist also eher zu schmeichelhaft. Schlimmer, viel schlimmer ist es, wenn man nicht bloß einen »Fremden« an andere »Fremde« ausliefert, sondern dem Feind gar den eigenen Repräsentanten überläßt (beim Militär, erinnere ich mich, nannte man das »klug mit dem Feind umgehen«).

Unter anderem deshalb, weil die Feindseligkeit meinem Vater gegenüber von Leuten kam, die ihn während des Kampfes gegen den Terrorismus unterstützt und geschätzt hatten. Die Umkehrung der Haltung geschah nicht automatisch, das wäre eine verfehlte Deutung. Aber die damalige Solidarität ist andererseits kein glaubwürdiges Alibi für die nunmehrige Einstellung. Mir scheint eher logisch, daß diese mutmaßlichen Exponenten der mafiosen Macht, die seinen Kampf gegen den Terrorismus unterstützt und geschätzt hatten, ihn aus exakt demselben Grund nun besonders fürchten mußten. Sie kannten ja aus nächster Nähe seinen Schwung, die Organisationskraft, die Hingabe, Intelligenz, Nichtkorrumpierbarkeit und – auch – die Unkonventionalität beim Erreichen seiner Ziele. Vielleicht jagte ihnen auch ihr schlechtes Gewissen Angst vor seinen Erkenntnissen über die Staatsgeheimnisse im Zusammenhang mit dem Terrorismus ein – speziell, da er sich nicht nur nicht als Sklave erwiesen hatte, sondern sich auch gegenüber der Mafia wie ein »Rebell« verhielt. Außerdem war er nun noch mehr zu fürchten, als sich ihm – als Präfekten – Aktions-, Interventions- und Kommunikationsfelder eröffneten, die ihm als Angehöriger des Militärs verschlossen gewesen waren. Als Carabinieri-General hatte er nur selten Beziehungen zur Presse und zur öffentlichen Meinung gehabt (was ihm auch der Respekt vor seinem Stand verboten hatte); sein Ansehen leitete sich praktisch ausschließlich von den vollbrachten Taten ab. Als Präfekt konnte mein Vater – im ehrenhaftesten Sinn des Wortes – »Politik« machen: Er lenkte das Bewußtsein, sprach mit den Leuten; er fügte seiner Qualität als Ermittler ein bisher unbekanntes Potential hinzu: Er »machte« Kultur.

Darin vor allem bestand die Totalität der nun eröffneten Auseinandersetzung. Es ging jetzt nicht mehr gegen den Ermittler; es ging gegen den Rechtsstaat. Auf dieser Ebene zeichnete sich ein harter Kampf ab: Auf dem Spiel stand die kulturelle Hegemonie. War die Mafia einmal nicht als metaphysisches Wesen, sondern als konkrete Art und Weise der Machtausübung kenntlich gemacht, die man auf spezifische Personen und Gruppen beziehen kann, so boten sich den sizilianischen Bürgern zwei Gegenpole als klar umrissene Bezugspunkte an. Eine Alternative, die aus einem schlichten Grund ganz eindeutig war: Nun hatte die Mafia nichts mehr zu bestellen mit ihrem Wehklagen über die »Abwesenheit des Staates«, dessen verdienstvolles (und populäres) Ersatzmittel sie sei – nun war der Staat da, und er verkündete immer wieder sein Programm, berief die rechtschaffenen Menschen um sich. Damit wurde die Ideologie der Mafia zutiefst entmystifiziert – und das machte es nötig, aus der Deckung hervorzukommen und zu beweisen, daß sie die Abwesenheit des Rechtsstaates *braucht*. Es verblieb auch keinerlei Alibi, um den Staat der Komplizenschaft oder der Begünstigung anzuklagen.

Der Frontverlauf war also nun klar. Es blieb am Ende nur noch die Entscheidung übrig, auf welche Seite man sich stellte. Der antimafiose

Pol besaß eine enorme zusätzliche Kraft, die sich aus der Tatsache ableitete, daß er nicht eine »Oppositionspartei« darstellte, sondern den Staat repräsentierte. Darin bestand die Todesgefahr für die Mafia: daß sie die Auseinandersetzung nicht innerhalb der politischen Spielregeln betreiben konnte, indem sie nämlich das Schreckgespenst der »Instrumentalisierung« an die Wand malte oder, als Alternative, »autonomistische Pakete« anbot, die für den Gegner tödlich waren (in allen Perioden, in denen sich der Staat »stark« zu zeigen versuchte, provozierten Mafiosi in Sizilien Unabhängigkeitsbewegungen und hatten damit Erfolg: die Staatsrepräsentanten wurden zurückgepfiffen, A. d. Ü.). Zu alledem kam noch, daß sich dieser Staat mit dem Symbolbild eines Mannes präsentierte, der ein in mehr als einem Jahrzehnt aufgebautes Prestige vorwies, der als »über den Parteien stehend« galt und der mit einer gewissen Unabhängigkeit von der Zentralregierung ausgestattet war. Es mag übertrieben klingen, daß man sich unter diesen Umständen paradoxerweise fast in eine Art »Antistaatler« verwandelte, wenn man sich auf die Seite des Staates stellte; aber das sizilianische Volk, das eine Geschichte vollen staatlichen Wohlverhaltens gegenüber der Mafia hinter sich hat, erlebte diese kurze Erfahrung (mancher voller Hoffnung, mancher voll Ärger) wohl auf solche Weise. Was der Aktion des neuen Präfekten Schwung verlieh, war unter anderem die Tatsache, daß die von ihm vorgestellte Alternative keineswegs einen totalen Wertewandel beinhaltete. Mein Vater hat meiner Ansicht nach vor allem dieses Verdienst: Er bot ein anderes Gesellschaftsmodell an, aber es gelang ihm gleichzeitig, für dieses neue Modell eine Reihe von Werten funktional zu machen, die integraler Bestandteil der sizilianischen Kultur sind. Auf diese Weise konnte er den Bruch herstellen, ohne mit den psychologischen Anlagen oder den tiefverwurzelten Werten der sizilianischen Gemeinschaft in Konflikt zu geraten. Er forderte damit die Mafia ausgerechnet auf dem Gebiet ihrer eigenen kulturellen Hegemonie heraus.

Hier wird der Unterschied zu Mori (dem Präfekten zur Zeit des Faschismus, A. d. Ü.) vollends deutlich. Die Herausforderung an die Mafia war dieselbe; aber sie wurde auf entgegengesetzte Weise durchgeführt. Bei Mori bestand sie in einer Art Wettbewerb in den Verhaltensweisen, bis hin zur physischen Erniedrigung des Mafioso. Bei meinem Vater bestand sie in der Übertragung jener Werte auf den Staat, von denen der Mafioso behauptet, er sei ihre Inkarnation – und darin, sie dem Mafioso selbst abzusprechen. Der Sinn für Mut, für persönliche »Tüchtigkeit«, der von der ethnologischen Tradition eines Pitrè (Giuseppe Pitrè, 1841–1916, sizilianischer Autor zahlreicher Veröffentlichungen über Volkstraditionen in Italien, A. d. Ü.) emphatisiert worden war, wurde nun sichtbares Vorrecht des Staates – während sich immer wieder zeigte, daß die Mafia hinterrücks mordet. Hier wurde also eine hochgelobte etymologische Tradition insgesamt in Frage gestellt, die bei der herrschenden intellektuellen Trägheit viel zum Erfolg der Mafia beigetragen hatte. Angeblich war die Mafia populär, während der Staat nur die Interessen der Herren aus dem Norden repräsentierte; so wollte es ein philisterhafter und borniertes Meridionalismus. Das hatte nun ein Ende: Er, der Staat, trat unters Volk, unter die Werftarbeiter, unter die Studenten und die Familien von Drogenabhängigen, und er erklärte ihnen, daß die Mafia sie ausbeutete und ihnen die Würde nahm; und daß sie sich dagegen wehren sollten.

Damit wir uns recht verstehen: Mein Vater hat die Alternative nicht alleine erfunden. Sie fiel nicht vom Himmel. Seit Jahren schon zeigte sich in Sizilien, daß parallel zur Ausdehnung der mafiosen Macht auch ein reicher, wenn auch gegensätzlicher Modernisierungsprozeß ablief. Die Kultur der Mafia war, so erwies sich, im Abstieg begriffen. In breiten Schichten und sozialen Gruppen, vor allem aber unter der Jugend, entwickelte sich ein antimafioses Bewußtsein. Eine Modernisierung, die viele Gestalten annahm, von den Ergebnissen bei den Referenda über die Scheidung und die Abtreibung bis hin zu den vielen wertvollen sizilianischen Beamten, die von der Mafia umgebracht wurden: dies alles ist ein unzweideutiges Indiz für eine im Inneren der Institutionen selbst ablaufende Wandlung; Institutionen, die noch vor wenigen Jahren in vollem Umfang und durchgehend von den Mafia-Fürsten kontrolliert worden waren. Mein Vater kam mithin in einer Situation dorthin, als sich die Auseinandersetzung zwischen der mafiosen Macht und dem Sizilien, das nach Freiheit rief, schon des öfteren auf blutige Weise manifestiert hatte – und er machte sich zum mächtigen Katalysator dieses Modernisierungsprozesses. Er besaß nationales Prestige; vor allen Dingen war er nicht bloß Richter oder Ermittler. Er versah somit den Modernisierungsprozeß mit einem Kopf und beschleunigte innerhalb von drei Monaten einen Prozeß, der nun irreversibel ist. Insoweit ist seine Ermordung ein *politisches* Verbrechen im vollsten Sinne des Wortes. Nicht nur wegen des politischen Hintergrundes derer, die ihn ermordet haben, sondern weil damit eine politisch-ideelle Bewegung enthauptet werden sollte, die sich einer politischen Macht entgegengestellt hatte. Ich wiederhole: es war ein besonderer Kopf, der da abgeschlagen wurde. Denn er vereinte durchaus verschiedene soziale Felder; er hatte keinen parteipolitischen Anstrich, er hielt lediglich zur Fahne des Rechts. Darin bestand gerade seine extreme Gefährlichkeit.

Man muß noch einen weiteren Aspekt der Analyse dazunehmen, der entscheidend ist, wenn man verstehen will, zu welchem Bezugs- und Vereinigungspunkt er geworden war: die Allianz meines Vaters mit dem Kardinal Pappalardo, die sich aus einem alten Freundschaftverhältnis ergab. Kirche und Staat fanden sich in Sizilien auf diese Weise Seite an Seite im Kampf gegen die Mafia. Das hatte es noch nie gegeben, insbesondere nicht in dieser Entschiedenheit und diesem Geist gegenseitigen Verständnisses. Die Mafia duldet nicht eine einzige Institution, die ihr feindlich gesinnt ist – wie auch die späteren Attacken auf den Kardinal zeigen sollten. Nun stelle man sich gleich zwei solcher Institutionen vor – miteinander verbündet und mit dieser moralischen Autorität ausgestattet: da haben wir sie, die Mafia, die man mit wenigen elementaren Hilfsmitteln an die Wand drängen kann. Der Konsens der Massen kann, wenn er will, der Mafia problemlos ihre Grundlagen entziehen. Man braucht dazu nur Klugheit, Mut und den Willen, die Wahrheit auszusprechen.

Tatsächlich ist es seine klare Sprache, die extreme Deutlichkeit seiner Position, die konsequente Behauptung der Gesetze gegenüber der Politik, die ihm Raum und Luft gegenüber den mafiosen Zwielichtigkeiten verschaffte – die ihn aber weniger Schutz und Bündnisse in den Palästen der Politik finden ließ. Seine traditionelle Strategie, die er in den letzten zwanzig Jahren aufgebaut und verfeinert hatte, und die darin bestand, daß er Vermittler fand oder sich zur Linken »öffnete« und sie hoffen ließ, daß sie »politische Initiativen« zu übernehmen imstande ist – diese Strategie geriet nun durcheinander. Auch die politischen Kräfte standen, bei solch eindeutiger Alternative, vor der Wahl. Und sie wählten: der PCI traf seine Wahl entschlossen; mit einigen örtlichen Widerständen auch der PSI (die Sozialisten, A. d. Ü.), von innen heraus unterstützt vom Zentrum. Auf der anderen Seite traf auch die DC ihre Wahl, wobei ihr auf örtlicher Ebene der PSDI (die Sozialdemokraten) und der PRI (Republikaner), wenn auch innerlich gespalten, zur Seite standen. Das alltägliche Bild der Verständigung, der Absprachen, der politischen Balance kommt hier zu Tage, das aber schon mit der Tätigkeit Pio La Torres als Regionalsekretär zu knirschen begonnen hatte, wenn auch zunächst nur auf der einen Seite. Ans Licht trat hier zunächst noch einmal das Klima eines politischen Kampfes, das sich auf institutioneller Ebene vor allem in Wortgefechten erschöpfte. Da der Konflikt aber über die politischen Strömungen der Parteien hinausgriff, wurde er härter und artikulierter. Seitens meines Vaters wurde er letztlich erfüllt mit modernem Geist und aktuellen Perspektiven.

Die Mafia war für ihn vor allem eine nationale Frage. Aber nicht kraft banaler Syllogismen der Art: Mafia – meridionale Frage – nationale Frage; oder weil sie Teil der nationalen, undifferenzierten kriminellen Frage ist. Die Mafia war für ihn eine nationale Frage, weil sie zutiefst in die ökonomische und politische Realität der Nation eingedrungen ist, weit über die Mechanismen der Verbannung hinaus (in Italien können »gemeingefährliche« Personen auch ohne Verurteilung in andere Landesteile verbannt werden; viele Mafiosi kamen so z. B. nach Oberitalien und sorgten so mitunter für eine weitere Verbreitung ihrer Geschäfte, weil ihre Überwachung nicht funktionierte, A. d. Ü.). Aber wenn es sich bei der Mafia um eine nationale Frage handelt, muß man sie doch von der Erkenntnis her angehen, daß ihr Herz in Palermo schlägt. Darum sah er die mögliche – auch von ihm schon erwogene – Schaffung einer zentralen Einrichtung in Rom schließlich doch als recht unnütz an, weil sie doch nur »den üblichen Rauch« und eine »starke Zersplitterung der Energie« provozieren würde, wie er im März in sein Tagebuch schrieb. Deshalb war sein Platz in Palermo, quasi als Grundbedingung für die Ausführung der ihm übertragenen Aufgaben. Von Palermo aus, wo der Staat vor allem damit beginnen mußte, der Mafia das Gewaltmonopol auf ihrem ureigensten Gebiet zu bestreiten, von Palermo aus sollte – nach seinen niemals erfüllten Forderungen – die nationale Koordinierung der Antimafia-Aktion geführt werden. Ein Ansatz, der sich von den neuesten, damit aber keineswegs modernsten Versuchen deutlich unterscheidet (ein Jahr nach dalla Chiesas Ermordung wurde der neue Koordinator, Emanuele di Francesco, von Palermo nach Rom zurückgeholt und sollte von dort aus weiterwirken, A. d. Ü.)

Mit diesem Ansatz stimmt auch seine Strategie der »Besetzung des Territoriums« überein (d. h. daß die Staatsmacht auch sichtbar präsent ist, z. B. durch entsprechend viele Polizisten, A. d. Ü.). Das war keine bloß »repressive« Veranstaltung: es war eine Frage des Images, auch gegenüber den Bürgern, die sonst die Vorstellung hatten, daß der Staat sich in die Kasernen zurückzieht, während die Mafiosi im Zentrum von Palermo ganz nach Belieben morden. Aktionen wie diese stellten Teile eines viel größeren Gesamtplans dar, der weitab von jeder Unterdrückung lag. Ziel war dabei vielmehr einerseits die Garantie der

Rechte jedes einzelnen Bürgers, andererseits die Schaffung eines komplexen Eingreifinstrumentariums, dessen Kern die Überprüfung von Vermögensverhältnissen bei Mafiosi bildete (darauf weist jedenfalls seine Übereinstimmung mit den Ansichten Pio La Torres ebenso hin wie sein oftmaliger Bezug auf die »Komplizenschaft der Banken«). In denselben Rahmen einer Eröffnung neuer Beziehungen zwischen Staat und Gesellschaft gehört auch eine andere strategische Absicht, die die Idee des »starken und demokratischen Staates« wohl am besten ausdrückt, und mit der er einerseits Zustimmung beim Volk suchte und andererseits die vorwiegend passive, negative und verweigernde Mauer des Schweigens durchbrechen wollte, auf die die Mafia so zählte: die Realisierung des »Pentitismus« auch für die Mafia (»pentiti« werden in Italien Terroristen genannt, die sich vom bewaffneten Kampf losgesagt haben und mit der Polizei zusammenarbeiten; sie erhalten dafür Strafnachlaß bis zu zwei Drittel der vorgesehenen Zeiten, A. d. Ü.). Ein Gedanke, der freilich von vielen mit erheblicher Skepsis aufgenommen wurde: dennoch meine ich, daß dieser Vorschlag, unabhängig davon, was man nun im besonderen von dem Thema hält, eines der großen Verdienste meines Vaters ist. Grundgedanke war für ihn dabei die Erkenntnis, daß die »Omertà«, die eiserne Verschwiegenheitspflicht, auf der die Gewalt der Mafia ruht, allmählich in eine Krise geriet. Denn die Mafia gründet sich neuerdings immer mehr auf rein kriminelle Interessen, so daß schon aufgrund der dabei herrschenden Konkurrenz Risse untereinander unvermeidlich sind. Gleichzeitig verschwindet langsam die Kontinuität typischer Werte des einst bäuerlichen Milieus der mafiosen Gesellschaft, eines Milieus, in dem die Familie Reproduktionsstätte und Komplizin der kulturellen Rückständigkeit war.

Gerade deshalb zielte er mit aller Kraft darauf ab, das Phänomen Mafia beim Kopf zu packen und konzentrierte seine Aufmerksamkeit auf die Andreottianer in Palermo. Die Sache wurde allmählich sozusagen so brenzlig, daß man sich die Finger daran versengen mußte. Der Kollisionskurs war daher notwendig. Aber nicht nur notwendig, sondern auch möglich, weil die Fundamente der mafiosen Kultur Risse bekommen hatten. Der Verfall dieser Hegemonie konnte immer weiter beschleunigt werden, wenn sich der Staat entschlossen zeigte, die Mafia wirklich an ihren höchsten Punkten anzugreifen. Der »piemontesische General«, der Mann der Repressionen, erwies sich in Wirklichkeit als weniger rassistisch als unzählige sizilianische Politiker, Beamte und Intellektuelle. Man mußte nicht die sizilianische »Rasse« bekehren. Man mußte lediglich ein Beispiel geben. Natürlich waren ihm gewisse örtliche psychologische Dispositionen nicht entgangen, wie etwa die Klientelbeziehungen, die der Mafia dienlich sein konnten. Aber er war der Meinung, daß das primäre Problem darin bestand, die kulturelle Alternative in aller Klarheit aufzuzeigen.

In diesen Sinn glaube ich nicht, daß sich mein Vater, wie ihn die Regierung präsentierte, als Hauptdarsteller eines letzten, endgültigen Versuchs zum Sieg über die Mafia fühlte (der dann die Mafia höchstwahrscheinlich dazu brachte, ihn zu ermorden, gleichsam als letzten Staudamm vor der Flut). Ich glaube eher, daß er sich – angesichts seiner institutionalen Isolierung – vor allem seit seiner Ankunft in Palermo als der angesehenste und gleichzeitig exponierteste Deuter (und wohl auch als Vorhut) einer umfangreichen und vornehmen ideellen Bewegung verstand. Eine Bürgerbewegung, die zu den wichtigsten in der Geschichte unserer Republik gehört, wenn es zutrifft, daß es bei dieser Auseinandersetzung zwar um die Mafia ging, aber im Grund um noch viel mehr: nämlich um die Natur unseres Staates und dieses politische System. Hatte er wirklich dieses Bewußtsein entwickelt? Seine Worte lassen auf ein Ja schließen. Er wog die Worte sehr. Und es war mithin kein Zufall, wenn er in dem Gespräch, das die Tageszeitung »L'Unità« am 6. August druckte, sein Arbeitsfeld als den »vordersten Schützengraben der italienischen Demokratie« definierte.

V

AUGUST:
EIN MANN (NICHT ALLEINE)
GEGEN DIE MAFIA

August war der entscheidende Monat. Nicht in dem Sinn, daß in diesem Monat der Entschluß zum Mord gefaßt worden wäre; vielmehr in dem Sinn, daß sich nacheinander all die Bedingungen miteinander verknüpften, aufgrund deren es möglich und notwendig wurde, zur Tat zu schreiten. Möglich, weil all die Initiativen entwickelt und gefördert wurden, die die Technik der verbrannten (institutionalen) Erde um meinen Vater herum zuließen; und dies geschah in einer dichten Abfolge von Aktionen und verbalen Festlegungen, in denen sich die Momente der Auseinandersetzung und der Gruppierungen immer deutlicher abzeichneten. Notwendig, weil mein Vater gerade in diesem Monat seine Strategie vervollkommnete und klarlegte, indem er eine Gegenoffensive startete, die keinen Zweifel bei seinen Feinden mehr zuließ: er würde nicht freiwillig aus Palermo weggehen. Die Mafia hatte ihrerseits diesen Monat im großen Stil begonnen: sie kramte eine ihrer Lieblingswaffen hervor: die Ironie. Eine zweideutige, subtile Ironie, versehen mit dem Gift des Zynismus und der Mediokrität. Umso wirkungsvoller, als man sie mit Hilfe einiger institutionaler Schutzmächte einsickern ließ.

In diesem Fall wurden die Ironie und der Hohn durch die Quästur und die Justizverwaltung Palermos ausgestreut. Mein Vater hatte einige Zentner schwarz gebackenen Brots beschlagnahmen lassen, von der Sorte, die an Festtagen an den Straßenecken angeboten werden – entsprechend verschmutzt durch die Abgase der an den Ampeln haltenden Autos. Das war nicht nur eine Maßnahme der Hygiene. Es war ein Versuch, auch in den kleinen Dingen ein Klima der Legalität herzustellen, eine kulturelle Wende durchzuführen, die langfristig (was für meinen Vater etwa zwei bis drei Jahre hieß) Erfolge festigen hätte können. Dieselbe Bedeutung hatte für ihn, innerhalb der Präfektur, der

Kampf gegen die Unregelmäßigkeiten bei der Erteilung von Führerscheinen. Tatsächlich boten solche Gesten seinen Feinden die Chance, mit ihrer Ironie über einen Präfekten herzuziehen, der auf die allerkleinsten Fische Jagd machte (das mußten ausgerechnet sie sagen, die Mörder und ihre Helfershelfer). Das übliche Doppelspiel, der mafiose Gebrauch demokratisch-kleinbürgerlicher Kultur. Die Beschlagnahme des Brotes war natürlich nur der Vorwand. Die Offensive gegen das Prestige des Präfekten war längst beschlossen und wurde mit aller Entschiedenheit vorgetragen. Ich muß sagen, daß ich nie ganz herausgebracht habe, ob das Ziel darin bestand, ihn zur Demission zu zwingen oder darin, ihn unter den entwürdigendsten, aber für die mafiose Macht besonders überzeugendsten Umständen umzubringen, das heißt, einen Mann zu ermorden, der für die Leute nicht mehr der mythische »General dalla Chiesa« war. Die Modalitäten des Manövers nahmen jedenfalls rasch präzise Konturen an.

Hatte der neue Präfekt gesagt, daß der Staat sein Gesetz durchsetzen kann und muß? Daß dem Staat das Gewaltmonopol zusteht? Gut, hier hast du einen Toten nach dem anderen, abgeschlachtet und zerstückelt mitten in Palermo, am hellichten Tag. Am Samstag, den 7. August, wurde der Staat offen verhöhnt. Kurz vor Mitternacht kam in der Carabinieri-Kaserne von Casteldaccia (Küstenort nahe Palermo, A. d. Ü.) ein Telefonanruf an: »Wenn ihr ein wenig Vergnügen haben wollt, seht doch mal in das Auto, das da vor eurer Kaserne geparkt ist.« Die Carabinieri sahen nach: draußen stand ein FIAT 127 – mit zwei Leichen darin. Die Botschaft heißt, ein für allemal: Der Frieden in Palermo ist ausschließlich Frieden der Mafia. Sofern daran Zweifel bestehen sollten, bedeutet dies Krieg. Die Mafia hat keine Probleme. In Palermo kommandieren die Mafiosi. Die Antwort meines Vaters war durch und durch folgerichtig: der Staat muß das Territorium besetzen. Er verordnete Straßensperren in Palermo und im »Dreieck des Todes« zwischen Bagheria, Casteldaccia und Altavilla Milicia, wo die Mafia gleich dutzendweise Tote hinterläßt. Vielleicht würde man damit nicht die großen Mafiosi erwischen, und sicherlich würde man damit auch noch keine ausreichenden Beweise bekommen, um die Hohenpriester aus dem Allerheiligsten ins Gefängnis stecken zu können; aber unterdessen würden dem Freiraum und der Dreistigkeit der Mafiosi doch Grenzen gezogen. Es war ein elementares Spiel: neue Opfer verhindern, und mit einer »massiven Präsenz von Leuten und Hilfsmitteln« das abfedern, was mein Vater als »kriminelle Hysterie« bezeichnete (»Il Popolo«, 11. August 1982). Er forderte die Bevölkerung öffentlich zur Geduld hinsichtlich kommender Behinderungen auf. (»Il Giorno«, 9. August 1982). Zur Bekräftigung, daß es sich nicht nur um ein paar Posten zusätzlich zu den vorhandenen drehte, erneuerte er den Appell an die Bürgermeister, sich »zum Transmissionsriemen für ein neues Denken zu machen« und sich eifrig an der »Schutzarbeit« zu beteiligen. Ein wichtiges Glied in einer umfangreicheren Strategie, offenbar. Und die Mafia äußerte sich, ein weiteres Mal, gleich auf mehreren Ebenen.

Zum Sprecher machten sich einige Juristen und zwielichtige Kreise der Quästur (Polizeipräsidium, A. d. Ü.). Man verlachte und verhöhnte den Präfekten. Richter und Beamte lieferten bei verschiedenen Treffen Stichworte für die Journalisten, zwinkerten mit den Augen. »Dalla Chiesa versteht überhaupt nichts, er meint, er sei immer noch Carabinieri-General, er will uns alle kommandieren.« Unter dem Schutz von Ferragosto (Feiertag im August, in dem halb Italien auf Achse ist, A. d. Ü.) erklärte ein Beamter der Staatspolizei, selbstverständlich anonym, gegenüber Giovanna Pajetta von der Tageszeitung »Il manifesto«: »Es wäre besser, er wäre am Meer und würde sich die Eier waschen.« – Der Jargon, und vor allem das Verhalten bestimmter Bereiche der Institutionen gegenüber dem höchsten örtlichen Repräsentanten des Staates, gegenüber einem Mann, der drei Wochen später umgebracht werden sollte! Waren Worte und Ausdrücke dieser Art wirklich möglich, ohne daß sie von »oben« kamen oder von dort genährt wurden? Undenkbar. Über die Ankunft meines Vaters ließ sich der Polizeichef Mendolia öffentlich mit einem beredten »No comment« aus. Daß es sich dabei nicht um isolierte Vorgänge handelte, belegt die unglaubliche (und beunruhigende, äußerst beunruhigende) Polemik, die sich direkt gegen die »Besetzung des Territoriums« wandte. »Die Mafia bekämpft man in den Banken«, tönten die lokalen Beamten und Journalisten, »und nicht mit Straßensperren.« – »Dalla Chiesa hat eine veraltete Ansicht von der Mafia.« Es begann der Refrain, der nach seinem Tod dann noch penetranter wieder erklang. Der Mann, dem man während des Verfalls des Staatsapparates eine in ganz Europa geschätzte Einrichtung zum Kampf gegen den Terrorismus aufgebaut hatte, der innerhalb von drei Monaten die Hoffnung der rechtschaffenen Palermitaner wieder mit Sinn erfüllt hatte – ihm wurde das Etikett »veraltet« aufgedrückt. Eine Polemik freilich, die ihren Zweck erreichte: am Abend des 3. September, nach dem Mord, gab es denn auch tatsächlich keine Straßensperre zwischen dem Tatort in der Via Carini und dem Flughafen Punta Raisi. Und in der Nacht des 29. Juli, im darauffolgenden Jahr, konnten mafiose Meuchelmörder völlig ungestört vor der Haustür eines der exponiertesten Männer, des Richters Rocco Chinnici, ein bis obenhin mit Dynamit gefülltes Auto abstellen – obwohl die nächsten Attentate längst bei der Polizei angekündigt waren. Natürlich sprach man nun nicht einmal mehr im Scherz davon, die Mafiosi »in den Banken zu fassen«, speziell in Palermo.

Auch im Justizpalast gab es kaum weniger an Unzuverlässigkeit. Gerade im Juli hatte der Disziplinarausschuß des Obersten Richterrates den Richter Luigi Urso abgesetzt, weil sich dieser als allzu entgegenkommend für angeklagte Mafiosi gezeigt hatte. Am 12. August traf sich der Journalist Franco Recantesi von der Tageszeitung »La Repubblica« mit dem Justizrat Marcantonio Motisi und dem Ermittlungsrichter Beniamino Tessitore (Motisi war der Stellvertreter Chinnicis. Beim Prozeß wegen der Ermordung seines Chefs, in Caltanissetta, sollte er später mutig erklären, daß er nichts, aber auch überhaupt nichts wisse über die Absichten Chinnicis, Haftbefehle gegen die Salvo zu erlassen – doch von einem Polizeikommissar und von einem Carabinieri-Hauptmann wurde diese Absicht inzwischen ausdrücklich bestätigt). Recantesi fragte für seinen Artikel bekannte Persönlichkeiten nach ihrer Meinung über den Präfekten. Die beiden hier tauschten die üblichen »verständnisvollen, zwinkernden Blicke« aus. Dann gaben sie ihre Antwort. Der Präfekt bringt das Problem geständiger Mafiosi ins Spiel? Scherz beiseite, sagt Tessitore: »Vielleicht weiß er nicht, daß es in der Geschichte der Mafia noch nie einen Geständigen gegeben hat. Und daß ein geständiger Mafioso identisch ist mit einem verrückten Mafioso; mehr noch: mit einem toten Mafioso.« (»La Repubblica«, 13. August 1982). Ist es angesichts der Tatsache, daß bald danach gleich bündelweise Mafiosi Geständnisse ablegten, und daß mein Vater aller Wahrscheinlichkeit nach konkrete Möglichkeiten an der Hand hatte, wenn er diese Frage aufwarf – ist es angesichts dessen zuviel gesagt, daß die Worte dieses Richters sich ziemlich gut einfügen in den Raum zwischen einer unverschämten beruflichen Inkompetenz und einer (mafiosen) Warnung an mögliche Kandidaten für Geständnisse?

Tatsache ist, daß in Konvergenz zu den Polemiken Anfang August – von denen unklar ist, ob sie aus schierer Rivalität, aus Komplizenschaft oder echter Zugehörigkeit zur Mafia entsprangen – die Mafia ihre »Operation Carlo Alberto« unternahm und für sich reklamierte. Die Mafia begeht Morde und hinterläßt ihre Unterschrift darauf, stellt die Leichen noch dazu am hellichten Tag vor einer Carabinieri-Kaserne ab – ein überaus bezeichnender Vorgang, über den man leider viel zu wenig nachgedacht hat. Die Mafia hat sich noch nie in ihrer Geschichte einer Tat gerühmt. Vielmehr legte sie, im Gegensatz zum Terrorismus, alle Kraft darein, ihre eigene Identität zu leugnen. Dieses Mal aber bekennt sie sich zum Mord; und indem sie Zeitungsredaktionen anruft, handelt sie genau wie die Terroristen. Warum? Weil sie sich, zum ersten Mal, im eindeutigen Gegensatz zu einem politischen Bereich befindet – dem Staat in Sizilien. Die Mafia hört, unter ideellem Aspekt, auf, Mafia zu sein bzw. Machtvollkommenheit innezuhaben. Sie wird, wie der Terrorismus, zur Gegenmacht und sieht sich daher zu öffentlicher Selbstbestätigung gezwungen. Zur selben Zeit konturiert sich für meinen Vater die Figur vom »Mann des Staates« heraus. Die Taten der Mafia – auch wenn diese ganz andere Strategien anwendet – zeigen, daß mein Vater sie genau wie den Terrorismus behandelt, nämlich als Feind des Staates.

Daher die Verbrechen, zu denen man sich bekennt, und die sich symbolisch gegen ihn wenden. Hatten nicht sofort nach seinem Antritt des Kommandos in Mailand auch Moretti und seine Leute (Angehörige der Roten Brigaden, A. d. Ü.) ihm in ihrer Proklamation den Mord an drei Polizisten in der Via Schievano »gewidmet«? Mich hat freilich gerade diese Parallele in Palermo irregeleitet: ich hielt das für eine Art Verhöhnung und war blockiert, den wirklichen Sinn der »Operation Carlo Alberto« zu begreifen, die da von allen Seiten gegen meinen Vater gelenkt wurde. Aus alledem sprach der Hohn, aber auch die Drohung dessen, der das Verbrechen auszuführen im Stande ist und der sich der Unterstützung sicher ist, die er zur Ausführung der Tat brauchen wird. Es tut mir noch immer weh, daß ich das nicht verstanden habe, selbst nach diesem verfluchten Telefongespräch, das nach dem x-ten Mord am 10. August bei den Zeitungen einlief: »Die Operation, die wir ›Carlo Alberto‹ genannt haben, ist fast beendet. Ich sagte: fast beendet.« Er jedoch hatte zweifellos verstanden. Und wie es so seine Art war, hat er nicht davon gesprochen, um keine Besorgnisse zu erwecken.

Angesichts dieser Ereignisse suchte sich mein Vater mit wirksamen Hilfsmitteln – zur Verteidigung ebenso wie für die Ermittlungen – auszustatten. Verzweifelt fühlte er die Notwendigkeit, Leute seines Vertrauens um sich zu haben. Er trat mit mindestens zehn Offizieren und Unteroffizieren seines früheren Antiterrorismus-Kommandos in Kontakt und fragte sie, ob sie zu ihm stoßen wollten. »Nur für wenige

Monate, fünf bis sechs«, präzisierte er. Mag sein, daß dies dazu dienen sollte, die logistischen Probleme (die Familie, die Wohnung) zu überbrücken, aber man muß sich auch bewußt halten, daß er mit einer Phase außergewöhnlicher Not fertigwerden mußte. In dieser Zeit sollte sich entscheiden, wer gewinnen würde, sollten sich die Gewichte innerhalb des Staates entsprechend verteilen. Aber er bekam die angeforderte Verstärkung nicht. Stattdessen fand die Mafia ihre besten Verbündeten in Reih und Glied versammelt: den Egoismus, den Korpsgeist, die Rivalität, den widerlichen Zynismus, der in den oberen Kommandostellen gedeiht – alle standen zu ihrer Hilfe bereit. Dalla Chiesa hatte zuviel Erfolg gehabt; was sollte man tun – ihm etwa die Gelegenheit geben, ein zweites Mal Retter des Vaterlands zu werden? Und warum sollte er mehr Macht als die anderen haben, so daß er sich noch an sie gewöhnte, mit all den Gefahren für eine derart zerbrechliche Demokratie wie die unsere? Andererseits geht die Sache die Carabinieri überhaupt nichts an, urteilte der eine oder andere General, der mit ihm auf gespanntem Fuß lebte. Wieso sollten wir ihm die geforderten Leute geben? Damit er hernach alle Verdienste und Gefahren für sich reklamierte? Nein, das alles ist doch sein Bier. Er wollte ja selber dorthin, oder? Dann soll er zusehen, wie er zurechtkommt. Genau dies waren die Sprüche, die in diesem schiroccogeplagten Sommer in Rom und Palermo umliefen. Meinem Vater blieb nichts anderes übrig, als sich auf die örtlichen Carabinieri-Einheiten zu stützen (deren Kommandant lange Zeit sein vertrauter Mitarbeiter gewesen war) und auf die engagierteren Richter im Justizpalast.

Aber er mußte das Personal vergrößern. Die Polemik gegen die »Besetzung des Territoriums« konnte man vernünftigerweise nicht aushalten, wenn man – was leider zutraf – mit dieser Entscheidung notwendigerweise Kräfte von den anderen Dienststellen abzog. Am 12. August hatte er eine Zusammenkunft mit dem Innenminister. Es handelte sich dabei um einen Gipfel des nationalen Sicherheitsrates. Am Tag davor hatte die Mafia in Palermo all ihre Einschüchterungskraft mobilisiert, indem sie den Professor Giaccone umbrachte, einen mutigen Arzt, den die Mafia schuldig gesprochen hatte, ein Mitglied des Clans der Marchese durch ein Gutachten »in die Klemme« gebracht zu haben. Mein Vater legte einen Bericht über die Expansionsphase des Mafia-Phänomens vor (wie ich der Tageszeitung »Paese sera« vom 12./13. Oktober 1982 entnehme), das die Kriminalpolizei und die Carabinieri vorbereitet hatten. Im Gedenken an seinen »veralteten« Stil stellte er eine auf den neuesten Stand gebrachte Übersichtskarte der mafiosen Interessengebiete her. Über die Daten hinsichtlich der neuen Verbindungen zwischen den »Familien« und der Entwicklung der verschiedenen verbrecherischen Aktivitäten hinaus, bestimmen spezifische neue Elemente den Tenor des Berichts recht eindeutig. Es ist die Mühe wert, diese Elemente zu rekapitulieren, weil sich meiner Meinung daraus ein interpretatives Raster (oder eine tabellarische Aufstellung, je nach Geschmack) ergibt, das mit ungewohnter Klarheit den Rahmen der Interessen zeigt, die sich materialiter gegen ihn mobilisierten.

1. Da ist vor allem die Erklärung der großen mafiosen Verbrechen. Sie werden in dem Bericht aufgefaßt als eine Auseinandersetzung der *palermitanischen* Mafia mit der etablierten Macht. Der Ursprung dieser Verbrechen liegt daher in Palermo, und man muß sie im Rahmen einer Strategie der Mafia sehen, die darauf abzielt, eine neue ökonomische Macht zu stabilisieren und – so wörtlich – »mit den vitalen Ganglien der öffentlichen Verwaltung verbunden zu bleiben« (Ergo: die Auseinandersetzung mit der etablierten Macht bedeutet nicht, daß sich die Mafia außerhalb der Institutionen befindet, sondern das Gegenteil davon.)

2. Auch die Ermordung La Torres ist Teil dieser Auseinandersetzung. Der auslösende Grund dafür war weniger der Kampf für den Frieden (auch wenn ganz sicher Baulandspekulationen in Comiso und Umgebung bevorstanden), als vielmehr die von dem kommunistischen Abgeordneten im Rahmen der Gesetzgebung gegen die Mafia unternommenen Aktivitäten, vor allem die zum Kampf gegen gewisse Formen des illegalen Unternehmertums.

3. Die Geographie mafioser Interessen hat sich enorm ausgedehnt – einerseits weil sich die Aktivitäten und operativen Verbindungen im Norden und im Ausland vervielfacht haben, andererseits weil sich die Mafia auf neue Art und Weise ein weiteres kriminelles Zentrum in Richtung auf Catania (im bisher weitgehend mafiafrei geglaubten Osten der Insel, A. d. Ü.) einzurichten scheint.

4. Im besonderen hat sich die ökonomische Macht der Mafia aufgrund und dank illegaler und formal-legaler Unternehmertätigkeit entwickelt, die die bekannten Mechanismen des Recyclings vom Rauschgifthandel stammender Gelder verwendet. Das prägt der Mafia eine »neue kriminelle Dimension auf«, die als natürliche Konsequenz die »ständige Vermehrung« der Wirtschafts-Kriminalität und der sogenannten »Weiße-Kragen-Kriminalität« mit sich bringt.

5. Zum Verständnis der Geographie und der Entwicklung des Ma-

fia-Phänomens muß man ganz entscheidend die Elemente berücksichtigen, die bei der Untersuchung des Falles Sindona zu Tage traten (dessen Name, ebenso wie all sein linkes Tun, hier wieder auftaucht).

Was geht daraus hervor? Das Phänomen bringt zunehmende nationale und internationale Verästelungen und Verflechtungen hervor.

Es hat jedoch sein Epizentrum in Palermo (und dort spielt sich auch die entscheidende Auseinandersetzung ab) sowie ein weiteres in der Via di Formazione in Catania. Die hier zusammenlaufenden Interessen sind sowohl *unternehmerischer* wie *politisch-administrativer* Art, wobei das Bankensystem die Vermittlerrolle hat. Der Fixpunkt, auf den man die Wandlungen und die Fäden beziehen muß, ist der Fall Sindona. Insgesamt gibt es die Abfolge: Palermo, Catania, Politiker, Unternehmer, Sindona, und was darum herum und darüber liegt.

Am Ende des Gipfeltreffens bekam mein Vater die geforderten Zuteilungen nicht (und D'Acquisto, der den Ausgang der Versammlung voller Bangen in einem Zimmer des Ministeriums abgewartet hatte, dankte dem Innenministerium von ganzen Herzen dafür, daß er »keine sensationellen oder publicityträchtigen Neuheiten zu schaffen gesucht hatte.«)

Alles, was die Regierung zugestand, war ein Versprechen auf Verstärkung: 400 aufgrund ihrer Kompetenz ausgewählte Polizisten. Angesichts des vorhandenen Klimas war das immerhin eine Art Sieg, mit dessen Hilfe mein Vater seine innere Skepsis teilweise besänftigen konnte, und der einige Berichte der Sicherheitsbehörden ihren Dünkel ihm gegenüber herabschrauben ließ (will heißen: es hätte sein können, daß er nicht »zerfetzt« aus der Auseinandersetzung hervorging).

In der Zwischenzeit bekam er einige Zettel zugesteckt, die jedoch offensichtlich (jedenfalls für mich) keinen Sinn ergeben. Auf zweien erscheint der Name Andreotti; beide Male unterstrich ihn mein Vater, auf seine typische Art mit grüner Tinte, setzte ein Ausrufezeichen dazu und schrieb beim zweiten Mal ein trockenes »zwei!« dahinter. Wahrscheinlich hat er sich gefragt, ob es sich dabei um eine Warnung, einen Rat oder sonst etwas handelt. Eine Postkarte, die während der Regierungskrise im August abgesandt worden war und die ich unter seiner Privatpost gefunden habe, scheint jedenfalls tatsächlich eine Art Information zu sein: in einem völlig auf Wortzweideutigkeiten abgestellten Kontext erscheint die Nachricht, daß man in Rom beschlossen hatte, »alla Carlona zu morden«. Insgesamt verdichteten sich die Signale, jedenfalls ohne Unterlaß.

Mein Vater war an der institutionellen Front um ein Vielfaches schwächer als seinerzeit während des Terrorismus; und so beschloß er einen Schritt, der bezeichnend ist für die Art und die Schwierigkeit der Situation: Er eröffnete eine akzentuierte Pressekampagne. Natürlich verzichtete er nicht auf Operationen mit Hilfe von Institutionen. Aber die Presse diente ihm zur Verstärkung seiner institutionellen Position mit Hilfe des öffentlichen Drucks. Nur wenn die Leute wußten, was da effektiv vor sich ging, gab es Chancen, daß die Regierung aus dem Sumpf herauswatete und die Versprechungen aus dem Frühjahr einhielt. (Man kann den Sinn dieser seiner Entscheidung nicht ermessen, wenn man nichts von dem gegenseitigen Aus-dem-Wege-Gehen oder gar von Feindschaft geprägten Verhältnis zwischen ihm und der Presse während der heißen Zeit des Terrorismus mitbekommen hat). Kaum in Palermo angekommen, hatte er, am 12. Mai, die Journalisten zu einem informellen Gespräch versammelt, in dem exakten Bewußtsein, daß er der politischen Feindschaft ein Klima des Konsensus entgegensetzen mußte. (Bei dieser Gelegenheit fragte ihn übrigens so ein Verrückter: »Schreibt Ihr Sohn jetzt ein neues Buch über die Mafia?« Zu Diensten – leider). Die Presse wurde nun zum wichtigsten Flankenschutz. Er war sich klar darüber, daß nur die Mafia gewinnen würde, wenn die allgemeine Gleichgültigkeit andauerte, und so bat er um ein Treffen mit einem Journalisten, der einst gar nicht gut mit ihm umgesprungen waren, mit Giorgio Bocca. Merkwürdig und doch logisch, daß gegenüber der Mafia die Allianzen durcheinandergerieten. Bocca unterbrach seine Ferien in Val d'Aosta und fuhr nach Palermo. Am Morgen, an dem sie sich trafen, rief ich zufällig vom Meer aus bei meinem Vater an. Er sagte: »Rate mal, wer hier ist.« Ich dachte an alle möglichen Leute, aber nicht an Bocca. Er bemerkte meine Überraschung und sprach mit einer Hochschätzung von ihm, die – im Tonfall – eine aufrichtige Dankbarkeit erkennen ließ.

Es wurde ein Interview von größter Wichtigkeit. »Historisch«, nannte er es mir gegenüber einige Tage danach, wobei ich nicht herausfinden kann, ob er dies als Vorahnung des Kommenden meinte, oder ob er das Gespräch als theoretische Basis seiner Offensive, seines Programms ansah – oder ob er beides damit im Sinn hatte. Das Interview erschien am 10. August, zwei Tage vor dem Gipfeltreffen auf dem Viminal (der Sitz des Innenministeriums, A. d. Ü.). Welches sind die Fixpunkte des Interviews? Ich sehe vier.

1. Die Absicht meines Vaters lag im Kampf gegen die Mafia. Deshalb war er da. Er hatte kein Interesse an Aufträgen ehrenhalber, auch

nicht am Erwerb von Kompetenzen. Er wollte die Mittel, um die Mafia zu besiegen. Mittel, die (wie man sich erinnern wird) ihm zugesagt waren und nicht gegeben wurden. Wenn er sie bis zum September nicht erhalten haben sollte, wollte er weitere Entscheidungen treffen. Es war jedoch klar, daß er alles tun würde, um sie zu bekommen (seine Öffnung gegenüber der Presse diente, nach meiner Beobachtung, genau dieser Absicht). Klar, daß dies alles zunächst einmal für ihn zunehmendes Risiko bedeutete. Aus zwei Gründen. Erstens, weil an dieser Stelle *er* es war, der den Kampf gegen die Mafia wollte. Angesichts der Tatenlosigkeit des Staates gerade in dem Moment, wo es gegen diese Abstinenz ging, exponierte sich mein Vater ganz und gar persönlich. Starallüren, wie später so mancher unausbleiblich sagen würde? Nein: die Alternative bestand darin, schweigend beim deckungssuchenden Staat auszuharren – nachdem er mit öffentlicher Verantwortung betraut worden war (einem Staat, als dessen Teil und unmittelbarsten Beweis er sich fühlte). Und ganz sicher paßte es nicht zu seiner militärischen Ethik, sich mit solcher Schüchternheit zufriedenzugeben. Zweitens stieg das Risiko spürbar, weil mein Vater ohne Umschweife klarlegte, auf welcher Ebene er die Mafia zu schlagen gedachte: »Mehr noch interessiert mich das Netz von Kontrollen, das ... *es an den Schlüsselstellen gibt, das Fluchtmöglichkeiten garantiert, die Geldwaschanlagen zur Verfügung stellt, die Macht kontrolliert ...*« (Hervorhebung von mir, N. d. Ch.). War es unklug, daß er sein Programm bis zu dieser Stelle explizierte? Ich deute das in einer Weise, die ich ehrlicherweise nicht hundertprozentig verteidigen kann: daß er, nachdem ihm die Fülle von Einschüchterungsversuchen deutlich geworden war, auf der einen Seite wissen lassen wollte, daß er sie nicht fürchtete (das war stets Teil seiner psychologischen Taktik), und daß er andererseits seine Absichten klarlegen wollte, um zumindest die öffentliche Meinung voll und ganz und ohne Abstriche hinter sich zu bringen; oder aber er wollte in gewisser Weise – da ihm eine Kapitulation undenkbar erschien – eine Art Entscheidung zwischen zwei entgegengesetzten Lösungen erzwingen, mit dem Ziel, kampftauglich zu werden.

2. Er hatte erkannt, daß die Gefahr für Leute wie ihn sprunghaft ansteigt, wenn die Mafia bemerkt, daß sich eine »fatale Kombination« zu realisieren beginnt: die Gefährlichkeit eines Menschen und seine Einsamkeit. Auch darum wandte er sich an die Presse. Das bestätigt seine Einschätzung der Lage ohne irgendwelche Umschweife. Trotz alledem – präzisierte er – werde er keine Sondervorkehrungen treffen;

er habe das nie getan. Für einige Kommentatoren hätte es genügt, wenn sie einen Monat später sein letztes Interview noch einmal nachgelesen hätten; sie hätten sich dann viele aufwendige und wirre Überlegungen zur Frage der Eskorte sparen können.

3. Es gab eine Deutung der Mafia, die sich fundamental von der traditionellen unterschied – in Übereinstimmung mit seinem Vortrag, den er zwei Tage später vor dem Innenminister halten sollte. Dabei entwickelte er die Idee des neuen Polyzentrismus der Mafia und enthüllte darüberhinaus auch noch einige überaus wichtige Details. Er erklärte – wie dann auch in seinem Vortrag – daß »die geographische Beschränkung der Mafia auf den Westen Siziliens vorbei« und daß »die Mafia heute auch in Catania stark« sei. Dann fügte er einen Schlüsselsatz an: »Heute arbeiten die vier größten Bauunternehmen Catanias mit Erlaubnis der Mafia in Palermo« – und stellte an Bocca die rhetorische Frage: »Meinen Sie, daß die das tun könnten, wenn dahinter nicht eine neue Geograpahie der mafiosen Macht stünde?«

Man braucht hier nicht weiter zu räsonieren. Mein Vater hat das Interview durchgelesen: es gibt nicht ein Wort darin, das nicht in vollem Bewußtsein darin eingebracht ist. Er spricht ausdrücklich von den »vier größten Bauunternehmen Catanias«; und er sagt, wenn auch in Form einer rhetorischen Frage, daß er sie für einen integralen Teil des neuen Pakts mafioser Macht hält. Will man nicht den Kopf in den Sand stecken, stellt sich notwendigerweise die Frage: Welches sind denn die vier größten catanesischen Bauunternehmen? Zieht man die Größenvergleiche und die geographischen Daten heran, gibt es keinen Zweifel: es sind die Firmen der »Ritter der Arbeit« (vom Staatspräsidenten verliehener Ehrentitel, A. d. Ü.): Carmelo Costanzo, Mario Rendo, Gaetano Graci und Francesco Finocchiaro. Costanzo und Finocchiaro, liiert mit Salvo Lima und Nino Drago (dem catanesichen DC-Führer) sind andreottianischer Observanz. Graci ist Vertrauter Sindonas. Mein Vater zielte über die palermitanische Mafia hinaus, direkt auf sie – und sagte das auch (auch wenn unsere verdiente »unabhängige« Presse bei all den ökonomischen und vor allem unternehmerischen Interessen heute so tut, als würde sie dies alles vergessen). Zur Bekräftigung, daß es sich bei dieser Verschwägerung mit der politischen Macht auch in Catania um die Mafia handelt, vervollständigt mein Vater das Bild: auf die Frage Boccas (die wahrscheinlich durch den Verlauf der Diskussion ausgelöst wurde) bestätigt er, daß jener mafiose Alfio Ferlito, der am vorangegangenen 16. Juni zusammen mit der Carabinieri-Eskorte auf der Autostrada ermordet worden war, niemand anderer war als der Vetter des Giuseppe Ferlito, des Baudezernenten von Catania, Christdemokrat aus der Richtung Andreottis.

Es wäre also ein Fehler, sagt er, wenn man die Mafia alleine in den »Pfründen Palermos bekämpfen wollte. Die Mafia besteht in den größeren Städten, gibt sich dort sauber und nimmt Schlüsselstellen im Kontrollbereich ein. Gerade darum, gibt er zu verstehen, braucht er unbedingt diese Minimalzuständigkeiten für die Koordinierung, die ihm garantiert worden waren. Aber man muß hier aufpassen. Auch wenn er das Phänomen nun nicht alleine für Palermo beschreibt, sondern ihm den Stempel »landesweit« einbrennt, beharrt er darauf, daß der Kampf *von Palermo* aus koordiniert werden muß. Er wird das auch zwei Tage später, wie erwähnt, im Innenministerium sagen: Dort, in Palermo, liegt das Zentrum des Konflikts mit dem Staat. Darum scheinen mir die Konsequenzen, die da aus den Gesängen von der nationalen und internationalen Natur der Mafia gezogen werden (wonach es dieses Phänomen nicht mehr in Sizilien gebe, oder wonach dort nicht mehr der Dreh- und Angelpunkt sei) nichts anderes als Ausfluß der üblichen zwielichtigen Sprache der Mafia: die »Modernität« des Wortes zur Verteidigung der alten Machtverhältnisse. Ich glaube auch, daß der Rückruf des Hochkommissars (der nach der Ermordung eingesetzt worden war und der zunächst in Palermo seinen Sitz hatte, A. d. Ü.) nach Rom irgendwie den Beigeschmack hatte: »Entschuldigung, wir tun's auch nicht wieder« – der Mafia halblaut zugewispert. Eine Bestätigung des alten Macht-Paktes, nur in neuer Form.

4. Schließlich brachte mein Vater noch einige wichtige strategische Hinweise an. Auch diese sollte man festhalten, denn sie scheinen mir sogar heute noch unterbewertet oder zu wenig beachtet, obwohl man in den Tagen nach dem Anschlag in der Via Carini bis zum Umfallen immer wieder psalmodiert hat, daß man nie, niemals den Weg verlassen habe, den mein Vater vorgezeichnet hatte. Er enttäuschte nämlich – mehr noch als durch seine Bekräftigung, den Kampf gegen die Mafia von Palermo aus zu führen – auch noch alle, die nur auf dem Banksektor arbeiten wollten oder sich Wunder von einer Lockerung des Bankgeheimnisses erwarteten: »Davon redet man schon seit zwei Jahren; die Mafiosi haben da längst ihre Vorkehrungen getroffen. Und was für ein drolliges Geheimnis ist denn das überhaupt? Die Banken *wissen seit Jahren sehr gut* (Hervorhebung von mir, N. d. Ch.), wer ihre mafiosen Klienten sind. Den Kampf gegen die Mafia führt man nicht nur in den Banken oder nur in Bagheria, oder nur wenn Bedarf ist – man muß ihn global führen.« Über die darin enthaltene ausdrückliche

Anklage der Korruptheit von Banken hinaus scheint mir dieses Konzept der Globalität besonders bedeutsam – weil man zur Ablenkung der öffentlichen Meinung vom Brennpunkt des Problems recht oft neue Wege des Kampfes vorgeschlagen hat, die man mythisierte und zur »Mode« machte. Mein Vater erklärte genauer, was er mit dem Konzept der »Globalität« meinte, indem er zwei allgemeine Ziele darlegte. Zwei Ziele, für die er kämpfte.

Das erste ist die *unbeugsame Verteidigung des Rechtsstaates*, was bedeutete, daß man das Gewicht des mafiosen Interessensystems innerhalb der öffentlichen Verwaltung erschütterte: »Ich habe eine Erkenntnis gewonnen, eine ganz einfache, aber vielleicht entscheidende: daß große Teile der mafiosen Protektion, der mafiosen Privilegien, für die die Bürger bezahlen, gar nichts anderes sind, als deren elementare Rechte. Garantieren wir ihnen diese Rechte, nehmen wir der Mafia ihre Macht, machen wir aus den Mafia-Abhängigen unsere Verbündeten.« Ein grundwichtiger strategischer Hinweis; und er fügte noch einen weiteren hinzu, dessen Inhalt auch ich notwendigerweise in den Folgemonaten bitter und in aller Eindringlichkeit zu spüren bekommen sollte: es ging darum, die *nationale Gleichgültigkeit zu besiegen*. Mein Vater erinnerte im Interview daran, wie er zur Zeit des Kampfes gegen den Terrorismus die »öffentliche Meinung, die Aufmerksamkeit der Teile Italiens, die zählen«, hinter sich hatte. »Die Leute, denen man damals in die Beine geschossen hatte, waren fast alle Mitglieder hoher Behörden, Journalisten, Richter, Politiker. Bei der Mafia ist das anders. Mit wenigen Ausnahmen ermordet die Mafia Gauner. Das nichtkriminelle Italien glaubt, sich nicht dafür interessieren zu müssen. Das aber ist ein Fehler.« Hinter der knappen militärischen Sprache steht hier der Gedanke der Globalität, der getragen wird von einem tiefen intellektuellen Verständnis der Mafia, die im Meer vorenthaltener Rechte und einmaliger, klassenspezifischer Sondervergünstigungen schwimmt.

Das Interview schlug wie eine Bombe ein. In den palermitanischen Zirkeln, auch denen im Sommerurlaub, mehrten sich Stimmen, daß der neue Präfekt Weihnachten wohl nicht mehr erreichen werde; der Sinn solcher Prophezeihungen ist nicht immer klar, aber der Eindruck verbreitete sich, daß die Luft um ihn herum immer dicker wurde. Das Interview habe das Faß zum Überlaufen gebracht, flüsterte man sich zu. Das wurde mir in den folgenden Monaten erzählt. Unsere langohrigen Geheimdienste freilich, sonst für manche Vertraulichkeit mit der Mafia und der Camorra gut, haben sich mit diesen Stimmen überhaupt nicht befaßt: das muß man zumindest unterstellen, angesichts der Tatsache, daß sie keinen Alarm gegeben und keinerlei Gegenmaßnahmen vorbereitet haben.

Die institutionellen Antworten ließen jedenfalls nicht auf sich warten. Da nun das Haupt des Drachens in Palermo ausgemacht worden war, ging als erster der Bürgermeister Nello Martellucci aus der Deckung. Wiederholt. Das Vorspiel erschien im »Giornale di Sicilia« am 12. August, zwei Tage nach dem Interview meines Vaters in »La Repubblica«, just zu dem Datum, an dem mein Vater seinen Vortrag im Innenministerium hielt. Erstaunlicherweise polemisierte Marellucci vor allem über die Bezeichnung zwischen der Mafia und öffentlicher Verwaltung, das heißt über ein Thema, das mein Vater in der »Repubblica« gar nicht ausdrücklich in den Vordergrund gerückt hatte. Schlechtes Gewissen oder vorangehende Kenntnis des Berichts, den mein Vater dem Innenminister zu präsentieren sich anschickte? In souveräner Mißachtung von ein paar tausend Seiten der Antimafia-Kommissionsberichte preist Martellucci seine Vorgänger, von Lima bis Ciancimino, und schwört auch noch einen Meineid: »Ich kenne keinerlei Episoden von mafiosem Zusammenspiel in der Stadtverwaltung von Palermo; und ich habe gute Augen. Dieselben Augen, die mich die Beleidigungen sehen lassen, denen wir Leute aus dem Süden unentwegt ausgesetzt sind, geschlagen von miserablen sozialen Verhältnissen, um die sich die Nordlichter einmal kümmern sollten.« (»Giornale di Sicilia«, 12. August 1982). Dann erschien ein Interview in der »La Repubblica« sowie ein weiteres bei der RAI (Staatlicher Rundfunk, A.d.Ü.), das wohl als besonders schönes Dokument mafioser Kultur in die Geschichte eingehen wird. Bei dieser Gelegenheit versicherte der Bürgermeister der ehemaligen »Goldgrube« Palermo, daß es dort faktisch keine Mafia gebe, daß dort nur eine Kriminalität wie anderswo auch existiere. »Mafia, Mafia... was halt die Leute so sagen«, rügte er in »La Repubblica« vom 14. August. Das Wort »Mafia« selbst versuchte er nicht auszusprechen, er nannte es »dunkles Übel«, die »verdammte Ausbeutung«. Das wahre Problem in Palermo sei der soziale Rückstand – den er stets als Ursache und nie als Folge von Mafia betrachtete. Die kommunale Administration, über die Piersanti Mattarella Nachforschungen angestellt und dabei den Tod gefunden hat? Ist doch klar: Die Kritiken, die wir in Palermo da bekommen, sind Teil des Übelwollens aus dem Norden. Dann gibt er ohne viel Zurückhaltung das ganze meridionalistische Repertoire der Gruppe Lima zum besten: Die Beratungsstellen, deren Fehlen der Norden zu verantworten hat, das »mafiose« Mißverhältnis des Südens zum Norden, die selbstverständliche Berufung der »Kultur der Linken« und die unvermeidliche verschlüsselte Botschaft: »Unsere Regierenden sollen aufpassen, daß sie das Seil nicht zu eng zuziehen, daß sie die Lehren aus der Geschichte nicht vergessen, die sizilianischen Vespern...« Bezüglich dalla Chiesa: er ist ein gebildeter Mann, wie Cappuzzo (der damit überhaupt nichts zu tun hat, aber den zitiert er, weil er mit dem eine »erfreuliche Begegnung« hatte). Da ist allerdings doch ein Haken: der Präfekt hat, gerade weil er gebildet ist, diktatorische Anwandlungen. Und da er, der Bürgermeister, ein wacher Hüter der Freiheit ist, muß er die öffentliche Meinung einfach zur Aufmerksamkeit mahnen: »Welche Machtbefugnisse und Sondermittel will er über die hinaus, die er schon hat?« Vor allem aber: »Was kann der Rechtsstaat dem dalla Chiesa denn anbieten?«

Wenn eine Steigerung möglich ist, dann ist das Interview womöglich noch beunruhigender, das der Präfekt von Catania, Abatelli, der »La Repubblica« schon am 12. August mit einem Paukenschlag gegeben hatte. Die Parallelen zu Martellucci sind beeindruckend. Abatelli leugnet, daß es nun auch in Catania die Mafia gibt. Um Gottes Willen; es gibt nur organisierte Kriminalität, die noch dazu unüberwindbar ist, weil die Kolaboration der Bürger fehlt. Hier, versichert er, hat es noch nie Mafia gegeben. Das sagen doch auch Sciascia und Arlacchi, der doch stets im Westen lebte (Leonardo Sciascia: sizilianischer Schriftsteller, der Romane u. a. auch über Mafia geschrieben hat; Pino Arlacchi: Soziologe, der vorwiegend über die sizilianische und die unteritalienische Mafia gearbeitet hat). Man muß dabei unwillkürlich an die aristotelische Schlußkette denken: der Beweis, daß A nicht B wird, besteht darin, daß... A zuerst war. Auf den ersten Blick nicht auszumachen, wieviel hier bei Abatelli schlichte Unfähigkeit mitwirkt, wieviel der Wunsch, sich nicht der Koordinierung durch dalla Chiesa unterwerfen zu müssen, und wieviel Komplizenschaft. Allerdings ging mir ein Licht auf, als ich kurz danach die Zeitschrift »La Sicilia« vom April davor in die Hand bekam und darin Abatelli erblickte bei der Eröffnung des Autosalons von Nitto Santapaola, dem catanesischen Mafia-Boß, der nun angeklagt ist, einer der Organisatoren des Mordes an meinem Vater zu sein. Ein Präfekt in Sizilien, der durch seine Anwesenheit einen Bandenchef ehrt, der einige Wochen später untertauchte (nach dem Mord an Ferlito), und der einige Monate danach des Mordes am Präfektenkollegen aus Palermo beschuldigt werden sollte! Er blieb trotzdem noch lange Präfekt von Catania.

Heute ist er Regierungskommissar in Sizilien – wohl als Huldigung an die versprochene »moralizzazione« (italienisches Schlagwort, das die Forderung nach Entkorrumpierung von Politik und Verwaltung ausdrücken soll, A. d. Ü.)

Auch D'Acquisto blieb, auf seine Weise, nicht schweigsam. Am 11. August verschanzte er sich, auf die Bitte nach seiner Meinung über die Koordinierungsbefugnisse, hinter einer beredten Zurückhaltung: »Ich halte es nicht für sinnvoll, eine derart komplizierte und delikate Materie mit Hilfe beiläufiger Erklärungen zu behandeln. (»Giornale di Sicilia«, 12. August 1982). Am Tag danach – bedrängt, seine Ansichten über den Vorschlag der Kommunisten für eine »zentralisierte Leitung« zu äußern – entzog er sich noch einmal: »Auf dieses Thema wird man wahrscheinlich zurückkommen und dabei die Meinung aller Seiten einholen.« (»Giornale di Sicilia«, 13. August 1982). Bis er schließlich am 15. August in einem Interview mit dem »Corriere della sera« endgültig davor warnte, auf einen »Zauberstab zu hoffen« und desinteressiert empfahl, sich auf »längere Fristen« einzustellen. Implizit widersprach er auch dem Bericht meines Vaters für den Innenminister, indem er behauptete, daß die Beziehung zwischen der Mafia und der Regionalverwaltung »nur in den Unterstellungen der Opposition« existiere. Der einzige Abschnitt Klartext bezog sich auf das Interview meines Vaters für Bocca. D'Acquisto dementierte den Pakt der mafiosen Mächte zwischen Palermo und Catania. Und drohend fügte er hinzu: »Was darüber gesprochen wurde, ist äußerst schwerwiegend. Ich verlange Klärung. Wenn das zutrifft, müssen sämtliche Konsequenzen gezogen werden. Wenn es nicht zutrifft...« ein freudscher Versprecher. D'Acquisto benutzt gegenüber dem Antimafia-Präfekt dasselbe Vokabular, das er gegenüber einem Reporter oder einem Oppositionsabgeordneten verwendet, die unbewiesen Anschuldigungen vorbringen. Es fehlte lediglich noch die mafiose Aufforderung, die man sonst dem Präfekten hinzuschleudern pflegt, er solle hingehen »und alles, was er weiß, den Richtern erzählen«.

Ein in der Tat merkwürdiges und sehr interessantes Phänomen, das da entsteht. Trotz der gespannten Atmosphäre gibt nicht ein einziger der starken Politiker Siziliens eine Erklärung ab, die in offenem Gegensatz zur Übertragung von Koordinationsbefugnissen an meinen Vater stehen würde. Richtig, das war auch schon im April so gewesen (vor dalla Chiesas Berufung, A. d. Ü.). Aber damals versuchte man die Vollmachten zu interpretieren, spielte vornehm mit Worten herum (»Delinquenz«, »Umsturz«, »Verbrechen«), die sich nicht notwendig auf die Mafia beziehen mußten. Nun aber war die Auseinandersetzung explizit – und nun verwandelten sich allesamt in neutrale und desinteressierte Zuschauer. Die so eifersüchtigen Hüter der sizilianischen Autonomie überlassen alles ehrerbietig den Entscheidungen der Zentralregierung, insbesondere denen des Innenministers. Sie suchen ihre Deckung so wenig wie möglich zu verlassen, gehen versteckt und auf parteiinternen Wegen vor. Sie machen sich in aller Klarheit verständlich, handeln auch in aller Klarheit, widersprechen den Interviews, leugnen sogar die Existenz der Mafia – aber sie exponieren sich nicht bezüglich der Anwesenheit des Präfekten in Palermo.

Dicke Luft. Am 10. August, wie berichtet, kam die Botschaft, daß die »Operation Carlo Alberto fast beendet« sei. Zur selben Zeit begann in Rom eine Regierungskrise. Eine merkwürdige Regierungskrise. Das auslösende Ereignis geschah am 4. August. Die Regierung unterlag bei der Abstimmung über das Dekret Formica, das die Erdölfirmen zur Vorauszahlung der Bausteuer verpflichtet und die großen Steuerpächter durch Reduzierung des Steueraufschlags einschränkt. In Sizilien hatten sofort nach dem Inkrafttreten des Dekrets im Juli die Könige der Steuereintreiber, die Salvo, Proteste losgelassen, die Einstellung ihrer Tätigkeit angekündigt und mit der Drohung von Arbeitslosigkeit für die zweitausend Angestellten der Steuerstellen hantiert. Selbst DC-Sekretär De Mita sagte an diesem Tag im Parlament (laut »La Repubblica« vom 7. August 1982), daß man da in einen »Hinterhalt gefallen« sei, mit dem »die wahre DC nichts zu tun« habe. Man muß daraus folgern, daß der Hinterhalt Werk einer »schlechteren DC« war. Das Vorhandensein einer Kompanie von Heckenschützen in der Regierungsmehrheit war offensichtlich (»Heckenschützen werden in Italien Abgeordnete genannt, die bei geheimen Abstimmungen gegen die eigene Partei stimmen, A. d. Ü.). Andreotti freilich suchte dies in seinen üblichen »Bloc notes« (»L'Europeo« Nr. 37/1982) zu dementieren. Mein Vater hatte eine andere Vorstellung, näher an der De Mitas, und drückte dies gegenüber Bocca aus: Er meinte, man solle mal raten, wie viele »mafiose Abgeordnete« unter den Heckenschützen wohl gewesen seien: »Auf mindestens fünf bis sechs würde ich schon wetten« (»La Repubblica«, 4. September 1982).

Die Regierungskrise war auch hinsichtlich ihrer Lösung merkwürdig. Aus diesem Blickwinkel war sie sogar die merkwürdigste in der gesamten Geschichte der Republik Italien. Sie »spielte« sich im Grundsatz zwischen DC und PSI ab und wurde mit lautstark propagierten Aussichten auf vorgezogene Neuwahlen eröffnet. Das löste sich dann durch den Gedanken an eine neue Regierung; aber auch da gab es starke Gegensätze. Der PSI war gegen eine neue Ministerpräsidentschaft Spadolinis. Die DC jedoch, und dies ist der erste historisch noch nie dagewesene Aspekt, präsentierte keinen eigenen Kandidaten für den Regierungschef. Die Idee einer Kandidatur Andreottis für das Außenministerium kam ins Spiel – ein Amt, das dieser anstrebte, wie sich später zeigen sollte, auch um sich eine Sonderverbindung zu den Kommunisten zu verschaffen (Andreotti, sonst rechtsgerichtet, vertritt wie die Kommunisten einen außenpolitisch unabhängigen Kurs, A. d. Ü.). Alles stand schon in der Presse – da kam plötzlich und auf mysteriöse Weise am 13. August alles wieder in die Reihe. Im Gegengeschäft zu einigen Aussagen über institutionelle Reformen erneuerte der PSI seine Unterstützung für Spadolini. Und wenige Tage danach war das den Italienern vorgegaukelte Prestigespiel zu Ende. Zweiter bisher ungekannter Aspekt: die in die Krise geratene Regierung wurde ersetzt... durch sich selbst: absolut identisch, Minister für Minister, Staatssekretär für Staatssekretär (56 von 57; es fehlte lediglich Francesco Compagna, der inzwischen verstorben war). Und die Krise? »Eine Spaghetti-Farce«, schrieb der »Daily Telegraph«. Ein »parlamentarischer Zwischenfall«, wie uns die Regierungsherolde später erklären sollten; nur ein parlamentarischer Zwischenfall.

Es war, genauer gesagt, ein Heckenschützen-Stück mit sehr kluger Durchführung. Eine Episode, die zwar nach eigenen Gesetzen ablief, die aber unversehens ideale Bedingungen schuf für einen Schuß in hohe Etagen.

Es war nicht »vergeudete Zeit«, wie die ausländische Presse die Krise kommentierte. Das Machtvakuum vergrößerte die Einsamkeit meines Vaters. Außerdem war Sommer, seit eh und je eine günstige Jahreszeit für gewaltige Gefängnisausbrüche und Bahnattentate, wie auch für große Verbrechen der Mafia, von Russo bis Giuliano, von Ambrosoli bis Costa und Chinnici. Nicht weil es da warm ist, sondern weil der Zusammenstoß mit der öffentlichen Meinung geringer ist – dasselbe gilt für Feiertage (Mattarella und Fava z. B. wurden am Dreikönigstag ermordet) oder für Verbrechen, die mit Ereignissen von großer nationaler Bedeutung zusammenfallen (der Richter Caccia wurde am Wahlsonntag 1983 umgebracht). Vor allem aber konnte ein Schuß in obere Etagen – in unserem Fall – kaum politische Auswirkungen haben, sobald man einmal über die Gefahr vorgezogener Neuwahlen hinaus war: entweder es würde noch keine Regierung vorhanden sein, oder – wenn doch – würde diese nicht vier Tage oder eine

Woche nach ihrer Einsetzung stürzen, gleichgültig, was geschah (sie stürzte dann tatsächlich nicht). Es war die Bestätigung der Politik des Verbrechens. Das Gehirn, das dieses Verbrechen beschlossen hat, dachte in ausgesprochen politischen Kategorien.

Das Ränkespiel, das die Mafia aufbaut, ist umfangreich und aus einem Guß. Der Ermittlungsrichter Falcone wird später Haftbefehle gegen sämtliche Chefs der siegreichen Clans der Insel ausstellen (»siegreiche Clans« – die aus den Mafiakriegen Anfang der achtziger Jahre als Sieger hervorgegangenen Gruppen, A. d. Ü.). Alles Personen, die unzertrennlich (was unwiderlegbar dokumentiert ist) mit den hohen Ebenen der Wirtschaft, der Politik und der Verwaltung verbunden sind, von den Greco bis zu Santapaola. Sie haben den Beschluß gemeinsam gefaßt und sind gemeinsam vorgegangen, zur Bestätigung, daß hier ein ganzes Machtsystem mobil macht und seine Truppen zum Überfall losschickt.

Trotz des Schweigens und der Heucheleien reichte das, was da so alles geredet wurde, um deutlich zu machen, daß die öffentliche Debatte bereits am entscheidenden Punkt angelangt war. Damit wir uns richtig verstehen: an dem Punkt, an dem das regionale Parteisekretariat der Sozialisten einige Schritte zurück tat, aber gleichzeitig die Pfarrer des »Todesdreiecks« (östlich von Palermo, A. d. Ü.) eine mutige Haltung einnahmen und die Verantwortlichkeit der »Klasse der Politiker und Beamten« anprangerten und vor allem den »Skandal, daß man Politiker die Begräbnisfeiern notorischer Mafiosi füllen sieht« (»Corriere della sera«, 17. August 1982). Ein klarer und ausdrücklicher Feldzug seitens der Kirche: von äußerster Bedeutung, weil damit ein System eingefahrener Gewohnheiten zerstört und das Bewußtsein der gläubigen Menschen aufgerüttelt wurde – was das übliche Herrschaftssystem der Mafia (die Ordnung, die Familie) schwer erschütterte.

Es geschah noch mehr. Pater Michele Stabile, Episkopalvikar in den Gemeinden des Todesdreiecks, gab ein eindeutig zustimmendes Votum zur Frage der Kräftekoordinierung ab: »Die Leute denken allmählich, daß die Machtträger dalla Chiesa keine operative Leitung geben wollen, weil der Präfekt möglicherweise die Mafia wirklich besiegen könnte... Allzuviel Komplizenschaft innerhalb der öffentlichen Verwaltung. Zu viele Absprachen. Auch zu viele Unterlassungen. Dies sagen wir den Gläubigen, wenn wir die Mafia als Sünde bezeichnen.« (»Giornale di Sicilia«, 18. August 1982). Ungewöhnlich hart auch das Urteil des Episkopalvikars über das lokale politische System: »Die DC verrät oft ihre christliche Herkunft; vor allem aber fehlt ihr der Mut, korrupte Menschen zu isolieren. Die anderen Parteien glänzen sowieso durch Abwesenheit. Ein wenig bewegt sich der PCI, aber auch nicht allzuviel.« Angesichts dessen »darf die Kirche nicht mehr verschüchtert dastehen, und sie tut es auch nicht.« (»Corriere della sera«, 18. August 1982).

Die lebendigsten Kräfte auf nationaler und örtlicher Ebene traten nun zur Unterstützung meines Vaters an. Von Rom aus tat dies die nationale Gewerkschaftsvereinigung CGIL-CISL-UIL (der größte Gewerkschaftsdachverband Italiens, A. d. Ü.), die die Versäumnisse der Regierung kritisierte und forderte, daß »den Ordnungskräften und den Gerichten die angemessenen koordinativen und juristischen Instrumente verschafft«. Von Sizilien aus tat dasselbe der Gemeinrat von Alia, einem kleinen Ort in der Provinz Palermo, der »seine volle Solidarität mit dem Präfekten dalla Chiesa« ausdrückte und in bezeichnender Weise unterstrich, daß »dalla Chiesa nicht alleingelassen werden darf beim Kampf an einer Front, die alle freien und rechtschaffenen Menschen einen muß«. (Giornale di Sicilia«, 13. August 1982).

Während die Polemik immer wütender wurde, traf sich mein Vater in diesen Tagen kurzfristig mit dem Kardinal Pappalardo zwecks Vorbereitung des für den folgenden November vorgesehenen Papstbesuches in Palermo; das war in der Tat ein Streitfall mit dem Bürgermeister Martellucci, der bei dieser Gelegenheit einen Empfang geben wollte, den mein Vater als gefährlich für die öffentliche Ordnung ansah (auf dem Foro Italico, das direkt am Meer liegt). Das Gespräch mit Pappalardo war kurz, aber mein Vater fühlte sich ermutigt. Er war immer ein gläubiger Christ; aber in diesem Moment bedeutete die Beziehung zur Kirche für ihn etwas viel Tiefgreifenderes. Sie bedeutete für ihn, daß er sich mit ihr, inmitten einer entscheidenden Schlacht, auf derselben Seite der Barrikade fühlte – auf der Seite der Humanität.

VI

AUGUST:
STAAT UND FAMILIE

In dieser Atmosphäre trafen wir uns dann alle zu einem Urlaubsaufenthalt im Landhaus zu Prata. Eine alte Ruine auf den Hügeln bei Avellino, schon im Besitz meines Großvaters mütterlicherseits, die mein Vater mit erlesenem Geschmack und unter Einsatz all seiner Ersparnisse renoviert hatte. Sein ganzer Stolz. Er sagte, daß er nach seiner Pensionierung dort das halbe Jahr über leben werde, unter den Nußbäumen und dem »Greco di Tufo«, dem begehrten Wein, den er für seine Freunde ziehen wolle. Er hatte sich dort angewöhnt, uns einmal im Jahr alle zu einem Zusammensein einzuladen. Begonnen hatten wir damals im Sommer 1977, im letzten Lebensjahr meiner Mutter; und das war ein doppelt schöner Beginn für die Tradition, denn das war gleichzeitig der Sommer, in dem ich Emilia heiratete. Von da an haben wir uns jedes Jahr eine Woche dort getroffen; er bat uns regelmäßig darum, so auch 1982. Bei diesen Zusammenkünften fanden wir das Gefühl für die Familie am allerstärksten wieder, voller Freude und Ausgelassenheit über das Zusammensein.

Es gehörte diesmal freilich nicht viel zu der Erkenntnis, daß die Atmosphäre ganz anders war als in den Jahren davor, selbst wenn er auch früher schon im Kampf gestanden hatte, seinerzeit gegen den Terrorismus. Damals hatte ich mich immer besorgt gefragt, ob es nicht (nach dem Ende des Terrorismus, und wenn mein Vater einmal in Pension war) gerade hier besonders leicht sei, einen Anschlag auf ihn auszuführen. Wie üblich ließ Vater freilich auch diesmal keinerlei Anspannung erkennen, zunächst jedenfalls nicht. Im Gegenteil, er versuchte, Optimismus zu verbreiten. Er steckte uns mit seiner Begeisterung an, machte Pläne mit Emmanuela, lud uns für den Winter nach Palermo ein. Aber irgendetwas fiel uns doch auf. Schon aus den Zeitungen hatten wir erkannt, welch schwerer Kampf da im Gange war. In Prata wurde mir klar, daß er noch exponierter und noch mehr in der Schußlinie war, als ich gedacht hatte. Erstmals, seit wir uns zu Ferragosto dort trafen, ließ er ein Auto kontrollieren, das uns auf der Straße begegnet war und das ein palermitanisches Kennzeichen trug. So etwas hatte er noch nie getan. Und das entging uns nicht. Er freilich tat weiter so, als wäre nichts. Als ich ihn bat, etwas vorsichtiger zu sein und durch den Spion zu gucken, ehe er ins Freie trat, konterkarierte er mich ständig, machte plötzlich »tatatata«, ahmte das Rattern einer Maschinenpistole nach. So hatte er es immer gemacht. Auch in Mailand, als ich z. B. vom Balkon herab, vielleicht überflüssigerweise, einen Blick auf die Wachsamkeit seiner wirklich vertrauenswürdigen Eskorte warf, so als wollte ich die Verantwortung für seine Person nicht ganz und gar Leuten überlassen, die außerhalb der Familie standen.

Auch Emmanuela war heiter. Aber sie war sich ebenfalls der Gefahr bewußt. An einem Morgen sprachen wir ausführlich darüber. Sie war wirklich nicht das naive Mädchen, das in eine übermächtige Situation geraten war. Sie war die erste, die sich darüber klar wurde, daß sie ein Verständnis des Umfelds und dort herrschender Mechanismen erwerben mußte. Sie dachte daran, das Kfz-Kennzeichen zu ändern, weil »Roma« zu leicht erkennbar war. Und sie überlegte auch, wie man die vier täglichen Fahrten Wohnung-Präfektur-Wohnung-Präfektur-Wohnung für meinen Vater vermeiden konnte. Sicher war eines: auch wenn sie wenig Erfahrung hatte (sich dieser Tatsache aber bewußt war, was ein großer Vorteil war), eignete sie sich schnell ein Verständnis des Umfelds und seiner Fallen an; und sie war bereit, einen Preis dafür zu bezahlen.

Mein Vater verließ uns zweimal in dieser Woche. Beide Male fuhr er nach Palermo. Und beide Male passierte etwas, das ihn beunruhigte. Beim ersten Mal bemerkte er nach seiner Ankunft, daß die Nachricht über sein Kommen, das ja geheim bleiben sollte, überall in der Präfektur und der Quästur bekannt war. Beim zweiten Mal kam er im Morgengrauen mit dem Schiff an; angesichts des Vorfalls beim ersten Mal hatte er erneut angeordnet, die Nachricht davon nicht weiterzugeben. Außerdem hatte er einen Mann aus der Eskorte angefordert, der ihn am Hafen erwarten sollte. Der sollte zwanzig Minuten vor der Ankunft des Schiffes dasein und mögliche verdächtige Bewegungen kontrollieren. Mein Vater kam im Hafen an; aber da war niemand von der Eskorte. Er wartete fünfzehn Minuten am Ufer, völlig alleine, daß jemand kam und ihn abholte.

Während des einen der beiden Aufenthalte in Palermo begab er sich am 20. August zum Wald von Ficuzza, nahe Corleone, zur Gedächtnisfeier für den Obersten Russo, seinem unmittelbaren Mitarbeiter zur Zeit seines Kommandos über die Carabinieri von Palermo, der am 20. August 1977 von der Mafia ermordet worden war. Für meinen Vater war das damals ein tiefer Schmerz gewesen. Und er hat niemals überwunden, daß die Presse diesen Mord hinterher quasi gerechtfertigt hatte aufgrund der Unterstellung, daß Russo »die Seiten gewechselt« hatte, so daß es nach einem Begleichen von Rechnungen unter Mafiosi aussah. Mein Vater sah in dieser »Erklärung« des Verbrechens vielmehr eine neue mafiose Praktik, die darin bestand, die Person des Opfers, sofern sie den Institutionen angehörte, moralisch zu zerstören. Deshalb tat er am 20. August – obwohl er den Gedanken eines Fehlers oder Leichtsinns seitens des Oberst Russo durchaus ins Auge faßte – das, was unglaublicherweise bisher noch niemand getan hatte: er gedachte des Offiziers. Es war eine Rede aus dem Stegreif, eine bewegte Rede. Wichtig nicht nur aufgrund dessen, was er sagte, sondern weil aus dem Tonfall, den Worten, den Gesten, sogar aus den Pausen voll und ganz der bestehende und der kommende Konflikt zwischen den aufrechten Menschen und den Mafiosi samt ihren Freunden sprach.

Ich habe niemals bei anderen Männern des öffentlichen Lebens diese totale Konfrontation gesehen, auch nicht diesen moralischen Impetus – ein Impetus, der den Mafiosi wohl auch nicht entgangen sein dürfte. Er sprach vor allem von der Mafia. In unverhüllter Polemik mit Martellucci – in Gegenwart des Regional-Ministerpräsidenten Mario D'Acquisto. Er verwandte nicht die verschnörkelten Wendungen des Bürgermeisters, ihm war dieser an Doppelsinn reiche Jargon fremd, der ständig Schmeicheleien mit Drohungen verbindet: »Russo... hatte sehr viele Feinde, die man unter der – von manchen aus Liebe zum Recht nicht ausgesprochenen – Definition ›Mafia‹ unterbringen kann.« Er sprach dieses Wort aus, schrie es fast hinaus, zweimal hintereinander, mit all der Abscheu, dessen er fähig war. Eine Abscheu, mit der die kulturelle Basis der Mafia angriff, ihre etymologische Tradition – schon seit seinen Entscheidungen im vorangegangenen Mai und Juni. Da gibt es doch eine überreiche Literatur über den Mafioso, die ihn als Mann »von Tüchtigkeit« darstellt. Nein: Typisch für die Mafia ist die »Gemeinheit«, die Gemeinheit von Leuten, die einen Menschen, der etwas wußte und »nicht zuverlässig« war, erschießt, »während er sich mit seiner Familie zur Ruhe gelegt hat«. Dann, noch härter, unter Bezug auf Leute, die – trotz ihrer »scharfen Augen« – die mafiose Präsenz in der Stadtverwaltung von Palermo nicht sehen: »Russo hatte seine fünf Sinne beisammen; ihm fehlte lediglich der scharfe Blick«; daher sah ihn die Mafia ihrerseits nicht nur, sondern sie bekämpfte ihn, sobald es nötig war, auch »mit der Pistole in der Hand«.

An der Zeremonie nahm, unter anderem, auch Innenminister Rognoni teil. Er gab eine zweischneidige Erklärung ab. Auf der einen Seite garantierte er, daß die Aktion zur Koordinierung des Kampfes gegen die Mafia sich »unter höchster Respektierung der lokalen Autonomie« abspielen werde, als eine Art Versicherung, daß der famose Artikel 31 des Regionalstatus intakt bleiben wird (der Art. 31 überträgt dem Regionalministerpräsidenten die Leitung aller Ordnungskräfte der Insel). Andererseits bekräftigte er, daß die Koordinierung eine »über das Gebiet vor Sizilien hinausgehende Bühne voll Sachverstand und Einsatzbereitschaft finden« werde. Diese letztere Bestätigung, so allgemein sie auch war, schien zu verstehen zu geben, daß die Regierung einige Schritte zur Respektierung ihrer eigenen Aufgaben zu tun begann, das heißt, daß es meinem Vater gelungen war, die Regierung beim Tauziehen mit der mafiosen Macht in seine Richtung zu bewegen, wenn auch nur um ein paar Zentimeter.

Am selben Tag forderten die Sekretäre der Arbeitskammern im »Todesdreieck« offiziell, daß »die nationale Koordinierung gegen die Mafia dem Präfekten dalla Chiesa übertragen wird«; gleichzeitig übersandte der regionale Fraktionsvorsitzende des PCI, Michelangelo Russo, dem Präsidenten der Regionalversammlung, Salvatore Lauricella, einen Brief mit der Aufforderung, das »Komitee des Paktes für die bürgerliche Solidarität gegen die Mafia« einzuberufen, um das Problem einer »ständigen Koordinierung« und einer »einheitlichen Führung« des Kampfes gegen die Mafia endgültig und mit klaren Zuweisungen der Befugnisse zu regeln.

Die Zeremonie von Ficuzza ist daher ein wichtiges Kapitel in der Auseinandersetzung mit der politischen Elite Palermos, für die Martellucci im Grunde ja nur das Sprachrohr war. In Prata sahen wir am Abend im Fernsehen einen Filmbeitrag über die Gedächtnisfeier. Mein Vater war gerade zurückgekommen. Wir zogen ihn etwas auf, weil er sich vor lauter Ungestüm, mit dem er von der Mafia sprach, verhaspelt hatte. Aber an dem Abend empfand ich für diesen Menschen eine grenzenlose Verehrung; der Stolz des Sohnes war eine eindeutige Folge der Bewunderung durch den Bürger. Was hatte ihn, der doch schon überhäuft war mit Prestige, und der am Ende seiner Karriere stand, dazu gebracht, sich mit diesen Lumpen herumzuschlagen – gleichsam als Ersatz für den römischen Staat?

Ja, der römische Staat. Die Begegnung mit dem Minister hat meinen Vater betroffen gemacht. Es war klar, daß nur der Innenminister die entscheidenden Beschlüsse fassen konnte. Aber nach Meinung meines Vaters benutzte Rognoni Ausflüchte. Vielleicht wollte er tatsächlich; aber man spürte es nicht, er unterlag allzu vielen Pressionen, wie er meinem Vater ständig sagte. Mein Vater schätzte Rognoni, betrachtete ihn als »unbelastet«, als »eine der lautersten Persönlichkeiten in der DC«; aber er tadelte an ihm, daß er seine Versprechungen nicht einzuhalten wußte, »aus Mangel an Tatkraft«. Eines Tages brach es aus ihm heraus: »Vielleicht, wenn Cossiga noch da wäre, würde ich mich nicht in dieser Lage befinden.« (Francesco Cossiga, DC, war zur Zeit der Moro-Affäre Innenminister und danach, in der Zeit des Einsatzes dalla Chiesas gegen den Terrorismus, Ministerpräsident, A.d.Ü.). Sicherlich war die Position Rognonis alles andere als bequem: er versuchte zwischen den Forderungen meines Vaters nach Respektierung der Absprachen, der dumpfen Feindseligkeit der Staatsorgane und den Pressionen der besonders eng mit der Mafia verbundenen Strömungen der Partei zu vermitteln. Er ließ den Präfekten nicht absichtlich im Regen stehen, aber de facto tat er es am Ende doch, als er zwischen Vater und dessen Todfeinden Pakte stiften wollte. Er schaffte es auch nicht, meinem Vater die Koordinierung des »Intelligence service« zu übertragen. Der Minister verlautbarte dies offiziell, indem er feststellte, daß es zwischen ihm und meinem Vater eine »Koinzidenz der Ideen« gebe: Substanziell sollten alle verfügbaren Daten, die die italienischen Präfekturen über die Aktivitäten und Vermögen in Italien jeweils zur Verfügung hatten, dem Präfekten von Palermo übermittelt werden – aber es sei »klar« (?!), fügte Rognoni im Fernsehen hinzu, daß mein Vater danach nicht auch noch die operative Koordinierung haben könne. Mein Vater nahm es hin; er betrachtete es – auf formaler Ebene – als einen Schritt voran: aber er fürchtete, daß es die übliche Taschenspielerei war und bekannte auch, daß er nicht zufrieden war, daß er Angst hatte, die Spiegelfechterei würde weitergehen. Vor allem aber, so ließ er sich Freunden und Journalisten gegenüber aus, bekümmerte ihn das Verhalten der Regierung deshalb, weil es die Herausforderung der Mafia begünstigte, indem man ihm »das Gesicht und das Prestige« nahm – in einem Land, in dem (wie er schon in seinem Brief an Spadolini vermerkt hatte) Prestige alles ist.

Besorgt war er ganz entschieden über die Wendung, die die Ereignisse allmählich nahmen. Vor allem ängstigte ihn die Haltung der DC. Die Regierungskrise verschärfte die Unsicherheit und die gegenseitigen Blockaden und Pressionen innerhalb der Regierungskoalition. Der »Giornale di Sicilia«, von dem in diesem Fall vor allem offensichtlich unbedeutende Vorgänge breitgetreten wurden, war die einzige italienische Tageszeitung von einiger Verbreitung, die von Gerüchten über mögliche Garantien des Innenministers für meinen Vater berichtete. In Wirklichkeit lief da eine »politische« Operation ab, mit deren Hilfe man den Präfekten schlagen wollte. Wie konnte man ihn in Gegensatz zur DC bringen, unabhängig von den Verbindungen einzelner Personen oder Strömungen zur Mafia? Kein Zweifel: Mit Hilfe des Instruments, das in Italien wie kein anderes funktioniert; düster und elend, manchmal an der Grenze zwischen Verbrechen und Schwachsinn, aber stets funktional: der Parteiengeist.

Wie schon einige Tage vorher einige Stadträte behauptet hatten, daß der Polizeibericht über die 162 Mafiosi »von dalla Chiesa und den Kommunisten« abgefaßt worden sein, so benutzte man nun die Regierungskrise, um den politischen Auftraggeber zu wechseln und eine neue, noch hinterlistigere Anschuldigung zu lancieren. Dalla Chiesa? Das ist ein Mann Craxis; er greift uns in Sizilien an, weil er für die Sozialisten arbeitet. Oder auch: Wenn er die Mafia besiegt, werden wir das Innenministerium an die Sozialisten abgeben müssen. Offiziell sprach selbstverständlich niemand davon; aber die Operation stank schon von weitem. Bestätigt wurde dies nach der Ermordung meines Vaters durch den christdemokratischen Senator Antonio Calarco (wir werden noch darauf kommen), der, sei es aus Dummheit, sei es aus Anmaßung, ausdrücklich das aussprach – nicht mehr und nicht weniger – was viele andere gedacht hatten und vor allem denken lassen wollten.

In diesen Tagen nahm mithin ein spezifisches, flankierendes Movens des kommenden Verbrechens Gestalt an: Nach Angaben der Christdemokralten wäre ein politisches Beben losgebrochen, das wahrscheinlich andere Parteien begünstigt hätte, wenn mein Vater die Heiligtümer der Mafia angegriffen hätte. Den lebendigen Beweis lieferte, ein weiteres Mal, der Bürgermeister Martellucci. In einem Gespräch mit dem Journalisten Francesco Damato am 29. September plauderte er mit der üblichen maliziösen Unbefangenheit, die meiner Meinung nach eines der wesentlichsten »förderlichen« (d.h. nicht »begründenden«!) Motive für den Mord war: »Ich weiß es nicht. Sicherlich, der General war aktiv. Aber ich muß doch sagen, daß er sich hier nicht mehr nur wie ein Soldat oder ein Präfekt bewegt hat. Er fühlte sich ein wenig wie ein Politiker. Sie wissen ja, was man sich erzählt: daß die Sozialisten ihn bei der nächsten Wahl aufstellen und als Innenminister hätten präsentieren wollen. Ich weiß nicht, ob das stimmt. Ich hätte aber keinen Zweifel daran, daß er ein sehr guter Innenminister gewesen wäre.« (F. Damato, »L'ombra del generale«, Verlag SugarCo 1982, S. 59).

Eine Behauptung, über die man äußerst aufmerksam nachdenken sollte. Es ist offensichtlich, daß mein Vater keine Parteipolitik betrieb. Seine freundschaftlichen Beziehungen waren über das ganze Spektrum der Parteien gestreut. Es war sogar Ehrensache, nicht mit irgendeiner Partei verbunden zu sein. Eher war es schon so, daß die Verteidigung des Rechts automatisch dazu führte »Politik zu betreiben«, wenn irgendwo Politik und Kriminalität miteinander identisch wurden. Man sollte diesbezüglich das nachlesen, was der Rechtsanwalt Ambrosoli (der Konkursverwalter der Banca privata italiana Michele Sindonas, der am 11. Juli 1979, elf Tage vor der Ermordung des Kommissars Boris Giuliano, von der sindonianischen Mafia erschossen wurde) an seine Frau geschrieben hat: »Mit vierzig Jahren«, bekannte er verwirrt, »stehe ich plötzlich vor der Tatsache, daß ich Politik mache, nicht für eine Partei, sondern für den Staat.« Dasselbe gilt für meinen Vater, mit seinen zweiundsechzig Jahren. Natürlich war es politisch, wenn er zu verstehen gab, daß er einen Kampf gegen die Mafia auf allen Linien trieb, und daß er die Bedingungen für eine globale Präsenz des Rechtsstaates schaffen wollte. Nichts anderes. Die gegen ihn gerichtete Operation war (wie ich es auch in meinem Fall erleben sollte) geradezu klassisch für die mafiose Kultur, auch wenn sie vor der öffentlichen Meinung nicht ausdrücklich so durchgeführt werden konnte: sie lief ab im Interesse einer Partei; nicht für das Gesetz oder die Wahrheit, sondern nur zugunsten einer Partei.

Durch das, was Martellucci sagt, scheint aber etwas Gewaltigeres hindurch, das sich mit der exklusiven und offensichtlichen unerklärlichen »Vorstellung« des »Giornale di Sicilia« zusammenfügt, der »Nachricht« nämlich von einer Kandidatur meines Vaters für das Innenministerium, als »Technokrat«: Das, was da Größeres durchscheint, ist die mächtige Angst (die in jedem Fall seine Isolierung beeinflußt haben muß), daß ein General dalla Chiesa im Innenministerium – eine Kandidatur, die übrigens schwer abzuweisen gewesen wäre – ausgestattet mit den allerneuesten Erkenntnissen aus Palermo und nachweislich nicht mit der DC liiert, eine Treibmine in dem jahrzehntelang im Schatten der Politik aufgeschwemmten Ozean von Komplizenschaft, Schweigen und Erpressung dargestellt hätte. Er wäre nicht unter Kontrolle zu bringen gewesen und hätte jedenfalls alleine mit seinen Handlungen auf rein gesetzlicher Basis politisches Erdbeben auslösen können. Und sicher zu Recht fügte Martellucci hinzu – wobei er sich unbewußt das Urteil der italo-amerikanischen Zeitschrift »Il progresso« aus New York zu eigen macht, daß er »ein sehr guter Innenminister« gewesen wäre. Es war in der Tat dieses »sehr gut«, das ihnen Angst einjagte.

Die Vorzeichen waren also gewichtig. Mein Vater verspürte Zugluft und suchte nach Klärung. Eines Tages besuchte uns in Prata ein alter Freund der Familie, der freiberuflich im Ort tätig war. Nach kurzen Höflichkeitsfloskeln brachte mein Vater das Gespräch auf sein sizilianisches Engagement und äußerte seine Unzufriedenheit über den Gang der Dinge. Unser Bekannter stand in guter Beziehung zu einigen Christdemokraten und insbesondere mit dem christdemokratischen Fraktionsvorsitzenden im Senat und Vertrauten De Mitas, dem Senator Mancini aus Avellino. Mein Vater lud mich ein, bei ihnen am Tisch Platz zu nehmen. Eine keineswegs übliche Geste: in stillem Einvernehmen gegenseitiger Zurückhaltung tat er das nie und lud mich auch nie dazu, wenn andere Leute kamen. »Du kannst das ruhig hören«, versicherte er. Und dann erklärte er sich. Er wollte De Mita treffen; die DC stand, seiner Überzeugung nach, gegen ihn (er deutete das zwar nicht an, aber er hielt seine eigenen Absichtserklärungen vom April deutlich präsent). Vielleicht meint die DC, argumentierte er, daß ich die Partei aus freien Stücken angreifen will. Das ist aber nicht so, versicherte er. Er fuhr fort, ohne Craxi oder andere Politiker beim Namen zu nennen. »Ich habe vierzig Jahre Dienst hinter mir«, sagte er, »fünfzehn davon mit heikelsten Aufgaben. Ich habe den aufeinanderfolgenden Regierungen immer treu gedient, und ich hatte immer christdemokratische Innenminister über mir. Allen gegenüber war ich loyal, und für alle habe ich alles gegeben, was ich vermochte. Jetzt haben sie mich nach Sizilien geschickt. Ich kann doch nichts machen, wenn dort die Leute mit den engsten Verbindungen zur Mafia Christdemokraten sind. Ich bin auch bereit, einiges in Abschlag zu bringen. Aber das Verfaulte, das müssen sie mich wegschneiden lassen.« Das sind, fast wörtlich, die Worte meines Vaters. Auf mich hat diese Unterhaltung einen unauslöschlichen Eindruck gemacht. Vor allem, weil mir schon nach wenigen Minuten klar wurde, warum mich mein Vater dazugeholt hatte. Für ihn war ein entscheidender Augenblick gekommen, und er wollte, daß ich das empfand; auch um den Preis, daß ich diesen Ausdruck »Abschlag« bei ihm hörte, der – unter anderen Umständen – meine puritanische Seele (geprägt von den Kämpfen der 60er Jahre) in Aufregung gebracht hätte.

Sein Gesprächspartner ging und rief ihn am Abend an, um ihm zu sagen, daß er den Senator in seinem Urlaubsort in Sardinien aufgespürt hatte. Der habe – zumindest telefonisch – eine hohe Einschätzung der Argumentation meines Vaters gegeben und sogar dazu gesagt: »Und nun denk mal, daß wir ihn als Zugpferd Craxis angesehen haben!« Man war so verblieben, daß der Senator sich mit De Mita in Verbindung setzen wollte, der sich ja oft in Rom aufhielt und der sich – Zeitungsberichten zufolge – möglicherweise sogar in unsere Gegend in Urlaub begeben wollte, genauer gesagt nach Nusco.

In Erwartung einer Begegnung mit dem christdemokratischen Parteisekretär fuhr mein Vater, alleine, mit dem Aufbau seiner Verbindungen, seiner Allianzen, fort. Er sprach sich oft mit Leitern von Tageszeitungen und Wochenmagazinen aus; ich muß sagen, daß sich die nationale Presse in dieser Zeit seinen Argumentationen und seinen Begründungen gegenüber aufgeschlossen zeigte. Er wurde von einer Reihe von Beiträgen unterstützt, sei es in Form von Kommentaren, sei es durch bestimmte Schlagzeilen. Ganz sicher standen zu ihm Letta (»Il Tempo di Roma«, Red. Rom), Montanelli (»Il Giornale«), Scalfari (»La Repubblica) und Macaluso (»L'Unità«) – auch wenn sich nach dem Mord die Front teilte, insofern es sich (angesichts der Monströsität des Verbrechens) zwar um einen Kampf *innerhalb* der Macht handelte, aber implizit auch de facto um einen Kampf *gegen* die Macht. Mein Vater suchte Kontakte zu einzelnen Christdemokraten. Als die noch junge Frau eines christdemokratischen Arztes aus Prata (der mit dem damaligen Fraktionschef im Parlament, Gerardo Bianco, liiert war) an einer unheilbaren Krankheit starb, überwand mein Vater eine Reihe logistischer Schwierigkeiten, um am Begräbnis teilnehmen zu können; er wollte den Exponenten dieser Partei in aller Deutlichkeit zeigen, daß sein Verhalten – auch unter dem Aspekt von Freundschaft und menschlichen Beziehungen – dasselbe war wie stets. Er telefonierte unter anderem mit Craxi und Zanone (Chefs des PSI resp. des PLI, A.d.Ü.), die ihn unterstützten, damit das Problem Mafia, wenn auch reduziert zur »organisierten Kriminalität«, Gegenstand von Forderungen und spezifischen Gegenmaßnahmen im Rahmen der Neuformierung der Regierung würde. In den vorangegangenen Tagen war auch, mittels des »Corriere della sera« (18. August) die Nachricht von der Unterstützung bekannt geworden, die Präsident Pertini für meinen Vater ausgedrückt hatte: »Man muß dalla Chiesa jede Hilfe geben.

Er ist ein sehr wertvoller Mensch. Und er kennt die sizilianischen Angelegenheiten von Grund auf. Er steht vor einer überaus komplizierten Situation: Aber man sollte ihn in Ruhe arbeiten lassen und ihn mit Vertrauen umgeben« – die Wertschätzung des Staatsoberhaupts. (Ich habe übrigens einmal mitbekommen, wie mein Vater am Telefon dagegen protestierte, daß eine seiner Mitteilungen absichtlich seit längerer Zeit »dem Präsidenten« vorenthalten wurde; aus dem Zusammenhang habe ich entnommen, daß es sich wohl um Pertini handelte). Dieser Stellungnahme Pertinis wurde innerhalb der Geschichte seiner Präsidentschaft allgemein nur geringe Bedeutung beigemessen. Selbst der »Corriere della sera«, der das Interview aus Selva di Valgardena (Urlaubsort Pertinis im Grödnertal, A. d. Ü.) publizierte, nahm in seinen Untertiteln keinerlei Bezug darauf.

Währenddessen starteten die vereinigten Gewerkschaften im Todesdreieck eine harte Attacke gegen die nationale Regierung und die regionale Koalition. Sie klagten sie an, »den Ordnungskräften der Justiz die Waffen aus der Hand zu schlagen«, indem sie »beim Kampf gegen die Mafia fehlten«. (»Giornale di Sicilia«, 20. August 1982). Auch einige Intellektuelle intervenierten zur Unterstützung meines Vaters. Unter anderem erinnere ich mich an Giuseppe Galasso, Vittorio Grevi, Giudo Neppi Modona, Adolfo Beria D'Argentine. Beim »Corriere della sera« gab ihm Leo Vialani den gewohnten begeisterten Rückhalt.

Dennoch: Auch seine Feinde verstärkten ihre Bindeglieder, ihre Stützpfeiler, ihre objektiven und subjektiven Allianzen. Es ging weiter um den Artikel 31 des Regionalstatuts. Institutionelle Hilfen fehlten dabei nicht. Ende Juli mußten die Vertreter des »Paktes für die bürgerliche Solidarität gegen die Mafia«, die nach Rom gefahren waren, um die Beschleunigung des Verfahrens zur Verabschiedung des La-Torre-Gesetzes zu fordern, vom Senatspräsidenten Fanfani – dem alten Schutzpatron des mafiosen Ministers Giovanni Gioia – hören, daß keine Formen von »Koordinierung« vorstellbar seien, die über den Artikel 31 des Sonderstatus' der Region Sizilien hinausgehen – D'Acquisto sollte sich doch darum kümmern; D'Acquisto, der auch in der Delegation ist: das sind Rechte, die ihm zustehen. Bei der Gelegenheit sprach man auch von der Notwendigkeit, einen anderen Artikel des sizilianischen Status anzuwenden, der die Teilnahme des Regionalpräsidenten an den Sitzungen des römischen Kabinetts vorsieht, sobald Sizilien betreffende Maßnahmen auf der Tagesordnung stehen.

Es war der tägliche Kampf, eine unablässige Wiederholung von Angriffen und Verteidigungsmanövern; jeder Telefonanruf, jede Nachricht, jede Erklärung nahm lebenswichtige Dimension an. Betrachtet man sie mit den Augen von heute, bekommt diese Periode von damals den irrealen Rhythmus eines Todesurteils, das mit unerbittlicher Grausamkeit jeden Tag, den wir da auf dem Land verbrachten, um einen Schritt näher rückte. Dies alles, während die öffentliche Meinung bestenfalls so zum Präfekten dalla Chiesa hielt, wie es bei einem Tennismatch der Fall ist. Es erschüttert mich noch immer, wenn ich daran denke, wie er dazu imstande war, diesem unserem letzten gemeinsamen Urlaub »Normalität« zu verleihen, sogar bei diesem Aufenthalt noch glücklich zu sein.

Während ich damals seine Gesten, seine Gemütsbewegungen, sein Lächeln beobachtete, begriff ich eine Tatsache von außergewöhnlicher Bedeutung: Es stimmt nicht und kann nicht stimmen, daß diejenigen, die in »Übereinstimmung mit sich selbst handeln«, dies tun, weil sie das Leben lieben. Es sind, umgekehrt, gerade diejenigen, die das Leben lieben und es mit Sinn erfüllen, die bereit sind, es für andere hinzugeben.

An jenen Tagen zeigte mein Vater eine besondere Zärtlichkeit gegenüber meiner Frau Emilia. Das fünfte Enkelchen, das da zur Welt kommen würde, sollte seiner Hoffnung nach ein Mädchen werden, damit er es Dora nennen konnte, wie meine Mutter. Für dieses künftige Enkelchen hatte er schon ein Schmuckstück parat, das teuerste, das er besaß: sein Verlobungsgeschenk für meine Mutter. An einem Nachmittag organisierten wir eine Fußballpartie auf dem Straßenpflaster hinter dem Haus. Wir machten Tore aus Holz, er spielte mit dreien seiner vier Enkel zusammen gegen mich, meinen Schwager Carlo und den kleinen Alberto. Mein Vater rannte soviel herum, daß ich ihm zurief, er solle ein wenig auf sich achten, er habe immerhin zweiundsechzig Jahre auf dem Buckel: »Paß du auf dein EKG auf!« antwortete er lachend. Es ist für mich eine der schönsten Erinnerungen aus diesen Tagen, wie ihm die Kinder zuspielten und »Gib den Paß, Opa!« riefen. Eine wirkliche Fröhlichkeit lag darin, wohl umso mehr, weil die Gefahr ständig in der Luft lag. Damit keiner der Enkel am Ende weinte, ging die Partie 3:3 aus.

Dann gingen wir beide etwas beiseite. Und da berichtete er mir von Grund auf über seine Schwierigkeiten, seine Strategie, seine Allianzen. Ich fragte ihn, wer denn seine Feinde seien, wer ihm innerhalb der Parteien Hindernisse in den Weg lege. Er sagte mir, daß er an einigen Orten nicht nur mit der DC Probleme habe, sondern auch mit anderen, laizistischen Parteien (in Italien gelten DC und PCI als »ideologische«, alle anderen – insbesondere PSI, PSDI, PRI und PLI als »laizistische« Parteien, A. d. Ü.). Daß er beim PSI und PLI immerhin auf nationaler Ebene Unterstützung finde, ihm dies jedoch bei der DC nicht gelinge. »Aber wer ist denn da gegen dich?« wagte ich zu fragen, in der Annahme freilich, daß er nicht antworten wollte, weil er nie gerne über Einzelheiten der Probleme bei seiner Arbeit gesprochen hatte. Aber diesmal antwortete er mir, sehr ruhig: die Andreottianer, die Fanfanianer und ein Teil der christdemokratischen Linken. »Und warum?« drängte ich weiter, obwohl ich die Antwort schon wußte. Er darauf, wörtlich: »Die Andreottianer im besonderen stecken bis zum Hals drin.« Bezüglich des »Teils der christdemokratischen Linken« ließ er sich nicht übermäßig aus, er warf mir – zu meiner Überraschung – nur den Namen Marcora hin. Ich erstarrte, aber ich wußte, daß er kaum einmal Namen verwechselte. Und daß er keinen Namen nannte, wenn er nicht voll überzeugt war. Von einem Freund, einem Wirtschaftsjournalisten, erfuhr ich später, daß Marcora einige Jahre zuvor, als Industrieminister, die Schirmherrschaft über einen prunkhaften, von den »Rittern der Arbeit« aus Catania organisierten Konvent übernommen hatte. Ein Konvent, vollgestopft mit Journalisten und deren Frauen, und mit Geschenken für alle – ein Konvent, der den Beginn der Strategie zur Durchsetzung der Pressewelt durch die »Ritter« bezeichnete. Marcora hatte den catanesischen Unternehmern somit eine öffentliche Anerkennung verschafft, die zur Aufnahme in das »Who's Who« der italienischen Wirtschaft berechtigte.

Er gab mir zu verstehen, daß er, nachdem dieser Punkt erreicht war, nichts anderes tun konnte als auf interne Spaltungen der Christdemokraten in Sizilien zu hoffen. Das hieß, er hoffte auf eine Unterstützung der weniger kompromittierten Exponenten der DC, die – wenn auch nicht aus edlen Motiven – ein Interesse an einer Schwächung mit ihnen rivalisierender Gruppen hatten. Es war eine leere Hoffnung. Die inneren Kämpfe – nur in wenigen Fällen von moralischen Instanzen inspiriert – sollten erst wieder nach seiner Ermordung ausbrechen. Vorher gingen selbst die kompromittiertesten Gruppen keineswegs aufeinander los, verbündeten sich sogar unter der Leitung ihres härtesten Kerns. Hier standen, vor den einzelnen Strömungen, die Spielregeln, und d. h. das mafiose Machtsystem, zur Disposition. Und diesbezüglich war die Geschlossenheit ehern. Ebenso ehern und total wie beim Leugnen jeglicher Verantwortlichkeit der Partei.

Trotz des Vakuums, das man um ihn herum erzeugte, war der Rahmen der Allianzen, die mein Vater aufzubauen gewußt hatte, sehr weit; Allianzen mit denen, die zumindest zu ihm hielten: der Staatspräsident, die palermitanische Kirche, die Liberale Partei, die Sozialisten, der PCI und die Gewerkschaft (letztere mit Überzeugung und Tatkraft auch in Sizilien), ein Gutteil der nationalen Presse. Dazu einzelne Exponenten der Christdemokraten. Und natürlich die vielen rechtschaffenen Leute von Palermo, vor allem die Jugend. Der Kontrast war schon sehr beeindruckend, der da bestand zwischen dem Vakuum, das man mit Hilfe der konkreten Fakten schuf, und der Weitläufigkeit der Allianzen, die sich da ergaben, und die mein Vater mittels seiner Glaubwürdigkeit und seiner Hartnäckigkeit innerhalb weniger Monate und unter derart widrigen Bedingungen zu schaffen vermocht hatte. Eindrucksvoll war es deshalb, weil es unmöglich erscheint, daß sich ein Präfekt trotz all dieser Bündnisse alleine fühlen kann, daß er um sich herum verbrannte Erde fühlt – so als ob da jenseits einer Ansammlung von Kräften, Symbolen und Gesichtern eine viel konkretere und tödlichere Macht wäre, die einzige, die zählt, und die ihr Gesetz allem anderen aufprägen kann. Beeindruckend auch, weil der perfide Mechanismus der Mafia hervortritt: um den Feind zu besiegen, sucht sie sein Prestige und seine Glaubwürdigkeit anzugreifen, so daß jeder Schritt des erwählten Opfers in Richtung auf Wiedergewinn seiner Glaubwürdigkeit und seines Prestiges in Wirklichkeit ein Schritt näher zu seinem Tod ist. Darum glaube ich auch weiterhin, daß mein Vater nicht deshalb ermordet wurde, weil er alleine war, sondern vor allem, weil er eben nicht mehr alleine war.

Als wir unser Gespräch unterbrachen und er wegging, um an den Hausseiten Bäume einzusetzen, wurde ich von dem angsterfüllten Gedanken befallen, daß es ihnen diesmal gelingen könnte, ihn umzubringen. Aber während mir angesichts der schrecklichen Vorstellung dessen, was geschehen könnte, die Tränen kamen und ich mir ständig wiederholte, daß ich dafür sorgen würde, daß diese Schweine bezahlen werden, wenn sie es versuchen sollten, tröstete ich mich mit einer logischen oder wenigstens logisch erscheinenden Überzeugung: Nein, sie können es nicht tun; wie könnten sie, wo sie doch vier Monate lang im Rampenlicht standen? Auf dem Verbrechen stünde ja quasi die Unterschrift. Jeder würde sofort seine Herkunft erkennen. In Wirklichkeit habe ich dabei, unbewußt, denselben Fehler gemacht wie der arme Ambrosoli. Auch er hatte einem Freund anvertraut (»Corriere della sera«, 20.5.1984): »Es ist derart offensichtlich, daß ein Attentat auf mich nur von Sindona kommen könnte, daß Sindona das nicht wagen würde.« Ich habe mich, wie er, geirrt – weil ich damals noch keine

Ahnung von der Macht hatte, vom Staat und der Presse, der weitverbreiteten Feigheit. Weil ich dachte, daß es für eine »lese- und schreibkundige« Gesellschaft selbstverständlich sei, eine Unterschrift zu lesen. Tatsächlich hat mich gerade diese Fehleinschätzung davon abgehalten, meine Befürchtungen Emilia oder meinen Schwestern Rita und Simone mitzuteilen, auch wenn sie vielleicht dasselbe dachten. Mein Vater jedenfalls fuhr fort, sich nicht nur zu verteidigen, sondern auch weiter zu ermitteln. Zu Emilia sagte er vor ihrer Abreise nach Mailand: »In ein paar Wochen werdet ihr mir Beifall spenden.« Er deutete etwas von Schiebereien nach den USA und Kanada an, aber nur sehr vage. Auch während des Terrorismuskampfes erfuhren wir, selbst wenn er bei uns zu Abend aß, nur aus dem Fernseher etwas über seine Operationen. In jedem Fall aber sollten seine Andeutungen zeigen, daß er nicht bereit war zu resignieren. Es schien vielmehr so (wie wir nach dem Mord erfuhren), als ob am 7. September schließlich doch noch die Koordinationsbefugnisse auf ihn übertragen werden sollten, d. h., daß er nun doch an seinem »Startloch« angelangt war.

So brachen die beiden letzten Tage des Aufenthaltes in Prata an. Ich blieb noch einige Zeit, um mich um Carletto zu kümmern, damit er nicht die letzte Augustwoche in Mailand verbringen mußte. Am vorletzten Vormittag bat mein Vater mich und meinen Schwager, ihn bei einer Fahrt in die Umgebung zu begleiten. Er zeigte uns die drei Stücke Land, die er von meinem Großvater geerbt bzw. die er gekauft hatte und die in einiger Entfernung vom Haus lagen; sie waren voller Gestrüpp, Haselnußstauden und so weiter; aber er wollte, daß wir wissen, was uns gehörte.

Früher hatte er das nie getan; darum machte es mich betroffen. Ich versprach ihm, nun, da ich aus dem Gröbsten heraus war, zwei oder drei Millionen Lire pro Jahr zu den Unkosten beizutragen. Es war nicht recht, daß er das alleine aufbrachte. Als ich ihm das sagte, lächelte er liebevoll; vielleicht – sicher weiß ich es nicht – hatte ich ihm damit das Gefühl gegeben, daß die Familie fortdauere; das waren Dinge, an denen ihm sehr viel lag. Er sprach über Emmanuela, über seine Angst, daß sie alleine bleiben könnte, wenn ihm etwas zustoßen würde; daß er ihr aber keinerlei Gefahr verheimlicht hatte, ehe sie heirateten, und daß sie von sich aus ihm hatte folgen wollen.

Am Tag danach machte ich mit Carletto einen Spaziergang. Wir hatten beschlossen, Emmanuela ein Körbchen Brombeeren zu bringen, die sie gerne naschte. Das Körbchen brachten wir allerdings nur halbvoll nach Hause, weil Carletto sie auf dem Weg bereits aufzuessen begonnen hatte. Bei der Rückkehr traf ich meinen Vater an der Kurve, die die Straße vor unserem Haus machte. Er ging mit den Händen in der Tasche auf und ab, sichtbar besorgt. Ich schickte Carlo ins Haus und blieb stehen, wollte wissen, was los sei. Er sei besorgt, sagte er mir, weil er nichts von dem Treffen mit De Mita höre. »Und dabei ist Nusco doch nur einen Katzensprung von hier entfernt«, setzte er hinzu. Vielleicht hatte der Senator keinen Kontakt mit ihm bekommen? Oder hatte De Mita keine Zeit? »Ein Parteisekretär, der unter solchen Umständen erfahren hätte, daß ihn der General dalla Chiesa treffen wolle, wäre sogar aus dem Ausland herbeigeeilt«, sagte mir ein Minister einige Monate danach. Wir werden wohl nie erfahren, ob es dem Senator gelungen war, sich in dieser Woche mit De Mita in Verbindung zu setzen, oder nicht. Schwerlich zu glauben jedoch, daß der Senator die Verantwortung auf sich genommen hätte, seinen Parteisekretär nicht zu informieren; und ebenso kaum zu vermuten, daß es ihm nicht gelungen wäre, denn De Mita war bis zum 20. wegen der Regierungskrise in Rom und war auch für die Journalisten dort erreichbar; am Samstag, den 21., fuhr er, ohne besondere Vorhaben, in Urlaub. (»Il Giorno«, 22. August 1982). In diesem Augenblick erschien mir mein Vater in seiner natürlichsten und authentischsten Verfassung, allem voran Carabiniere, Staat, pflichtbewußt – in seinem ganzen Sein. Er formulierte einen Satz, der mir all seine letzten Entscheidungen von sich aus erhellte.

Wir gingen ins Haus, setzten uns ins Wohnzimmer im Erdgeschoß. Ich versuchte ihn zu trösten, soweit ich konnte, und wollte ihn etwas aufmuntern. Aber ich machte das völlig falsch. »Was hättest du denn von De Mita allenfalls bekommen können?« fragte ich etwas pleonastisch. »Hast du etwa gemeint, er würde sich auf deine Seite stellen? Und du«, fügte ich grinsend hinzu, »was hättest du ihm denn deinerseits anbieten können, einen Austausch Mafia-Camorra?« Eine unglückliche Bemerkung, nicht nur bezüglich De Mita, sondern vor allem für ihn; er lachte auch nicht. Also nahm ich ihn am Arm, blickte ihm mit aller Solidarität, die ich ihm in diesem Augenblick geben konnte, in die Augen und sagte: »Vater, woher nimmst du den Mut, in Palermo zu bleiben?« Er sah mich fest an, und dann drückte er mit seiner militärisch-traditionalistischen Sprache einen Gedanken aus, der mein Leben verändern sollte. Er sagte zu mir: »Nando, es gibt Dinge, die man nicht aus Mut vollbringt. Man tut sie, damit man auch weiterhin ruhig in die Augen seiner Kinder und seiner Enkel blicken kann.« Dann setzte er hinzu: »Es gibt zu viele rechtschaffene Leute,

123

zu viele namenlose Menschen, die mir vertrauen. Ich kann sie nicht enttäuschen.«

Es war vielleicht mehr Erschütterung als Bewunderung, was in mir blieb; in meinem Kopf überschlugen sich die Gedanken. In der Zeit der Studentenproteste hatte gerade er, mein Vater, mir einen Staat repräsentiert, von dem ich nichts wissen wollte, und ich war ihm allenfalls affektiv verbunden – mit der Entschuldigung, die jeder von uns für seinen Vater, Bruder oder seinen Sohn ins Feld führt, daß er nämlich »in gutem Willen handelt« –: und nun wurde gerade dieser Mann für mich, den Sohn und Bürger, zum Symbol der Gerechtigkeit, zum Symbol der Gesellschaft, die ich mir wünschte.

Am Nachmittag, als wir auseinandergingen und noch viel über seine Enkel lachten, die wir beim Pinkeln in den Rosenhecken fotografiert hatten, vermochte ich nicht, ihm die Phrasen zu sagen, die sich Verwandte zurufen, wenn sie sich trennen. Ich wünschte ihm nur das Beste, was ich ihm wünschen konnte: »Gute Arbeit, Vater« – während der Wagen losfuhr und er sich aus dem Fenster beugte, um uns mit seinem zarten Lächeln zu grüßen. Ich sollte ihn nicht mehr wiedersehen. Aber dieses Lächeln, ein wenig traurig, bleibt in meinem Denken tief eingeprägt.

Ich zog zeitig los; in der Presse verfolgte ich die weitere Entwicklung der Auseinandersetzung. Während auf der einen Seite die sizilianischen Industriellen die Regierung auf die Gefahren hinwiesen, die durch die mafiose Eskalation für die lokale Wirtschaft entstehen, versuchte man andererseits nun auch die von Rognoni gemachten Zugeständnisse hinsichtlich der Koordinierung der Ermittlungsdienste zurückzunehmen. Die Regierung ging nun selbst aus der Deckung. Es war der Staatssekretär im Innenministerium, der sich in einem Interview zu Wort meldete, das in der Nummer 36 von »Il Mondo« erschien (mit Datum vom 6. September 1982, aber wie üblich schon einige Tage vorher am Kiosk). Eine sehr bezeichnende Persönlichkeit: Angelo Sanza, der im Juni 1983 dann in eine erbauliche Episode politischer Sitten verwickelt war: die Verbreitung eines Wahlplakats in der Region Basilicata mit der Aufforderung, die Seilschaft »Colombo – Sanza – Sissini« zu wählen, mit dem Versprechen »…und du hast überall Zugang« (Fotoreproduktion des Plakats in »L'Unità« vom 9. Juni 1983). Gut, er war innerhalb der Regierung für die Angelegenheiten der Polizei zuständig. Und er war in der Regierung der Mann De Mitas. Und so schwerwiegend das Schweigen des DC-Parteisekretärs war, so schwer wogen andererseits die Worte des Staatssekretärs.

Worte von äußerster Klarheit: er bestätige, sagte er, »die Worte des Ministers« – stattdessen aber fegte er sämtliche Illusionen vom Tisch, die aufgrund der von Rognoni vorangetriebenen Vorschläge für eine Koordinierung der Ermittlungsbehörden entstanden waren.

»Dalla Chiesa«, bekräftigte Sanza endgültig, »wurde nach Palermo entsandt, weil man seine Fähigkeit zur Ermittlung und zur Verbrechensbekämpfung kennt. Seinen Anträgen bezüglich der Anzahl und der Qualität der Beamten wurde seitens der zentralen staatlichen Einrichtungen stattgegeben. ... Dalla Chiesa können keine außerordentlichen Vollmachten übertragen werden, ohne geltende Vorschriften zu brechen. Die Verbrechensbekämpfung wird auf zentraler Ebene koordiniert; es kann keine Koordinierung von der Peripherie aus geben. Dalla Chiesa kann nicht in Palermo Aufgaben haben, die den Zentralorganen zukommen. Wir glauben, daß wir über angemessene Instrumente zur Bearbeitung des Problems verfügen, vom Koordinationskomitee für die öffentliche Ordnung und der nationalen Sicherheit und den spezialisierten Einrichtungen der Kriminalpolizei bis zu den Versammlungen der Präfekten und Polizeichefs der von der Mafia besonders betroffenen Provinzen.« Ein Reigen von Scheinheiligkeiten; und damit noch nicht genug. Die Mafia ist, wie immer, »Delinquenz« und »Kriminalität«. Im Ministerium verfügt man über alle Instrumente zur Bearbeitung der Sache. Kein Zweifel – man braucht sich nur die Ergebnisse anzusehen. Und wenn im Bürokratenjargon der Begriff »Peripherie« formal nicht zu beanstanden ist, macht er in diesem Zusammenhang Palermo am Ende ganz eindeutig zur »Peripherie« des Kampfes gegen die Mafia. Derart, daß beim Spitzengespräch über den Antimafia-Einsatz, das am 2. September in Rom stattfand, der Name dalla Chiesa nicht ein einziges Mal fiel (»Giornale di Sicilia«, 3. September 1982).

Die Botschaft, die Sanza verbreitete, war schroff und präzise. Nämlich: »Dalla Chiesa ist ein Präfekt wie die anderen auch; er hat keine zusätzlichen Vollmachten und wird auch keine haben.« Die Botschaft besagte Verschiedenes. Erstens, daß das DC-Parteisekretariat Rognoni mißbilligte und das Maß an Feindschaft und Aversionen festsetzte, mit dem Rognoni zu arbeiten hatte. Die Position des Sekretariats war völlig klar: Die Regierung durfte hinsichtlich dalla Chiesas nicht bei ihrem im April übernommenen Engagement bleiben. Das Diktat einer Partei über die Regierung. Die Partei setzt sich über den Staat. Der zweite Inhalt der Botschaft war meiner Meinung nach noch gravierender. Bedenkt man, daß dieses Interview in einem ganz bestimmten

Moment kam, in einer überaus lastenden Atmosphäre, bedeutet diese Erklärung nichts anderes als den »Daumen nach unten« zu drehen: sie setzte einen Maßstab für die in manch regierungsamtlichem Verhalten erkennbare Ermutigung zum Mord. Was signalisierte es denn den mächtigen Mafiosi, die da in Presse und Parlament so kräftig auftrumpften, wenn man Formulierungen verwendet wie: »Dalla Chiesa ist ein Präfekt wie die anderen auch«? Es hieß ganz einfach: Dalla Chiesa ist nicht der höchste Repräsentant des Staates Sizilien, der Staat ist nicht er, die Auseinandersetzung ist nicht eine Auseinandersetzung mit dem Staat; oder zumindest in keinem höheren Maße, als es bei verschiedenen anderen Beamten der Fall wäre. Es bedeutete nichts anderes, als daß sich der Staat, wenn dalla Chiesa angegriffen wird, nicht ins Herz getroffen fühlt, daß er keine Verpflichtung zum Krieg gegen die Mafia spürt. Und wenn mich nicht alles täuscht, hat diese Botschaft (deren Bedeutungsträchtigkeit weder der kommunistischen noch der neofaschistischen Aufmerksamkeit entging, auch nicht dem Partei-Vize-Sekretär des PSI, Claudio Martelli, der oft darauf zurückkam) offene Ohren gefunden.

So eindeutig war diese Botschaft, daß die Arbeitskammer von Palermo am 1. September eine Verlautbarung veröffentlichte, die nichts anderes als eine offene Anklage darstellt: »Das Wachstum der Mafia in diesen Tagen gründet objektiv in den manifesten Schwierigkeiten bei der Koordinierung der Antimafia-Aktivitäten seitens der Staatsorgane, sowie in den Polemiken aus Regierungskreisen, die auf die Existenz einer wahren ›Verhandlungsfraktion‹ schließen läßt, die den Koordinierungsarbeiten Hindernisse aufbaut und die Mechanismen der mafiosen Macht nicht angehen will.«

Auch mein Vater setzte seine letzten Reserven ein. Er knüpfte weitere Pressekontakte. In einem Artikel des »L'Europeo« vom 30. August 1982, der jedoch nicht in Form eines Interviews erschien, werden die Namen seiner Feinde in Sizilien genannt. Es sind dieselben, die er im Interview mit Bocca, der niederträchtigen Instrumentalisierung angeklagt, nennen sollte. In diesem Artikel kommen vor die Namen von Salvo Lima, Vito Ciancimino, Mario D'Acquisto, Nello Martellucci, Rosario Nicoletti. Außer Nicoletti alles Andreottianer. Die Situation war derartig schwierig geworden, daß die Autoren des Artikels mit unbewußter schrecklicher Prophetie kommentieren: »Dalla Chiesa ist offenbar außerhalb Siziliens gargekocht und zum Fraß präsentiert worden.« Es war in der Tat ein völlig ungleiches Duell – wie unter bestimmten Bedingungen jedes Duell ungleich ist zwischen jemandem, der das Gesetz verwendet und einem, der die Kalashnikov benutzt.

Mein Vater und Emmanuela verbrachten die letzten Augusttage im Haus von Simona in Catanzaro. Ich hörte, daß er auf mich geschimpft hatte, weil ich noch nicht mit Carletto nach Mailand zurückgekehrt war und damit meine Frau Emilia, im fünften Monat schwanger, alleine gelassen hatte. Vielleicht hatte er recht, aber die Einmischung ärgerte mich, und am Telefon war ich ihm gegenüber deshalb auch recht kurz angebunden. Simona sagte mir, daß er sich danach schlecht gefühlt habe. Am Abend danach seien sie dann allerdings in recht glücklicher Stimmung abgereist, er und Emmanuela. »Ich freue mich sehr über sie«, sagte mir Simona. »Wenigstens ist er, nach so vielen Jahren, nicht mehr allein.«

VII

DER 3. SEPTEMBER

Am ersten September befinde ich mich in Cupra Marittima, einem kleinen anmutigen Ort in den Marken, an der Adria. Ich bin Gast bei meiner Tante Luisa. Am Tag danach werde ich nach Mailand zurückkehren. Ich möchte die letzten Sommertage zum Baden mit Carletto ausnutzen. Aber das Wetter ist nicht auf unserer Seite. Grauer Himmel und frischer Wind lassen die Wassertemperatur auf unfreundliche Grade absinken. Carlo bleibt mit den Vettern am Strand zum Spielen. Ich setze mich auf einen Steinsockel von der Sorte, in die man Sonnenschirme stecken kann, und lese. Ich habe die »Chronik eines angekündigten Todes« von García Marquez in der Hand, die ich im Haus in einer Kommode gefunden und ohne große Hoffnung auf seine Lektüre mitgenommen habe. Stattdessen lese ich es auf einen Zug durch, finde mich unbewußt in diesem Drama wieder. Verfolge voller Erregung den unvorstellbaren Fall des Santiago Nasar, der hier den Romanhelden abgibt. Ich weiß nicht, warum; aber ganz sicher kommt mir keiner der Fälle in den Sinn, die ich eben miterlebe.

Einige Zeitungen sollten später die Rekonstruktion der letzten Tage meines Vaters unter Anlehnung an diesen Buchtitel überschreiben. Ich lese das Buch, als wäre ich in einer anderen Welt. Verliere die Kinder aus den Augen, bleibe stattdessen sitzen, verfolge die grauen Wolken und werde von einer unerwarteten Traurigkeit erfaßt. Ich denke nicht an meinen Vater. Ich denke an meine Mutter, an ihren Tod, der mir immer so ungerecht erschienen war, und der mich innerlich zerfetzt und gleichzeitig in Aufruhr versetzt hatte. Zwei Tage bevor der Infarkt sie lähmte, hatte ich einen schlimmen Traum. Es war bei einer Demonstration, die üblichen Farben, die üblichen Sprechchöre. In einer Demonstrantengruppe, bei der auch ich war, hatte jemand eine Pistole hervorgezogen und zu schießen begonnen. Ich versuchte fieberhaft, ihm die Hand niederzudrücken und die Pistole zu entreißen, aber er schoß weiter. Dann, aufgrund eines unerklärlichen Bildwechsels veränderte sich die Szene. Ein Bündel Blumen, neben einen Steinbrocken auf die Erde gelegt, auseinandergerissen, und daraus floß ein Blutstrahl. Dann kam eine Menge von Leuten in Trauer daher und näherte sich der Kaserne von Turin, wo mein Vater mit meiner Mutter wohnte. Ich wachte auf, fuhr hoch, und war sicher, daß dieser Traum etwas bedeutete. Dann wartete ich auf das Morgengrauen, um meinen Vater anzurufen und ihm zu sagen, er solle heute nicht dorthin gehen, wohin er vorhatte zu gehen. Ich tat es dann doch nicht. Wenn nun ich es wäre, der ihn gerade dadurch in ein Attentat hetzte? Ich quälte mich mehr als eine Stunde, dann beschloß ich, nicht anzurufen. Aber ich verbrachte den Tag voller Angst, und am Abend fuhr ich nach Turin. Wir redeten im Wohnzimmer bis Mitternacht miteinander. Glücklich ging ich ins Bett. Ich habe mich geirrt, dachte ich. Aber am Tag danach starb meine Mutter, nach Jahren der Angst und der Anspannung, in denen sie jedes Telefonklingeln, jede nächtliche Nachrichtensendung im Fernsehen zerrüttet hatte, weil sie dadurch erfahren hätte können, daß etwas passiert war...

Bei der Beerdigung nannte sie der Militärseelsorger »das schweigendste aller Opfer des Terrorismus«; dieses Bild war es dann auch, das mir mit einigen Tagen Verspätung den wahren Sinn dieses Traums enthüllte. Gerade sie, das süßeste Geschöpf, das ich je gekannt habe, hatte den höchsten Preis des Terrorismus bezahlt. Eines Terrorismus, den wir in unseren eigenen Reihen haben wachsen gesehen, aus unserer eigenen Hoffnung auf Veränderung, und der mich nun in meinen teuersten Gefühlen traf. Daran denke ich an diesem 1. September: an meine Mutter, an unsere Familie, die schon viel zuviel bezahlt hatte, seit Jahren, seit so vielen Jahren; und ich denke – ohne Groll, aber mit einer Art Melancholie – an einen Staat, der sich auf viele solcher Familien stützt, die im Namen aller und für alle die Gefahren schweigend auf sich nehmen, um seine Glaubwürdigkeit zu erhalten – die ein Trupp Lumpen jeden Tag in Stücke haut. Eine fast surreale Kombination: der Himmel, das Buch, meine Gedanken.

In der Nacht, fast vier Jahre nach dem ersten, habe ich einen zweiten Traum dieser Art. Zwei Menschen, die in ein Auto steigen, aber nie ankommen. Ich sorge mich, wieder. Ich möchte nicht abergläubisch sein, habe immer meine Rationalität verteidigt, eifersüchtig sogar; und so fahre ich dennoch mit Carletto los, auch wenn ich fürchte, daß der Traum uns beide betreffen könnte, die wir da im FIAT 126 nach Mailand zurückkehren. Ich bin in äußerster Anspannung. Wir kommen bei Sonnenuntergang an, ich hoffe auf ein erleichtertes Aufatmen. Der 2. September. Ich sehe meinen Vater im Fernsehen, in den Nachrichten, während seines Treffens mit dem Minister Formica (damals Finanzminister, PSI, A. d. Ü.), Stunden und Tage der Anspannung. Formica sollte kaum zwei Tage später sagen, daß »da in Palermo eine bleierne Atmosphäre war. Man fühlte, daß die Auseinandersetzung äußerst hart und bedrohlich sein würde«. Man sprach über den Bericht der Finanzpolizei bezüglich der Vermögenssituation von 3192 verdächtigen Personen. Mein Vater sollte programmgemäß ein oder zwei Tage später diesen Bericht bekommen. Er arbeitete und kämpfte mit seiner üblichen Entschlossenheit. Mich reut es, daß ich ein paar Tage zuvor so grob zu ihm gewesen war und rufe ihn daher an.

Ich spreche zuerst mit Emmanuela, dann mit ihm. Ich bitte um Entschuldigung, ohne Umschweife; er war im Recht. Er ist nicht ärgerlich, er spricht wie einer, der wohl größere Probleme hat; in gewisser Weise scheint er fast zu resignieren vor der unvorstellbaren Dimension, in die sein Leben da geraten war. Er erklärt mir voller Wärme, daß ich alles besser verstehen würde, wenn ich einmal erwachsene Söhne hätte. Dann fragte ich ihn, ob er nicht doch aufhören wolle. »Daran denke ich nicht einmal«, ist seine Antwort.

Mitte August hatte er den Journalisten, die ihn sprechen wollten, einen Termin für den 3. September genannt, den Tag, an dem fünf Monate seit seiner Nominierung vergangen waren. Wenn er mir am Abend des 2. September so antwortete, heißt das wohl, daß seinem Empfinden nach etwas in Bewegung gekommen war, oder daß er jedenfalls meinte, es könnte dazu kommen. Er hatte tatsächlich beschlossen, sich nicht zu unterwerfen.

Die Gegenseite stand, was die Entschlossenheit anbetrifft, nicht zurück. Auch sie hatte, möglicherweise symbolisch, den 3. September als »Termin« für ihn vorgesehen. Am Abend des 2. September hatte in den Räumen des Regionalparlaments eine Versammlung jener erhebenden Einrichtung namens »Komitee der bürgerlichen Solidarität für den Kampf gegen die Mafia« stattgefunden. Dort tauchten all die Trennungslinien bezüglich der Machtbefugnisse für meinen Vater wieder auf. Auf der einen Seite bekräftigte Michelangelo Russo, Regionalsekretär des PCI, daß es nötig sei, »diese Zweideutigkeiten ein für allemal zu beseitigen«, und er forderte, in direkter Polemik gegen Sanza, daß meinem Vater »Spezialaufgaben übertragen werden, die nicht identisch sind mit denen eines Präfekten von Palermo«. Der sozialistische Präsident des Regionalparlaments, Lauricella, stimmte der ministeriellen Entscheidung zu, wonach die Koordinierung auf zentraler Ebene erfolgen sollte. Aber er schlug vor, daß es mein Vater sein sollte, der »als Bezugspunkt der Koordinierung fungiert«. Die DC akzeptierte die Idee der Koordinierung auf provinzialer, regionaler und nationaler Basis und erkannte an, daß der Präfekt auf allen drei Ebenen »teilnehmen« sollte (was aber nicht besagte, daß er auf provinzialer Basis »leiten« dürfe). Auf jeden Fall sollte die nationale Ebene selbstverständlich am stärksten zählen: und daher sollte man sich ehrerbietig der Zentralregierung anvertrauen.

Für D'Acquisto – man mag es kaum aussprechen – barg die »Polemik um Namen die Gefahr einer Spaltung, die nur der Mafia nützt, und dies gerade zu einem Zeitpunkt, wo sich größeres Engagement und höhere Effizienz zu zeigen beginnen«. Er tischte also das übliche Repertoire von Gelegenheitsphrasen auf, vom Gespenst der »Spaltung« (wer wäre dann wohl auf Seiten der Mafia? Keiner?) bis zu der rituellen, aus solchem Mund ekelerregenden Aufforderung, die Mafia nicht zu begünstigen. Auf der anderen Seite muß man aber zugeben, daß er ja recht hatte: ein Streit wäre höchst unnütz gewesen – sollte doch dieser »Name« am Tag danach aus dem Weg geräumt werden.

Auf jeden Fall spricht D'Acquisto – um der Welt zu zeigen, daß er in der Tat nicht beabsichtigt, »die Mafia zu begünstigen« – am Tag danach, dem 3. September, mit großer Offenheit in der »La Republica«. Er teilt offiziell mit, es sei noch nicht ausgemacht, daß die Region die Steuereintreibung nicht erneut den Salvo übertragen müsse, schon alleine, weil der Staat selbst nicht ranwollte. Eine Bestätigung, die umso schwerer wog, als die Salvo für den Fall einer gegenteiligen Entscheidung bereits – wie dies in unserem Land üblich ist – öffentlich Vergeltung gegenüber dem Staat angekündigt hatten (und es hatte sich niemand eingebildet, daß diese Repressalien bloß darin bestehen würden, daß die Salvo von nun an keine Weihnachtsgrüße mehr an den Präfekten und den Chef der Finanzpolizei schicken wollten). Während D'Acquisto seine Position klarlegt, nimmt mein Vater Kontakt zu einem seiner vertrautesten ehemaligen Unteroffiziere auf. Er fragt ihn, ob er nach Palermo gehen wolle, sagt ihm, daß er Probleme mit seiner persönlichen Sicherheit habe, und daß die Sache dringend sei. Der Unteroffizier läßt seine Bereitschaft wissen. Für meinen Vater ist dies nur eine kleine Atempause. Gegenüber einem Journalisten, der mit ihm ein Interview vereinbarte (das er nicht mehr geben konnte), macht er seinem Herzen am Telefon Luft: »Die Dinge überstürzen sich«, bemerkte er im Ton einer letzten, dramatischen Anklage des zum Tode

Verurteilten, »leider bewahrheitet sich nun alles, was ich vorausgesehen habe. All das kommt jetzt ans Licht, was ich schon im Augenblick meiner Nominierung denen vorausgesagt habe, denen ich es pflichtgemäß mitteilen mußte.« (»Il Resto del Carlino«, 5. September 1982).

Zur gleichen Stunde ruft Vater Rita an. Merkwürdige Telefonate erreichen ihn. Da ist jemand, der sich mal als Journalist ausgibt, mal als Carabinieri-Major; ein anderer will wissen, ob Emmanuela da sei, aber auf die Frage seitens der Vermittlung, ob er mit meinem Vater sprechen wolle, legt er den Hörer auf. Vater ist unruhig, er macht sich Sorgen, und er läßt es Rita wissen. Waren es Kontrollanrufe? Dinge, über die man erst später Bescheid wissen sollte. Ich verbringe den Nachmittag in der Universität Bocconi, nehme Prüfungen bei den Tourismuskursen ab. Ein älterer Professor, Typ konservativer Grandseigneur, zeigt mir, wie sichtbar und klar allen das ist, was sich da abspielt. Mehr oder minder im Plauderton fragt er mich, warum mein Vater in seine Versetzung nach Palermo eingewilligt habe. Seiner Meinung nach, fügt er hinzu, haben sie ihn von Rom weghaben wollen, da war er ihnen im Weg; nach Sizilien haben sie ihn geschickt, um ihn in Gefahr zu bringen. Ich messe dem Gespräch keine große Bedeutung bei; auch wenn es mich etwas verwirrt. Ich verdränge es ständig. Sie können es nicht tun, es trüge ihre Unterschrift. Dann nehme ich an der Eröffnung des akademischen Jahres teil. In diesen Minuten telefoniert mein Vater mit Onkel Luigi; er bittet ihn, die Pläne für mein Haus in Mailand voranzutreiben. Typisch für ihn. Er war immer so gewesen: Auch in den schwierigsten Momenten hörte er nicht auf, an die Personen zu denken, die ihm lieb und teuer waren.

Und ebenfalls in diesen Minuten wird der Finanzminister Rino Formica nach einer Sitzung im Parlament von einer Meute sizilianischer Abgeordneter belagert, die ihn wegen seines Besuches auf der Insel vom Vortag zur Rede stellen, ihm drohen, er solle nicht übertreiben, solle den Bogen nicht überspannen. Für meinen Vater – den solcher Mob meiner Meinung nach wohl nicht auf diese Weise bedrängen hätte können – war der Bogen jedoch schon zerborsten. Emmanuela fährt, um ihn von der Präfektur abzuholen. Das ist keine Gewohnheit und hat auch nicht zu gewohnheitsmäßigen Wegstrecken (zwischen Wohnung und Präfektur, A. d. Ü.) geführt. Mein Vater war wiederholt fort. Er war am 1. September zurückgekommen, am 2. war der gesamte Tag durch die Ankunft des Ministers Formica durcheinandergeraten. Daß Emmanuela ihn abholte, war also keineswegs ausgemacht. Es war möglich, aber nicht unweigerlich so. In jedem Fall hat mein Vater gewisse Vorsichtsmaßnahmen getroffen. Er hat einen Tisch in einem Restaurant bestellt, das weitab liegt von der Präfektur; aber das Abendessen war in der Villa Pajna, seiner Wohnung, zubereitet. Emmanuela telefonierte mit ihrer Mutter und kündigte an, daß sie sich nach Hause begeben würde. Sie fuhren mit dem Autobianchi A 112 von Emmanuela los; dahinter, als »Leibwächter«, der Fahrer Domenico Russo. In diesem Moment begann die militärisch vorbereitete Aktion der mafiosen Meuchelmörder. Ich glaube aber nicht, daß sie von der unmittelbaren Nähe der Präfektur ausging. Der Carabiniere, der meinen Vater beim Landaufenthalt eskortierte, hatte mir erklärt, daß man die direkte Umgebung der Präfektur und der Villa Pajno stets unter Kontrolle habe. Also mußte die Information aus der Präfektur selbst kommen. Angenommen, das erste Motorrad der Mörder war etwas entfernt postiert und konnte erst mehrere hundert Meter vom Ausgang per Blickkontakt die Kontrolle übernehmen, so mußten die Häscher wissen, daß sie dem hellen A 112 folgen mußten, der da aus der Präfektur herauskam. Natürlich konnten sie über Sprechfunk in Kontakt mit dem anderen Motorrad und den beiden Autos stehen. Aber damit das Ganze auch koordiniert ablaufen konnte, mußten sie wissen, daß die Fahrt nach Hause ging. Klar ist, daß man alles von langer Hand studiert hatte. Das Treffen mit Formica hatte damit nichts zu tun. Es muß jemand anderer mitgemischt haben. Man kannte weder das Auto noch die Route. Entweder gab jemand Zeichen, als mein Vater das Büro verließ, oder jemand hat mitgehört, als Emmanuela am Telefon zu ihrer Mutter sagte »wir fahren jetzt heim«; oder – noch wahrscheinlicher – beides zusammen.

Daß »Infiltranten« in der Präfektur waren, ist bekannt. Ich verwende die Anführungszeichen, weil der Begriff Infiltrant das Nichtbekanntsein seiner Identität voraussetzt. Aber schon mein Vater hatte die Verwandtschaft jener zwei Reinigungsarbeiter aufgedeckt; und er hatte auch vorgesehen, daß einige Personen ersetzt wurden, wenn es um vertrauliche Aufträge ging. Er kannte das Ambiente und ging auf Nummer sicher. Aber er hatte noch nicht die Zeit gehabt, reinen Tisch zu machen. (Und wie hätte er später Zeit dafür finden sollen?) Unvorstellbarerweise war z. B. Antonio Miceli in der Präfektur angestellt – der Bruder des berüchtigten Joseph Miceli Crimi, des Arztes, der Sindona (und schon wieder dieser Name...) zur Zeit seiner fingierten Entführung beherbergt hatte. Unsäglicherweise arbeitete Miceli noch dazu im Büro zur »Rehabilitierung Strafgefangener«. Dann war da auch noch Ciro Lo Proto, DC-Ortssekretär von Marineo, ein Neffe des Mafia-Bosses Vincenzo Catanzaro, der seinerseits wieder in die Ermittlungen des Oberst Russo verwickelt war. Und noch einige mehr, von denen manche ein paar Monate danach von De Francesco (dem Hochkommissar, A. d. Ü.) versetzt werden sollten.

Angesichts der Vorgänge vom August und auch angesichts dessen, was später beim Prozeß Chinnici (des 1983 ermordeten Richters, A. d. Ü.) herauskam, schließe ich aber tatsächlich auch eine bedeutende Rolle einiger zwielichtiger Gestalten in der Quästur nicht aus. Tatsache ist, daß – Aufgabe der Quästur – die Route nicht überwacht wurde. Da gibt es Stimmen in gewissen Kreisen, daß der Präfekt »Dezember nicht erreichen wird«, aber die Fahrtroute liegt völlig unbewacht da; es schiene zu altmodisch, sie zu besetzen. Modern wie sie sind, sind alle damit beschäftigt, die Bankkonten der Mafiosi zu kontrollieren. Mein Vater sitzt im Kleinwagen, weil er auf das Überraschungsmoment zählt. Wer ihn ermorden wollte, würde mit einem gepanzerten Polizeiauto rechnen – auch wenn da ein Panzerauto wäre, könnte er durchschießen: tatsächlich wird beim Überfall dann eine Waffe benutzt, die Panzerglas durchschlagen kann. Für meinen Vater ist, wie damals beim Terrorismus, die Tarnung wichtig. Diesmal aber gelingt ihm das nicht. Und, anders als in Turin und Mailand, wo ihm seine Beamten auch unter Inkaufnahme von Tadel die Straße absicherten, ist hier niemand.

Sie bringen ihn schlimmer als einen Hund in der Via Carini um. Auch Domenico Russo, der im wütendenden Rattern der Kalashnikovs heldenhaft aus seinem Auto springt, um ihn zu verteidigen, wird nach einer Woche Koma sterben. Ich weiß nicht, wie es genau passiert ist, ich habe es nie gelesen und wollte es auch nie wissen. Nicht nur, weil mir nichts an den Mördern liegt, selbst wenn es sich dabei um die Bosse selbst handeln sollte. Vielmehr, weil ich nichts über den Augenblick seines Todes, des Todes der beiden, wissen will; nichts von den Schüssen, dem Blut und ihren qualvollen letzten Momenten. Ich weiß, daß er Emmanuela zu schützen versucht hat, daß er wohl nicht geglaubt hat, daß jemals auf sie geschossen würde. Ich weiß, daß er gestorben ist mit dem Kopf gegen die Windschutzscheibe gelehnt: die einzige Art und Weise, auf die diese Mörder ihn zum Senken seines Hauptes bringen konnten: das Zeichen, daß er nicht nur ein gefährlicher Mann war, sondern auch ein ehrenhafter; daß die Erpressungen und die Lügen gegen ihn nur nasses Schießpulver waren, das nicht zündete.

Und ich weiß, daß nach dem Mord eine dieser Bestien – nein,

schlimmer, hundertmal schlimmer: einer dieser Mafiosi – sie noch einmal beschossen hat, ins Gesicht. Ein arabisches Sprichwort sagt, daß bei einem Menschen, dem man das Gesicht entstellt, auch die Seele stirbt. Mir ist diese Legende immer im Gedächtnis geblieben. Schmach sollte es sein, wieder die Schmach: für ihn, der es gewagt hatte zu rebellieren; und für seine neue Gemahlin. Ich habe dich für immer zerstört, General dalla Chiesa, dich und deine Familie. Ich habe dich und deine Frau entstellt und eure jugendlichen Anwandlungen. Ich weiß nicht, ob diese Legende wahr ist, aber seit ich erfahren habe, daß sie noch aus dem Stand gegen sie gewütet haben, war mir klar, daß ich mich niemals damit abfinden können würde, daß der verfluchte Henker – er und seine Spießgesellen – sagen konnte, er habe den General dalla Chiesa entstellt.

Freitag, 3. September, 21 Uhr zehn. Zu diesem Zeitpunkt höre ich Radiomusik. Das Fernsehen ist ausgeschaltet; es gehört zu meinen regelmäßigen Vorsätzen bei der Rückkehr aus dem Urlaub, künftig nicht mehr zuzuschauen. Emilia geht um zehn zu Bett, und ich bleibe noch im Wohnzimmer, um eine Zeitung zu lesen. Das Telefon läutet. Ein ganz normales Läuten. Aber da ist Giacomo dran, mein Vetter aus Parma. Ich fühle, daß seine Stimme verändert ist, so, als ob er etwas von mir erwarte. Ich sage mir vor, daß ich stark sein muß, sehr stark. Und da versagen mir die Beine den Dienst, ich kann mich nicht mehr halten, weiß nicht einmal mehr, wie ich es schaffe, nicht hinzufallen. Es vergehen Sekunden, die Jahrhunderte sind. Er übergibt an Luisella. Sie muß mir das Schreckliche gar nicht erst sagen: »Es ist passiert, was wir alle gefürchtet haben.« Ich brauche nicht mehr und weiß alles. Wie, schreie ich, wie? In Wirklichkeit liegt mir überhaupt nichts am Wie, am Wo, wer ihr es gesagt hat. Sie haben ihn und Emmanuela umgebracht. Das Herz zerspringt mir. Aus meinem Inneren löst sich ein erstickter, unglaublich hoher, ächzender Laut. Emilia kommt gelaufen und fragt, was passiert sei. Ich sage es ihr. »Vater ist tot.« Sie blickt mich mit leeren Augen an, sie versteht nicht. Ich winde es aus mir heraus: »Sie haben meinen Vater umgebracht.« Und während ich das sage, auf den Knien neben dem Telefon liegend, sage ich den schlimmsten Satz, den ich je zu sagen vermocht habe, tausendmal schlimmer, als jemals andere über das gesprochen haben, was da passiert ist. Daß ich diese Worte sagte, daß ich sie nicht von anderen ausgesprochen hörte, daß ich sie aussprechen mußte, das ist ein Stich, der mich bis zur Kehle aufreißt.

Ich lege den Hörer auf und verfluche Gott zehn, fünfzehn, zwanzig

Mal, immer lauter, halte meinen Kopf zwischen den Händen, damit er mir nicht birst. Sie haben es getan, diese Bastarde, sie haben es getan, sie haben ihn umgebracht. Und dieses Mädchen, auch dieses Mädchen haben sie ermordet. Ich schalte den Fernsehapparat ein und während ich sinnlos weine und herumlaufe wie in einem Käfig, kommt die Nachricht über den Schirm. Genau wie am Sonntag Nachmittag die Meldung kommen wird, daß Florenz gegen Udine 1:0 gewonnen hat. Kein offizieller Anruf bei uns. Auch nicht bei Simona; sie rief ihrerseits im Ministerium an, und sie antworteten ihr, daß es einen Unfall gegeben habe; ja, ja, alles in allem: sie haben ihn umgebracht. Kein Anruf bei Rita; sie wurde von einem Freund abgeholt, damit sie es nicht aus dem Fernsehen erfuhr. Kein Anruf bei Großmutter Maria, nicht einmal bei ihr; sie hörte es im Radio. Ich erfuhr später, daß die Telefonvermittlungen im Ministerium heißgelaufen waren. Aber kein Anruf bei den Kindern des Generals. Für sie genügt das Fernsehen. Das ist ja schließlich auch staatlich.

Ich gehe ins Zimmer von Carletto; mein lieber, lieber Junge: er schläft und weiß von nichts. Zum ersten Mal rufe ich ihn bei seinem vollen Namen; ich umarme ihn, flüstere ihm mit verzweifelter Zärtlichkeit zu: »Carlo Alberto dalla Chiesa«. Kleiner Liebling, du siehst Schmetterlinge und Kirschen und entdeckst so die Welt: Heute haben sie deinen Großvater ermordet. Tante Rita kommt, auch Giorgio, Bisi, Maurizio, alte Freunde aus der Zeit im Internat Bocconi; sie wollen bei mir sein. Nicole kommt, andere Genossen aus der Studentenbewegung sind da; sie haben es beim »Festival dell'Unità« gehört. Dann Oberst Vitale, der Kommandant der Carabinieri-Legion, der Präfekt Vicari, ein alter Freund meines Vaters und seinerseits Vater meines Freundes Salvio. Es ist merkwürdig: ein wenig beginne ich zu verstehen; ich weine, verzweifle; aber ich verstehe. Merkwürdig auch, den Fidel-Castro-Bart Bisis zu sehen und daneben die Schulterstücke des Oberst Vitale. Aber das ist eben meine Geschichte, meine Vergangenheit, über die ich selbst oft hatte lachen müssen – zusammengesetzt aus Personen so verschiedener Herkunft; aber es ist eine saubere Geschichte, eine von der anderen Seite.

Dann kommt der Zusammenbruch. Ich fühle mich übel, vermag mich nicht mehr auf den Beinen zu halten. Viele Stunden lang erinnere ich mich nur noch an durcheinanderjagende Gesichter, Anrufe über Anrufe, und alle ließen mich wissen, daß sie es aus dem Fernsehen erfahren hatten. Niemand, natürlich, aus Palermo oder Rom, der uns verständigt hätte. Ich werde gefragt, ob ich noch in der Nacht nach

Palermo fahren will, mit den Eltern von Emmanuela. Ich fühle starken Widerstand dagegen in mir; nein, ich werde nicht fahren. Ich habe Angst vor diesem verfluchten Flughafen, Angst, in der Nacht in Punta Raisi anzukommen; wirklich wahr. Aber vor allem, damit diese Schweine nicht die Befriedigung bekommen, daß wir Kinder unseren Vater in dem Zustand sehen, in den sie ihn zu zerstückeln versucht hatten. Wir drei Geschwister konnten nicht miteinander sprechen, aber instinktiv haben wir alle drei so gedacht. Nein, sie haben ihn nicht entstellt – ich will es nicht sehen. Dafür sorgte freilich dann »Panorama« am Montag darauf, als dieses schreckliche Schauspiel auf der Titelseite abgedruckt wurde; aber ich sehe dies alles nur verschwommen. (Was die Sensibilität mancher Journalisten nicht fertig brachte, schaffte jedoch die Mitmenschlichkeit meiner Zeitungsfrau, die in dieser Woche »Panorama« unter anderen Wochenmagazinen versteckte) Oberst Vitale vereinbart mit mir den Flug nach Palermo für den folgenden Morgen. Allmählich verabschieden sich alle; auch Emilia geht ins Bett. Ich habe nicht den geringsten Zweifel, daß dies alles ein Alptraum ist. Eine andersartige »Normalität« zeichnet dieses leere nächtliche Haus. Ich gehe nicht ins Bett. Ich weiß, daß ich von Vater träumen würde, und wenn ich aufwache wäre es – wie es dann noch so oft geschehen sollte – als ob er mir noch einmal ermordet würde. Nicole bleibt bei mir. Eine Nacht des Irrsinns, im ausgebleichten roten Hemd und in Jeans auf dem Sofa, wiederhole ich ständig nur die paar Worte: »Armer Kerl, armer Kerl«, und: »Bastarde«. Dann zerreißt mich der Gedanke an Emmanuela, und es erscheint mir jenseits jeglicher Vorstellung, daß sie auch sie haben umbringen können. Sie haben sie ermordet, diese feigen Hunde. Wahrscheinlich werden sie jetzt einander zuprosten, es hat sich ja alles ganz leicht durchführen lassen. Das sind die Mafiosi.

Mir kommen all die Worte, die Gesten, die Belehrungen meines Vaters über Feigheit in den Sinn. Seit er mich als kleiner Junge verprügelt hat, weil ich aus Rache wegen eines »Übergriffs« einen Freund im Kasernenhof von hinten angegriffen hatte, gerade als mein Vater nach Hause kam. Ich dachte daran, wie er Mut auch bei seinen Feinden hoch schätzte: Nur eine unvorhergesehene Verpflichtung hat ihn davon abgehalten, hinzugehen und zum ersten Jahrestag einen Blumenstrauß an der Stelle niederzulegen, an der Mara Cagol umgekommen war (Linksterroristin, Ehefrau Renato Curcios, 1974 bei einem Feuergefecht mit der Polizei getötet, A. d. Ü.). »Die Mafia ist feige« – immer wieder hämmert dieser Satz aus seiner Rede in Ficuzza in meinem

Kopf. Gleichzeitig erfaßt mich ein angstdurchsetztes Gefühl der Befreiung; was wir jahrelang gefürchtet hatten, was uns all die Jahre geängstigt hatte, ist nun geschehen. Als ob ich am Rand eines Abgrundes hinge und plötzlich gezwungen würde loszulassen. Ich glaube, das entspräche ungefähr diesem Gefühl der Befreiung. Schlimmeres kann nicht mehr geschehen.

Als der Morgen graut, wird mir zum ersten Mal klar, daß Nacht und Tag absolut dasselbe sein können; ich gehe ins Schlafzimmer, um mich anzuziehen, und schon überfällt mich eine neue Beklemmung beim Anblick des Kalenders, den Carletto im Kindergarten gemacht hat: »Glückliches 1982, Pappi«. Ich muß dennoch hinunter. Giorgio und einige Carabinieri-Offiziere erwarten mich vor dem Haus. Ich komme am Flughafen an, wo sich auch eine Freundin Emmanuelas einfindet, die ebenfalls mit hinunterfliegt. Ich mache mir klar, daß uns alle beobachten, bemerke, daß ich zu meinem Bedauern in etwas geraten bin, das irgendwie »öffentlich« ist, eine Art tragischer Veranstaltung. Ich versuche darum, nicht zu weinen, aber mein Widerstand reicht nicht aus, und es zerreißt mich, als ich die Schlagzeilen der Zeitungen um mich herum sehe: »Dalla Chiesa ermordet«. Natürlich ist es nicht mehr nötig: aber es ist der Beweis, der härteste Beweis, der sicherste, daß alles wahr ist und daß es kein Zurück gibt, nicht einmal für eine Sekunde, um ihm Ciao zu sagen, ihm zu danken. Die Leute ringsherum sind erschüttert; die Ausdrücke, die Kommentare sind wüst. Im Flugzeug bringt mir ein Stewart einen Capuccino und sagt mir ein paar Worte, die mich zum ersten Mal das kollektive Ausmaß der Tragödie ahnen lassen: »Ich fühle auch als Bürger großes Leid; alle rechtschaffenen Menschen sind mit Ihnen.«

Auch im Flugzeug eine ununterbrochene Abfolge von Erinnerungen, Gedanken. Vor allem kommt mir immer wieder Palermo in den Sinn. Wie habe ich diese Stadt geliebt! Als wir mit unserer Familie dorthin umzogen, machte ich gerade die dritte Klasse Lyzeum. Ich war hingerissen von den herbstlichen Sonnenuntergängen; ich habe nie mehr solche gesehen, auch nicht in der Zeit von Rom. Die Geschichte des Carbonari-Geheimbundes habe ich voll und ganz auf unserer Terrasse studiert, habe mich dabei in den Ort verliebt, in seine Luft. Targhini und Montanari waren meine Helden. Ich war immer wieder dorthin zurückgekehrt. Dort hatte ich geheiratet, dort war mein Sohn zur Welt gekommen. Und dort haben sie meinen Vater ermordet. Nur dort kann man so ungestraft umbringen, nirgendwo sonst auf der Welt kommandieren die Mörder wie dort. Ich weiß, daß sich mein Vater, wenn er sich schlecht fühlte, weniger alleine fand, sobald er im Flugzeug saß. Er sagte, daß er sich beim Fliegen näher an unserer Mutter wähnte, vor allem abends; daß er sie, als junges Mädchen, wiedersah, wie sie auf der Mondsichel schaukelte. Mir ergeht das nicht so; ich fühle mich niemandem nahe, bin verzweifelt alleine. Und ich schwöre mir, daß ich auf diesem Flughafen nie mehr landen werde, daß ich nie mehr in diese Stadt, auf diese Insel gehen werden.

Dann kommen wir an. Ich habe keinerlei Erinnerung von dieser Ankunft; nur daß einer da war, der mich auf dem Flugplatz interviewen wollte. Ich glaube, daß mich ein Carabinieri-Offizier abgeholt hat, ein Freund, mit dem ich den Militärdienst abgeleistet habe. Die Stadt gibt es für mich nicht mehr. Dann bin ich in der Präfektur. Eine Präfektur aus Blei. Ich laufe zum Aufbahrungsraum, blicke niemanden an, ich vertrage niemanden aus diesem Ambiente, in dem mein Vater sterben mußte. Ich finde mich in einem Saal voller Menschen wieder: links zwei Särge, von Vater und Emmanuela, nebeneinander. Ich breche in Tränen aus, während mich alle fotografieren. Das Blitzlichtgewitter hört einfach nicht auf, ich bedecke das Gesicht mit den Händen; kurz danach tritt der Oberstaatsanwalt Pajno zu mir, um mir »Halt« zu geben. Mir Halt? Mir Halt? Und ihr, welchen Halt habt ihr? Aber ich denke nur: Ich kann es mir nicht erlauben zu explodieren. Vielmehr, ich kann es mir erlauben, aber dann werden sie sagen, ich sei verrückt, sie würden die Szene fotografieren. Diese Atmosphäre ist eher von Einschüchterung und Terror geprägt als von Scheinheiligkeit – und plötzlich begreife ich etwas Grundlegendes: daß ich das unterdrücken muß, was in mir ist, daß ich zur Vernunft zurückkehren muß, daß ich leiden und gleichzeitig vernünftig sein muß.

Ich kann nicht mehr. Ich gehe weg aus dem Saal, um in irgendeiner Ecke in Ruhe weinen zu können. Draußen sind sehr viele Menschen. Arbeiter in ihren Kitteln, elegante Herren, Jugendliche; fast alle weinen. Viele murmeln: »Aus. Alles aus.« Ein verbreitetes Gefühl, das ganz Italien bald danach auf einer anonymen Karte lesen wird, die irgendjemand in der Via Carini angebracht hat: »Hier ist die Hoffnung der rechtschaffenen Menschen von Palermo gestorben«. Dann begegnet mir Enzo. Er gehört zu den liebsten Freunden aus der Gymnasialzeit. Ich umarme ihn. Ich bin von der Atmosphäre schon so beklemmt, daß ich ihn um Entschuldigung bitte, weil ich weine. »Aber wann soll man denn weinen, wenn nicht in diesen Augenblicken?« bricht er seinerseits erregt aus. »Wir müssen herausbringen, wer es war«, sagt er mir, »wir müssen sie bekämpfen, wir dürfen uns nicht unterwerfen.«

In diesen Momenten allerdings kann ich den immensen Wert solcher Worte nicht verstehen. Ich schaue nur trostlos auf die Menschen, die da herkommen und eine Blume bringen, stumm dreinblicken oder ein Kreuz schlagen.

Viele hinterlassen schriftliche Botschaften: »Als Sizilianer tief beschämt und zutiefst dankbar diesem Mann, der sein Leben gelassen hat, um uns zu schützen«; »Ein Student, der von alledem angeekelt ist«; »Ich fordere eine Säuberung«; »Er verkörperte die einzige Hoffnung für Palermo«.

Ein erstaunlicher Gegensatz zwischen der Wut und dem Sinn nach Rebellion bei diesen Bürgern und der Angst der Politiker und Funktionäre. Als ob sie wüßten, wer es war; und daß dieser viel stärker ist als sie. Im Endeffekt waren sie alle gekommen, um uns – Rita und mir, Simona kam erst etwas später – den Rat zu geben, daß wir ruhig bleiben sollten, keine Kurzschlußhandlung begehen. Wir hatten ruhig zu bleiben, verstanden? Der Familienwürde zu Ehren. Alle sorgten sich um unsere Würde. Keiner sorgte sich um die Würde des Staates. Onkel Romeo war da. Er war in der Nacht noch gekommen und hatte Vater gesehen. Den Zutritt zu seiner Wohnung hatten sie ihm nicht gestattet. Aber sie hatten zwei Individuen hineingelassen, die offiziell dorthin gegangen waren und ein Leintuch geholt hatten, um die Leichen zuzudecken. Seit wann darf man ohne Erlaubnis der Verwandten ins Haus eines Verstorbenen gehen, um das Leintuch zum Zudecken zu holen? In Wirklichkeit ist das Ganze weniger mysteriös als es scheint. Einer der beiden, die da hineingegangen sind, war der Verwalter der Präfektur – den mein Vater seines Amtes enthoben hatte, weil er ihm nicht traute.

Wir sind verwirrt. Auch Tante Lydia kommt an, die Schwester unserer Mutter. Sie wohnt hier in Palermo, war aber in der Toskana in Urlaub. Da sind so viele Leute, Freunde, meine Schwager und Schwägerinnen, meine Vettern, alle helfen uns, geben uns aufrichtige Zuneigung, während unsere Kräfte schwinden. Aber das Problem liegt nicht darin, daß wir nicht ruhig bleiben können. Zwei Dinge sind uns, den Kindern, nicht entgangen: ein Kranz vor der Bahre meines Vaters mit der Widmung vom »Präsidialamt der Region Sizilien«; und daß die Generalsmütze auf dem Sarg fehlte. Rita ist wunderbar. Sie erkennt, daß ich derjenige bin, der am stärksten unter Kontrolle steht, daß alle von mir eine Kurzschlußhandlung erwarten; und so ist sie es, die den Kranz der Regionalregierung wegnimmt. Uns beiden war der Satz meines Vaters in den Kopf geschossen, den dieser einmal unvermittelt während einer Diskussion in Prata ausgesprochen hatte: »Bei den Verbrechen der Mafia kommt der erste Kranz immer von dem, der es in Auftrag gegeben hat.«

Auf jeden Fall war der Kranz eine Beleidigung, nach alledem, wie sie gegen ihn gearbeitet und ihn angegriffen hatten. Und wieder ist es Rita, die fordert, daß man die Generalsmütze auf den Sarg legen sollte. Wir nehmen es nicht bewußt wahr, aber wir wehren uns irgendwie gegen die Vorstellung, daß man das Bild des Generals dalla Chiesa auslöschen wollte; gegen die Kampagne des Lächerlichmachens vom Monat zuvor; gegen die Entstellung, die der Mord bedeutete. Als Rognoni ankommt, bricht die Menge los und schreit minutenlang »Du Hanswurst«. Man wird später sagen, daß auch ich es schrie. Das ist unwahr. Mir geht es um die Mörder, nicht um diejenigen, die es nicht zu verhindern wußten. Um nicht fotografiert zu werden, versuche ich so wenig wie möglich im Aufbahrungsraum zu bleiben. Selbst die Journalisten verstehen das; und insbesondere die befreundeten Journalisten lassen mich in Frieden, quälen mich nicht. Wir empfangen lediglich Pertini. Für mich ein schrecklicher Augenblick. Ich hatte stets höchste Wertschätzung für den alten Präsidenten; aber es gelingt mir nicht, ihn zu umarmen. Ich will nicht, nein, ich will das nicht. Es ist eine Szene, wie ich sie Dutzende von Malen im Fernsehen mitbekommen habe, eine dramatische Szene, eine Szene, die sich bei jedem Staatsbegräbnis abspielt; mit meiner Verweigerung gegenüber diesem letzten Akt der Regie versuche ich noch einmal die Illusion zu retten, daß es nicht wahr ist, daß nicht auch ich am Ende bei alledem angelangt bin.

Behördlicher Lokaltermin im Büro und in der Wohnung. Onkel Romolo verteidigt die Privatgegenstände Vaters. Wir vertrauen niemandem sonst, fühlen uns alleine auf uns gestellt. Die Atmosphäre ist von unvorstellbarer Feindseligkeit. Die erste Aufgabe ist, familiär alles in Ordnung zu bringen. In der Wohnung finden Onkel Romolo, ich und Paolo – der Bruder Emmanuelas – den gedeckten Tisch, zu dem sie nicht mehr zurückgekehrt sind; auch dies die hundertste Bestätigung, daß sie tot sind. Der Safe muß geöffnet werden; aber der Schlüssel findet sich nicht. Wir suchen ihn in allen Kästchen: sie sind alle leer. Vier Tage später sollten wir ihn wieder finden, in einer kleinen, ansonsten leeren Kassette, in die wir schon vorher geschaut hatten; ein Zettel daran mit der Aufschrift »Safeschlüssel«. Im Safe eine Schachtel: leer. Jawohl: eine leere Schachtel in einem Safe. In Folge einer Unklarheit nach einigen seiner Verlautbarungen zur Affäre des Safes sollte eine

Woche später der Staatsanwalt Pajna meine Schwester Simone auffordern, mit den »unnützen« Polemiken aufzuhören. Warum? Weil »ich nicht die Absicht habe, bei diesem Prozeß meine Karriere aufs Spiel zu setzen« (»Ich wollte sagen ›das Bewußtsein‹, wird er sich vor meinem Onkel Romolo korrigieren, mit anklagend entgegengestrecktem Zeigefinger, während er sich zu ganzer Größe emporreckte).

Die Leichenfeier ist in San Domenico, um drei Uhr nachmittags, kaum achtzehn Stunden nach dem Mord. In Eile, in aller Eile. Dieser geschundene Körper lastet auf allen, man muß sich von dem Fall befreien, auch in physischer Hinsicht, sobald wie möglich. Als wir mit dem Auto aus der Präfektur herauskommen, um in die Kirche zu fahren, applaudiert die Menge, weint, schreit, schreit immer wieder: »Das war nicht Palermo, die Menschen von Palermo sind gute Menschen.« Eine alte Frau kommt ans Fenster und sagt im sizilianischen Dialekt: »Sizilien hat nichts damit zu tun; sie wollten es in Rom.« Das sind Bilder, die sich in deine Augen eingraben. In den Ohren habe ich den Beifall, der dir gleichzeitig den Trost von Menschlichkeit gibt, aber auch die Gewißheit, daß nun auch du in den tragischen Schauspielen gelandet bist, die du so oft mitangesehen hast. Aber dies ist kein Film, kein Fernsehbeitrag: es ist dein Leben, und da ist nichts, überhaupt nichts, was du wiederholen oder ändern kannst.

In San Domenico blicken wir uns nicht nach hinten um. Alles ist Schauspiel: Fernsehen und Fotografen um uns herum, ein Zeremoniell, von dem dir klar wird, daß es vielen mehr bedeutet als dein Schmerz. Wir sehen viele Minister und Parteimänner. Ich schaue immer nur auf die beiden Särge, ich möchte wenigstens den von Vater umarmen, aber ich möchte nicht bei den pathetischen Fotos landen, von denen man dann »der Ärmste« sagt, um dann am nächsten Tag bereitwillig die Welt wieder so sein zu lassen wie sie ist, mit ihrem Zynismus, mit den Verbrechern an der Macht, die die Straßen mit Toten pflastern. Ich blicke starr auf den Sarg; man kann überhaupt nicht erklären, was es heißt, sich so zusammenzunehmen, nicht zuviel weinen zu dürfen und auch nicht, wie man es ständig möchte, die Händler aus dem Tempel hinauswerfen zu können.

Genau in diesem Moment bringt der Kardinal Pappalardo das ganze Gewicht seiner Würde ein. »Hier entwickelt sich – und wir alle sind konsternierte Zuschauer dabei – eine Kette von Gewalttaten und von Racheakten, die umso mehr in Erstaunen versetzen, als einerseits die Aktivitäten und Entschlüsse derer, die für die Sicherheit und das Wohlergehen aller zu sorgen haben (seien es Privatbürger oder Beamte oder Staatsrepräsentanten), ziemlich schwächlich und unsicher erscheinen – aber umso entschiedener, zeitlich abgestimmt und flink andererseits die Aktionen derer sind, die Verstand, Willen und Bereitschaft zum Schießen haben. Dabei kommt einem ein bekannter Satz aus der lateinischen Literatur in den Sinn, ich glaube von Sallust, aus dem ›Jugurtinischen Krieg‹, den man hier anwenden kann: ›Während man in Rom berät, fällt Sagunt.‹« Während der Kardinal fortfährt »Unser armes Palermo! Wie kann man es verteidigen?« beginnen Rita, Simona und ich, wie nach einer Befreiung, zu applaudieren. Und dann applaudieren auch alle Gläubigen. Eine erschütternde Erfahrung, wenn man vor dem Sarg des eigenen Vaters steht und jemandem applaudiert. Aber dies ist etwas, was aus unserem tiefsten Herzen kommt. In einer Atmosphäre der Angst, wo alle »Insider« der öffentlichen Angelegenheiten genau begriffen haben, wer es war und davon terrorisiert sind (und eine Regierung gerät sicher nicht in Schrecken nur wegen eines einzigen Clans), in einer solchen Atmosphäre ist die Stimme Pappalardos die einzige Stimme der Wahrheit und der Gerechtigkeit. Wir sind in Palermo angekommen und haben *uns* als die Schuldigen gefühlt, in einer Welt, wo die Rollen – wie wir später noch erfahren sollten – völlig vertauscht sind. Niemand, ich wiederhole: niemand, der vors Fernsehen getreten wäre und den Italienern gesagt hätte: »Sie haben den General dalla Chiesa ermordet! Dies ist eine Herausforderung an den Staat, und der Staat wird diese Herausforderung annehmen. Wir versprechen feierlich, daß wir alles in unseren Kräften Stehende tun werden, um die Mörder, ihre Komplizen und ihre Auftraggeber zu besiegen.« Nichts. Die Regierung ist handlungsunfähig, hat keine Worte. Ein Kardinal muß der beleidigten Gemeinschaft ihr Selbstgefühl, ihre Werte, ihre Zivilcourage zurückgeben. Unser Applaus ist die Wiederentdeckung der Menschlichkeit, der Würde von uns allen.

Einige Minister schauen sich angesichts dieser Verpflichtung auf das Menschsein verdutzt an (»Was will der denn?«). Martellucci wird später gegen den Kardinal polemisieren, ihm vorwerfen, daß er die Geschichte nicht kennt (»Das hat nicht Sallust gesagt, sondern Titus Livius«), und vor allem, daß er nicht die katholischen Palermitaner repräsentiert. Es ist der Beginn, besser: die Sanktion des Bruchs mit Pappalardo, der von den Andreottianern Palermos ausging und von ihrem Führer gebilligt wurde, und der sich am gemeinsten, aber gleichzeitig frontalsten manifestierte, als die Gefangenen des Zuchthauses Ucciardone in Palermo die Kirche verließen, als Pappalardo die Ostermesse 1983 halten wollte.

Als ich, nach der Feier, San Domenico zusammen mit Paolo verlasse, umarme ich noch schnell unseren Freund Alfonso. Und dann geschieht das, was ich noch heute als das gespenstischste Schauspiel betrachte, das ich je in meinem Leben gesehen habe. Die Regierung wird mit Pfiffen eingedeckt. Die Menge ist voller Wut. Alles ist ans Licht gekommen. Vier Monate haben sie es mit ansehen können. Und sie haben alles, instinktiv, verstanden. Die Pfiffe sind laut, durchdringend, die Politiker werden angespuckt, Geldstücke fliegen durch die Luft (Symbol für Korruptionsvorwürfe, A. d. Ü.), dann auch Flaschen. Nur Pertini wird ausgespart (wie auch der Kardinal ausschließlich die Hände des Präsidenten schütteln wollte). Ich bin im Auto, und obwohl ich die Augen voller Tränen habe, sehe ich die Minister einzeln davonrennen, geschoben von Polizisten, die sie im wahrsten Sinne des Wortes in die Autos werfen, während es so manchen Fußtritt hagelt. Sie sind immer auf der Flucht. Immer. Auf der Flucht vor meinem Vater, auf der Flucht vor seinem Mörder, auf der Flucht vor der namenlosen Menge von Palermo. Je arroganter sie, in der Sicherheit des Palazzo, zu meinem Vater sind (»Er ist ein Präfekt wie andere auch«) und zu den Leuten von Palmero, umso mehr fürchten sie sich vor dem Mörder. Wie schafft es nur eine Regierung, die von ihren Untertanen angespuckt wird, trotzdem nicht zurückzutreten? Natürlich wird sie nicht demissionieren. Der eine oder andere wird, noch immer auf der Flucht (vor der Realität diesmal), vielmehr behaupten, daß das alles Faschisten oder Außerparlamentarische gewesen seien. Es lebe der Antifaschismus und die Demokratie! Nein, Herrschaften! Hier sind nur die rechtschaffenen Leute von Palermo, die vier Monate lang die Vorbereitung des Mordes an ihrem Präfekten beobachteten und die gesehen haben, wie man ihn umbrachte, ohne daß es jemand verhindern konnte oder verhindert hat.

Wir verlassen Palermo, fliegen nach Mailand; dort soll nach unserem Willen »unsere« Trauerfeier stattfinden, damit wir uns wenigstens da nicht wegen unseres Leides schuldig fühlen.

Am Flugplatz die Offiziellen von Mailand, angeführt vom Bürgermeister Tognoli. Dazu noch andere Menschen, mit denen mein Vater stets Beziehungen gegenseitiger Wertschätzung und Freundschaft gehabt hatte. Die Särge werden nach Santa Maria delle Grazie gebracht, wo Vater und Emmanuela oft die Messe gehört hatten. Als der Wagenkonvoi vom Flugplatz Linate in der Stadt ankommt und in die Via Corsica einbiegt, geschieht etwas Erschütterndes. Kaum verstehen die Menschen, was die Fahnen auf den Särgen bedeuten, kommen sie aus den Bars, den Kiosken herausgelaufen und applaudieren in langen Reihen entlang der Straße. O ihr lieben Menschen! All das heißt in meinen Augen nur eines: daß sie Vater nicht entstellt haben, daß sie das nicht getan haben. Er ist es, der General dalla Chiesa, es ist ihnen nicht gelungen, vierzig Jahre Mühe und Gefahren auszulöschen. Die »demokratische« Heimtücke des Tyrannen hat nichts genützt. – Dasselbe geschieht am nächsten Morgen in der Kirche. Ich komme gegen sechs mit Sergio an, im Morgengrauen, bevor die Kirche geöffnet wird. Ich will sie keine Sekunde alleine lassen. Ich weiß nicht, ob es das schlechte Gewissen ist, weil ich so lange von ihnen entfernt gelebt habe, ob es um dessetwillen ist, was ich ihnen hätte geben können und nicht gegeben habe, oder um der Dinge willen, die ich ihnen hätte sagen sollen und nicht gesagt habe. Oder ob ich glaube, es ihnen, solange ich physisch dazu imstande bin, bezeugen zu müssen, daß ich ihnen für immer nahe bin. Da ist etwas, was mich hier an ihre Seite bringt und mich nur für einen kurzen Kaffee wieder weggehen läßt, gegen zehn Uhr.

Danach wird Emilia kommen und schließlich Großmutter Maria, stumm in ihrem Schmerz. Es wird zu einer wahren Wallfahrt des Volkes: Väter mit Kindern auf dem Arm, zu denen sie sagen: »Grüße den General dalla Chiesa.« Pärchen von Jugendlichen; alte Menschen, alleine. Sie alle verabschieden sich von Vater und Emmanuela. Wie viele Diskussionen haben wir geführt, 1974, 75, 76, als jeder von uns beiden behauptete, auf »der Seite des Volkes« zu stehen. Ich, auf meiner Seite, hörte immer Angriffe gegen ihn; vor den Sitzen der extremen Linken mußte ich oft »Tod dem dalla Chiesa« lesen. Wie konnte er auf Seiten des Volkes sein, wenn doch ich mit meinen Genossen an Demonstrationen teilnahm und den gesellschaftlichen Kampf mitmachte? Du verwechselst deine Lebenswelt mit dem Volk, sagte er mir; das Volk ist groß, ist viel umfangreicher. Aber jeder blieb bei seiner Meinung. Heute denke ich, daß er recht hatte. Aber nicht, weil er nun nicht mehr war. Ich wurde mir klar darüber, daß ich das wirklich dachte.

Und wieder war es ein Mann der Religion, Erzbischof Martini, der uns in seiner Leichenrede aufrichtige Worte zuteil werden ließ, der den Maßstab für eine Kirche setzte, die sich allgemeiner Werte würdiger erwies als die weltlichen Regierungen (zumindest die unsere). Er zitierte das Gebet des Carabiniere Paolo Galvaligi, eines Leutnants, dessen Vater die Roten Brigaden ermordet hatten und der ein Freund und Mitarbeiter meines Vaters gewesen war. Wir kannten uns seit unserer Kindheit in Rom, und nun haben wir beide, erst kurz erwachsen, dasselbe Schicksal auf unseren Schultern. Als das Gebet an die Stelle kommt, wo es um »das Zeugnis der Treue zu den italienischen Brüdern bis in den Tod« geht, brandet ein unendlicher Applaus auf – so viele meiner Freunde sind da, tiefbewegt, und viele von ihnen hätten wohl nie gedacht, daß sie diesen Beifall eines Tages dem »Herzen des Staates«, dem General dalla Chiesa, zollen würden.

Schließlich geht es nach Parma. Dort hat er ein Familiengrab bauen lassen; dort, in Noceto, war sein Vater geboren worden. Parma war ein wenig seine Wahlheimat. Er fühlte sich Saluzzo sehr verbunden, wo er selbst geboren war. Er war auch mit Mailand verbunden; aber für Parma und die Menschen dort hat er stets eine besondere Liebe empfunden. Die Stadt gibt diese Liebe zurück. Trotz der ungünstigen Tageszeit (drei Uhr nachmittags) ist da eine große Menschenmenge. Der Beifall nimmt kein Ende, so, als ob die Menschen auch nicht eine Minute seines letzten Hierseins vergehen lassen wollten, ohne ihm ihre Erregung zu bezeugen. Dann verschwinden beide in dem Grab, wo Mutter schon liegt. Es gelingt mir nicht, sie zu umarmen, sie zu berühren. Ich lege nur, schweigend, einen Schwur ab, bevor sie sie der Sonne entreißen.

Vorbei, alles vorbei. Die Angst, die Hinterlist, der Ritus. Aber da ist auch die Überzeugung, daß es so nicht enden darf. Es darf nicht sein, daß sie ihn so nach Parma zurückschicken und daß für die Auftraggeber schmutzige und vergoldete Ruhe einkehrt, bis zum nächsten Mord. Bring einen Menschen um, zusammen mit zwei anderen, bring Schmerz über ihre Familien, und du kannst wieder ruhig leben, umgeben von Dienern und von Pracht. Aber es schien so zu sein. Vorbei, für uns; vorbei – auf andere Weise – aber auch für sie.

Ich trage in mir unauslöschlich diesen Beifall und diese Tränen der letzten Sekunden aus Parma. Ich erinnere mich nicht einmal, mit wem ich zurückgefahren bin. Ich weiß noch, daß wir auf der Fahrt wieder und wieder aufs neue der Menschlichkeit der Leute begegnet sind, daß wir Zeichen unendlicher Humanität fanden – seitens der liebsten Freunde wie unbekannter Personen, die selbst Tränen in ihren Augen hatten, sobald sie mich ansprachen, gleichgültig wer sie auch waren; der Handwerker, der Eisenbahner, der Pedell der Universität Bocconi, der Gastwirt, der nicht will, daß ich die Rechnung bezahle (»Wir stehen alle in der Schuld Ihres Vaters«). Es ist ein trauriger Trost, aber zumindest bemerkt man, daß es auch ein anderes Gesicht der Gesellschaft gibt, das mehr bedeutet, auch wenn es weniger zu befehlen hat, ja vielleicht überhaupt nicht befiehlt.

Dann der recht unnütze Versuch Ritas, Simonas und mir, uns voll tiefer Melancholie mit den Hunderten von Briefen und Telegrammen zu trösten; es wird uns nicht einmal gelingen, sie alle zu beantworten. Hast du gesehen? Auch der hat geschrieben. Der Abgeordnete, der Schulfreund, der Portier vom Haus nebenan. Auch Sandro und Marina, schau, welch bewegte Worte. Alle erinnern sich an ihn; das muß uns die Kraft geben weiterzumachen. Heute Nacht habe ich von Vater geträumt, er hat gelacht, hörst du? Der zarte Faden, der die letzten Lebenszeichen verbindet mit der Hoffnung, daß er noch lebt, daß er irgendwo noch existiert; die Illusion, daß er einen im Traum besucht. Daran klammert man sich bei den Gesprächen in den nächsten Tagen, nahezu unfähig, aus dem Sessel hochzukommen; immer auf der – erfolglosen – Suche nach einem Zeichen in den Zeitungen, daß der Staat doch noch die Herausforderung angenommen, daß er den Mut gefunden hat, der bisher fehlte, daß die Auftraggeber, sichtbar für alle, besiegt werden oder zumindest kaltgestellt unter der Anklage moralischer Verantwortlichkeit – um zu zeigen (wenigstens dies!), daß man in unserem Land nicht ungestraft einen Menschen umbringen kann.

VIII
Schweigen und Reden

Die Nacht vom 6. zum 7. September verbrachte ich wach bis zum Morgengrauen. Ich hatte mich auf einen Sessel im Wohnzimmer ausgestreckt, die Hände in der Tasche oder hinter dem Kopf verschränkt, in einer entnervenden Stille, die immer seltener durch Automotoren unterbrochen wurde. Jede Entscheidung, die ich treffen würde, soviel wurde mir klar, würde nun mein Leben zeichnen. Ich rief mir alle möglichen Lösungen ins Gedächtnis. Überlegungen, Situationen, Bilder wechselten einander ununterbrochen ab, überschlugen sich quasi, ohne sichtbare Zusammenhänge. Ein logischer Strang war da allerdings: Mußte ich schweigen, oder mußte ich reden, d.h. von dem berichten, was ich persönlich von meinem Vater wußte und was ich von ihm gehört hatte? Ich sammelte, so rigoros ich konnte, das Pro und das Contra. Aber das war keine vernünftige Gegenrechnung von Vernunftgründen; es war etwas viel Tiefgreifenderes, es lag offenbar in den intimsten Empfindungen.

Emilia hatte, ehe sie zu Bett ging, sehr gut verstanden, an was ich dachte. Und sie hatte mich gebeten, fast schon resignativ: »Ich bitte dich, Nando. Genug, genug mit diesem Leben. Hören wir auf damit.« Sie sagte es nicht ihretwegen, sie sagte es um der Kreatur willen, die sie in ihrem Bauch trug und die in vier Monaten auf die Welt kommen sollte: sie war überzeugt, daß es ein Mädchen sein würde. Sie hatte ja recht: es ging um das kleine Mädchen und um Carletto. Sie hatte in jeder Hinsicht recht – sie alle wären mit einbezogen in das, was ich tun würde. Die Angst war stets ein treuer Weggenosse unseres Lebens, unserer Familie gewesen. Von der ständigen Anspannung meiner Mutter vor der Nachtausgabe der Fernsehnachrichten bis zu meinem hastigen Gerenne zum Kiosk, wenn die letzte »Nachtsendung« herauskam. Immer in Angst, daß genau diese Nachricht durchgegeben würde; mitunter war Vaters Name und sein Foto auf der ersten Seite zu sehen, und man fühlte einen Kloß im Hals, bis man endlich beim Zeitungsverkäufer angelangt war.

Diese und andere Momente, die ich bis jetzt als Teil eines von mir nicht gewollten, aber auch nicht abgelehnten Lebens akzeptiert hatte, zermarterten mir nun das Gehirn; ich machte mir klar, daß es sich hierbei eben nicht um das Schicksal handelte, sondern um eine Entscheidung von mir. War es recht, daß man allesamt wieder da hineinstürzte, noch dazu, wo wir jetzt unendlich viel schwächer und exponierter waren als früher, angesichts unserer Angst, bei all den Polemiken, den Gefahren? Und dann war ich auch überzeugt, daß mein Vater es lieber gehabt hätte, wenn ich mich nicht in Gefahr begeben würde, und daß seine Enkelchen nicht eine vielleicht noch größere Tragödie erleben müßten. Ich redete mir dies nicht aus Angst ein; es war sicher so. Er hatte Gefahren auf sich genommen, und er hatte dies für alle getan – nicht aus Draufgängertum: er wußte genau, was da auf ihn zukam. Und immer wieder fand ich in meinem Gedächtnis jenen Satz eingeprägt, der mir heute zu einem Symbol unvergeßlicher Humanität geworden ist: »Es gibt Dinge, die man nicht aus Mut vollbringt. Man tut sie, damit man auch weiterhin ruhig in die Augen seiner Kinder und Enkel blicken kann.«

Mit diesem Vorbild in meinem Kopf: Was hätte ich da tun sollen? Die Vorstellung von der schwangeren Emilia und ihrem »Bäuchlein« blockierte mich für eine ganze Weile. Aber, heiliger Himmel, mit welchem Gesichtsausdruck hätte ich einen Bürger, einen Richter um Hilfe für Gerechtigkeit angehen sollen, wenn ich, der Sohn, schweige? Ich würde damit alles legitimieren: die Angst, die Feigheit, auch die Komplizenschaft. Natürlich: Wenn ich ruhig wäre, würde Carletto in Frieden leben, und unsere Familie hätte dann für immer mit dieser in alle Ewigkeit verdammten, lauernden Angst abgeschlossen. Aber was würde Carletto von mir denken, von seinem Vater, wenn ich ihm erzählen würde, daß ich um der Friedensliebe willen angesichts der Ermordung meines Vaters, seines Großvaters geschwiegen habe? Ruhig in die Augen der eigenen Kinder blicken zu können ist wohl etwas anderes! Andererseits: Ja, ich hatte stets die Konsequenzen aus den Entscheidungen im Leben meines Vaters mitzutragen, aber nun waren diese Konsequenzen nichts im Vergleich zu dem Stolz, sein Sohn zu sein. Das soll heißen, daß ich alles vergeben habe, sofern es mir überhaupt zusteht, über seine Entscheidungen zu richten. Ich war nicht vollständig davon überzeugt, aber mein Instinkt führte mich doch zu dem Entschluß zu reden, mich nicht damit abzufinden, daß alles abgeschlossen sei mit diesem monstruösen kollektiven Ritus, den Litaneien und Priester bestimmen.

Tatsächlich lief auch alles in diese Richtung. In seiner Gewichtigkeit hatten sie das Verbrechen mit dem Mord an Aldo Moro verglichen. Sie hatten gesagt, daß es genauso sei, als habe man einen Minister ermordet. Schwamm drüber. Nach wenigen Tagen waren alle Titelseiten dem neuen Präfekten gewidmet, den Vollmachten, die man ihm übertragen hatte, dem Gesetz »La Torre« und dem »Gegenzug des Staates«, den man ausgerufen hatte. Alles umsonst; denn vielleicht war diesmal der Brocken etwas größer als üblich, aber man bekam ihn schon hinunter. Nein, das durfte nicht sein. In diesen so verwirrenden Augenblicken begriff ich jedenfalls zwei Dinge, die wiederum einen Einschnitt in meinem Denken und meinem weiteren Verhalten verursachten. Daß es, erstens, jenseits der Verhaftung der für den Mord Verantwortlichen eine andere Gerechtigkeit gab – eine, die ich als höher ansehe, und für deren Realisierung ich einen Beitrag leisten zu müssen glaube: die Überwindung der Mafia, den Sieg der Ideale, für die mein Vater gestorben war. Sein Opfer mußte für die Macht der Mafia der Kulminationspunkt der Parabel werden, nachdem es mit ihr bergab geht. Das ist die erhabenste Art, sein Andenken zu ehren. Und ich begriff zweitens, daß es vielleicht wirklich keine mutigen Männer gibt. Weil man immer – freilich ohne es zu wissen – in einem Schicksal befangen ist. Und da kann man nur entscheiden, ob man sich würdig verhält oder nicht, ob man Mensch ist oder nicht. Wenn die Würde Gefahren birgt, wirst du ihnen mit einer so riesigen Angst begegnen, daß darüber nur noch die Entschlossenheit steht, deine Werte und den Sinn deiner Existenz zu verteidigen. Diese Gedanken begleiteten mich im Morgengrauen ins Bett. Ich betrachtete die schlafende Emilia voll zarter Bitterkeit: es ist wahr, in unserer Familie hat alleine die Tatsache, daß Entscheidungen in Würde und Konsequenz getroffen wurden, schon zweimal zur Tragödie geführt.

Am Morgen korrigiere ich den Entwurf für die Antworten, die ich Giorgio Bocca in einem Interview geben wollte, das am Nachmittag zuvor nach einer Anfrage der Tageszeitung »La Repubblica« vereinbart worden war. Bocca, den ich zum ersten Mal sah, machte mir den Eindruck eines loyalen Menschen. Das Interview verlief nüchtern und ruhig. Ich bekräftigte eine Reihe von Ansichten, die meines Erachtens wichtig waren:

Daß die Feinde meines Vaters im bekannten Artikel in »L'Europeo« angegeben waren: nämlich Lima, Ciancimino, D'Acquisto, Martellucci und Nicoletti;

daß mein Vater nicht umgebracht worden war, weil er alleine war, sondern wahrscheinlich gerade deshalb, weil er nicht mehr alleine war;

daß er nicht unvorsichtig war, und daß er wohl eher von Leuten aus der Präfektur selbst verraten worden war.

Ich las den Text durch. Er schien mir, und er scheint mir auch heute noch (warum ihn nicht, nach zwei Jahren, noch einmal lesen?) in jeder Hinsicht fair.

Sicher, ich dachte, daß ich damit Reaktionen auslösen würde; aber um aufrichtig zu sein: Ich dachte nicht, daß ich damit ins Zentrum der Fernsehnachrichten geraten könnte. Vor allem aber hoffte ich, weniger einen Skandal als ein Erkenntnisinteresse auszulösen. Stattdessen lief alles nach den Gesetzen und der Logik von Skandalen ab. Der Korrektheit halber hatte ich zunächst einmal keinerlei Namen direkt genannt. Ich hatte mich auf die bezogen, die mein Vater direkt oder indirekt angesprochen hatte. Ob ich nun glaubte, daß man diesen »Fächer« von Namen verkleinern, vergrößern oder mit explosiverem Stoff anreichern sollte; Ich hatte mich auf jeden Fall anders entschieden und wollte nicht der sein, der Namen nannte. Dennoch tat man nun so, als hätte ich sie alle von Grund auf erst erfunden. Zweitens hatte ich gefordert, die Auftraggeber innerhalb der sizilianischen DC zu suchen, und zwar deshalb, weil die Ermittlungen der ersten Tage sich auf recht unbedeutende Elemente konzentriert hatten: vom einen Killer die Nase, vom anderen die Augen, der Blonde aus Catania usw. Liebe Leute! Wer soll nach eurer Meinung den General dalla Chiesa umgebracht haben? Der Blonde aus Catania? Es war doch ganz sicher, daß die gesamte Öffentlichkeit wußte, wer die Todfeinde meines Vaters waren, zumindest die in Sizilien. Gerade und vor allem angesichts dieses Schlendrians, gedachte ich meinen Beitrag zur Realisierung der Gerechtigkeit zu leisten.

Vor allem eines verwunderte mich besonders. Wenn in einer Mietskaserne in Mailand ein Mord geschieht, vernimmt die Polizei sofort die Familie und fragt nach, ob das Opfer Feinde hatte, ob es Drohungen gegeben habe, in welchem Umfeld der Ermordete sich bewegt habe. Ich hatte gedacht, daß man auch in unserem Fall genauso verfahren würde. Daß man die Personen befragen würde, die ihm am nächsten standen. Aber ich mußte bemerken, daß bei einem so heißen Verbrechen die elementarsten Kritierien der Vernunft und der Wahrheit wundersam auf den Kopf gestellt werden. Nicht nur, daß man bei den Familienangehörigen überhaupt nicht nachfragte: sobald diese sich zur Zeugenaussage verpflichtet fühlen, würde ihr Zeugnis (das in jedem anderen Fall glaubwürdig ist) plötzlich unglaubwürdig.

Das Ganze realisierte sich auf zwei Ebenen. Zunächst einmal versuchte man die von mir angeprangerten Fakten zu entkräften, speziell bezüglich der Infiltranten innerhalb der Präfektur. Infiltranten? Davon kann man überhaupt nicht sprechen. Sie haben vielmehr allesamt mein volles Vertrauen, erklärte der Hochkommissar De Francesco öffentlich, kaum, daß er in Palermo angekommen war. Es machte nichts, daß die Logik des Hinterhalts andere Schlüsse nahelegte – derart, daß der General Giuseppe Richero, Chef des Generalstabs und früherer Mitarbeiter meines Vaters, wenige Stunden nach dem Verbrechen spontan in der Nachrichtensendung des Rundfunks (GR 1) erklärt hatte: »Ich bin überzeugt, daß der General dalla Chiesa auch gestern eine Verwirrungstaktik verwendet hat und daß die Fahrtroute seines Autos nicht vorhersehbar und vorgezeichnet war. Aber offensichtlich hat dieser Mechanismus nicht funktioniert: Entweder hatte die feindliche Organisation einfach das Glück, ihn zu treffen; oder es gab da etwas, was dieses Treffen provoziert hat…«

Also sind weder der Sohn des Generals noch der Generalstabschef des Heeres glaubwürdig? Es war wohl keine Frage der Verwandtschaft. Ein Carabinieri-Brigadier, einst während der Antiterrorismuszeit ein besonders zuverlässiger Angehöriger der Eskorte, spürte die Pflicht, von Venedig aus gegenüber der Presse (am Freitag, den 10. September) zu bezeugen, daß mein Vater ihn aufgefordert hatte, zu ihm zu stoßen, und ihm anvertraut hatte, daß er sich alleine fühle wie ein Don Quichote gegen die Windmühlenflügel; und daß er ihm gegenüber auch angedeutet hatte, es gebe in der Präfektur einen »Maulwurf«. Bei dieser Gelegenheit aber zeigte sich, daß oft diejenigen, die die »Verschwiegenheitspflicht« verdammen, sie am stärksten fördern. Diese äußerst wertvolle Zeugenaussage konnte nämlich nicht verwendet werden: Der Brigadier dementierte Teile dessen, was er erklärt hatte. Dabei war er doch wohl nicht Unteroffizier geworden, um einfach so dahinzuplappern oder aus Angst den Rückzug anzutreten. Das Allerheiligste durfte bezüglich des delikatesten Punktes der Angelegenheit einfach nicht geöffnet werden. Zu keinem anderen Zweck diente auch die Theorie von der Unvorsichtigkeit meines Vaters. Schon am 4. September erklärte ein DC-Abgeordneter – der »nicht genannt sein will« – auf dem »Festival dell'amicizia« gegenüber dem Korrespondenten der »La Repubblica«: Der General konnte sehr viel, er war aber auch zu waghalsig; wenn er die Uniform dieses Staates anzog, durfte er nicht mit einem blechernen A 112 herumfahren.« (»La Repubblica«, 5. September 1982). Um den Vorwurf der Unvorsichtigkeit zu stärken, versuchte man daher die Hypothese einer »institutionellen« Bedeckung des Verbrechens zu dementieren; und im Rahmen der Rückzugsgefechte setzte man gar noch das groteske Gerücht in Umlauf, daß am 3. September sämtliche Straßen des Zentrums von Mafia-Kommandos besetzt waren (eine Art Mafia-Geleitzug also).

Die größten Kräfte wurden jedoch auf den Versuch verwendet, meine politischen Anklagen unter logischem Aspekt unglaubwürdig zu machen. Wenn ich vorgeschlagen hatte: »Seht, das Verbrechen kommt von dorther, sucht also dort«, so ist das nach allgemeinem Verständnis doch wohl dasselbe, als wenn man in einem anderen Fall sagen würde: »Seine Feinde, die Typen, die ihn an diesem Tag bedroht haben, besuchen – wie ich weiß – die Bar Exzelsior«. Was ja bestimmt nicht heißen soll, daß alle Besucher der Bar Exzelsior Mörder sind.

Mir versuchten sie aber das Wort so im Mund herumzudrehen. Ich sagte wörtlich »innerhalb der sizilianischen DC«, aber sie unterstellten mir nicht nur die Gleichsetzung »Mafia = sizilianische DC«, sondern sogar »DC = Mafia«. Der Rest ist einfach: Kann ein gutwilliger Mensch das behaupten? – Nein? – Also: Der Sohn des Generals ist unglaubwürdig. Wann soll ich das gesagt haben? Ich habe es nie gesagt. Macht nichts: Alle argumentierten von nun an so, als hätte ich es gesagt. Vielleicht war dies auch die Schockwirkung einer Wahrheit, die man für unaussprechlich gehalten hatte. Tatsächlich wurde mir an diesem Punkt vor allem deutlich, daß da ein Versuch großen Stils lief, die Glaubwürdigkeit meiner Zeugenaussage zu erschüttern und die gesamte christdemokratische Partei und ihre Wähler gegen mich (und nicht gegen die Mafia) aufzuhetzen. Im übrigen war es Ugo La Malfa (Republikanische Partei, A. d. Ü.), der, wenn ich nicht irre, einmal gesagt hat, daß sich die DC im Augenblick der Gefahr mit Andreotti identifiziert, und daß Andreotti sich seinerseits mit der DC identifiziert. Die sichtbare Reaktion verstärkte daher auch in mir die Vorstellung, daß die Verantwortlichkeiten, um die es hier geht, auf höherer Ebene liegen, d. h. daß man sie nicht einfach Palermo oder Sizilien alleine zuschreiben kann.

Ich begann nun ernsthafter zu fürchten, daß ich zur Konfrontation mit einer derartigen Reaktion nicht imstande sei. Ehrlich gesagt überkam mich Angst, umso mehr, als schon am Nachmittag, an dem das Interview veröffentlicht wurde, fremde Leute unter dem Vorwand, nach – nichtexistenten – Straßen zu suchen, meine Sprechanlage und den Eingang meines Hauses zu kontrollieren begannen. Mich beunruhigte, daß mich die Portiersfrau darauf aufmerksam machte, gerade sie, die immer dazu neigte, mich zu beruhigen. Meine Cousine Luisa, die einen der Typen angesprochen und gefragt hatte, auf wen er warte, wurde dann im Zug von zwei Burschen verfolgt, die sie an einer bestimmten Stelle fragten, was sie vom Mord am General dalla Chiesa halte. Ich mußte Carabinieri-Überwachung anfordern und auch um die nächtliche Gesellschaft einiger Freunde bitten. Ich hatte mich nicht getäuscht – sei es bezüglich meines eigenen Schicksals (was gingen mich die Fernsehnachrichten an, die DC, die Geheimdienste?), oder sei es hinsichtlich der politischen Verantwortlichkeiten: diese Kontrollen waren der Beweis, daß die wahren Auftraggeber ein schlechtes Gewissen hatten und überprüfen wollten, was ich unternahm und über welche Informationen ich verfügte.

Die Strategie der belasteten politischen Schichten und auch von Regierungskreisen war andererseits lebendiger Beweis für das Niveau der vorhandenen Begünstigungen, des Willens zur Abschwächung, zum »Niedrighängen«, vor allem aber dafür, daß man erstens »offiziell« nichts wissen wollte und zweitens umgekehrt Verwirrung in der öffentlichen Meinung stiften wollte. Der gemeinsame Nenner, auf dem eine Konvergenz politischer Exponenten und unverdächtiger, jedoch äußerst oberflächlicher Meinungsmacher zu verzeichnen ist, war die sprachliche Manipulation. Die Mafia hat gemetzelt, aber wenn man diese Leute hörte, schien es die Mafia überhaupt nicht zu geben. Ein schwülstiger, wenngleich leerer Tanz um Worte.

Worte zum Exorzieren. Die »verborgenen Mächte« wurden zum Leitmotiv derer, die in Wirklichkeit die eigenen Verantwortlichkeiten »verbergen« wollten, damit sie nicht als Beteiligte erschienen; denn sie gedachten gar nicht daran, einzugreifen bezüglich bestimmter allseits bekannter Namen und Fakten. Und dann die »blinde Gewalt«, die »umstürzlerische Gewalt«, die »organisierte Kriminalität«. Jene »organisierte Kriminalität«, die mein Vater schon im Brief an Spadolini als ungenügend zum Verständnis des Phänomens Mafia bezeichnet hatte: Nun, nach seinem Tod, ersetzte diese »organisierte Kriminalität« in vielen Mündern und vielen Schreibmaschinen das Wort Mafia. In einer Schlagzeile über die gesamte erste Seite des »Il Popolo« (DC-Zeitung, A. d. Ü.) vom 9. September wurde Mafia sogar noch in Anführungszeichen gesetzt – als handle es sich um eine Erfindung. Ähnlich empfehlenswert erschienen solchen Leuten Wendungen wie »mafiose Kriminalität« oder »mafioser Terrorismus«: Mafia wurde zum

Adjektiv, war nicht mehr eine eigene Erscheinung. Jedermann hätte es noch ein Jahr zuvor als Zumutung empfunden, wenn man von einer »terroristischen Kriminalität« gesprochen hätte, wo doch tatsächlich der »Terrorismus«, als politisches Problem, der Gegner war. Jetzt lief alles anders, und die Worte wurden nicht benutzt, um die Realität zu bestimmen, sondern um über sie hinweg zu täuschen.

So ist es auch nicht verwunderlich, daß die Mafia in den Sturzfluten der Rhetorik zur Unterabteilung der viel größeren »moralischen Frage« wurde. Wenn daran natürlich auch etwas Wahres sein mochte, so diente es andererseits vorzüglich der Behauptung, daß da nichts Neues und erschreckend Konkretes am Horizont aufgetaucht war, um das man sich eiligst kümmern mußte. (Vor allem, wenn man weiß, welches Gewicht unsere Regierenden moralischen Fragen geben – in ihren Augen nämlich ist dies etwas *anderes* als Politik, eine Art Luxus sogar). Nachdem so der Teil Italiens, auf den es – politisch – ankam, die Sprache Martelluccis und seiner Kumpane übernommen hatte, war für mich die Rede auch nicht mehr besonders überraschend, die der Ministerpräsident Spadolini am 10. September in Bari während der Eröffnung der »Fiera del levante« hielt. Bis dahin hatte sich noch immer niemand aus den Reihen der höchsten Staatsorgane offiziell zum Blutbad in der Via Carini geäußert. Logischerweise mußte daher die erste Gelegenheit dazu benutzt werden, den Anschlag zu verurteilen und schärfstens gegen die in mafiosem Geruch stehenden Politiker zu Felde zu ziehen. Aber die Rede wandte sich nicht gegen die Mörder; sie wandte sich gegen den Sohn des Ermordeten. Nachdem er den Kampf gegen die Mafia als Kampf gegen »unsichtbare Mächte« definiert hatte, mahnte der Ministerpräsident, der doch sehr gut von den Befürchtungen und den Überzeugungen meines Vaters wußte: »Es ist ungerecht, ganze Parteien oder ganze Strömungen innerhalb einer Partei zu kriminalisieren; es ist ungerecht und wiegt sehr schwer, wenn man zu manichäischen Unterstellungen greift. Es ist nicht nur ungerecht, sondern auch gefährlich, wenn man die Grenzen und Methoden selbst des harten politischen Kampfes überschreitet und ›moralische Fragen‹ eröffnet, die, sofern sie nicht in aller Schärfe bewiesen sind, oder sofern sie künstlich verallgemeinert werden, lediglich Vorurteile und Mißtrauen zwischen den politischen Kräften schaffen können, und die so verhindern, daß die wirklich Verantwortlichen bekämpft werden.«

Alles, die ganze Wahrheit spielt sich in einer pirandellianischen Dimension ab. Ist einer, der gemordet hat, ein Feind oder nicht? Auf alle

Fälle versetzte mich gerade dieser Bezug auf die »Strömungen« – den ich niemals angedeutet hatte – ein weiteres Mal in Alarmstimmung. Diese Unterstellung nämlich, daß die Anschuldigung dem Schutz der »wirklich Verantwortlichen« diente, paßte ganz hervorragend zu dem, was Andreotti in einem just an diesem Tag publizierten Interview des »Il Messaggero« gesagt hatte. Sie wußten es also drinnen oder hatten erkannt, welche Gruppen – über Einzelpersonen hinaus – mitverwickelt waren. Aber das Klima war eben so. Angst und Anmaßung, unendliche Anmaßung. Die sizilianischen Christdemokraten, übrigens selbst in diesem Falle nicht auf sich allein gestellt, hatten mit allerhand Beleidigungen und Beschimpfungen mir gegenüber reagiert: »Lump«, »Aufwiegler«, »von unerträglicher Grausamkeit«, »moralischer Killer«, »beschmutzt das Blut seines Vaters«, »emotionsgeladener, unreifer Jüngling«, »Verrückter«. Der Bürgermeister verkündete den Zeitungen in aller Welt, daß der Kampf gegen die Mafia nicht seine Aufgabe sei – während mancher schwor, daß seines Wissens der Bürgermeister mit meinem Vater nicht einverstanden gewesen sei und ihm viel Unannehmlichkeiten bereitet habe.

Nach ihrem jahrhundertealten Drehbuch des abgetragensten Sizilianismus versuchten sie die Kritik der demokratischen öffentlichen Meinung auf der Insel zu beschwören: Seht, sie wollen auf uns eindreschen, weil wir Sizilianer sind! Für dieses Argument haben gerade sie die Gleichung Sizilianer = Mafioso aufgestellt. »Das unschuldige Sizilien wird für dieses Verbrechen zahlen«, stöhnte der Stadtrat Aristide Gunnella, der während der Leichenfeier glorreich und triumphierend den Journalisten gegenüber erklärt hatte, daß er in Sizilien niemals eine Eskorte benötigte. Im gleichen Ton mahnte (oder drohte?) Salvo Lima, Palermo sei »eine Stadt, die nicht über sich herziehen läßt«. (La Repubblica«, 11. September 1982)

In der Hauptstadt waren die Reaktionen zwar intelligenter, aber deshalb noch nicht seriöser. Sprach- und ehrlose Menschen gelobten einem Volk, einem ermordeten Staatsbeamten und seiner Familie Dinge, die sie niemals halten würden. Es war genau in diesem unsicheren und nervösen Klima, daß De Mita feierlich sein Wort gab: »Wir werden auf niemanden Rücksicht nehmen«, und er sprach es mit so viel Überzeugungskraft aus, daß auch ich einige Monate daran glaubte.

Seitens einiger christdemokratischer Kreise versuchte man mit einer gewissen geistigen Gewandtheit über die Beziehungen zwischen Mafia und DC zu diskutieren. Aber es waren die üblichen unzureichenden

Argumentationen, die sich im Falle der Mafia aus irgendeinem Grund stets erfolgreich unter dem Prädikat »gutwillig« präsentieren. Mafia, heißt es da, ist in allen Parteien. Es ist eben natürlich, daß dort, wo die Macht ist, auch die Mafia erscheint. Außerdem sind Infiltranten allüberall. Man darf nicht einfach in die Menge schießen. Dies war der am häufigsten wiederkehrende Satz. Da wurde ein guter Wille vorgespiegelt, der unter diesen Bedingungen in Wirklichkeit eine Beleidigung der Vernunft und des Gefühls darstellte. Was heißt denn: Die Mafia ist in allen Parteien? Natürlich lege ich für niemand die Hand ins Feuer: aber das Problem besteht doch darin, festzustellen, wo sich die mafiose Macht verdichtet, woher die notorisch mafiosen Politiker – die besonders mächtigen, und diejenigen, die im Mittelpunkt des Interesses der Antimafia-Kommission standen – woher diese Leute verantwortungsvolle Aufträge in der Partei und in den Institutionen beziehen.

Hier geht die Diskussion um die »Infiltranten« in die Brüche. Ein Infiltrant ist ein Mensch, der mit Hilfe von Verkleidung agiert, nicht einer, der unter seinem vollen Namen leitet und kommandiert. Frate Mitra war ein Infiltrant, nicht Curcio und nicht Franceschini (»Frate Mitra« war der Polizeispitzel, der die Rotbrigadisten Curcio und Franceschini in die Hände der Behörden spielte, A. d. Ü.). Natürlich erschien die Mafia dort, wo Macht ist. Aber ist es deshalb »natürlich«, daß sich eine Partei, die an der Macht ist, auch unter die Mafiosi begibt, oder, schlimmer noch, daß Morden und die Entschuldigung der Verantwortlichen bis zum Äußersten »Naturzustand« wird? Wäre nicht vielmehr ein unaufhaltsamer Impuls zur Rebellion gegen all dies »natürlich«? Hier geht es nicht darum, daß man in die Menge schießt. Tatsache ist, daß diese »Menge« eine Kontur hat, daß sie sich kompakt verteidigt, daß sie eine eigene Logik und innere Solidarität vorweist; nicht ein einziger spaltet sich offen davon ab. Wie kann man da von »der Menge« sprechen, worunter man doch – nach dem Wörterbuch – etwas ganz anderes versteht?

Dann dieser Sizilianismus, die beständige Suche nach der Rolle des Opferlamms. Klar, daß die übergroße Mehrheit der Sizilianer rechtschaffen ist. Aber was hat das damit zu tun? Hatte sich mein Vater nicht gerade auf ihre Seite gestellt? Deprimierend für den gesunden Menschenverstand: Wollte man glaubwürdig bleiben, mußte man ständig die Litanei von der Rechtschaffenheit des Großteils der Sizilianer herunterbeten!

Unglaublich scharf zeichnete sich vor mir ein Musterfall dafür ab, wie eine Gesellschaft auf die unvorhergesehene Verletzung der Spielregeln reagiert. Der ungeschriebenen Spielregeln natürlich: denn ginge es nach den geschriebenen, wäre die Verletzung ja durch die Mörder geschehen gewesen. Nach alledem, was danach passierte, hatte jedoch ich sie verletzt. Ich war der pathologische Fall; der Rest war Medizin. Ich mußte oft an das Spiel denken, das wir im Kindergarten mit den Schwestern gespielt hatten. Es hieß »Spiel des Schweigens«, und man mußte dabei die Hände verschränkt, den Kopf erhoben halten: Wer am längsten schwieg, wurde belohnt; wer die Regel brach oder mit dem Spiel aufhörte, wurde bestraft. Mir schien, als würde sich die Welt mir gegenüber wie ein riesiger Kindergarten verhalten: bevölkert mit Kindern ohne historisches Gedächtnis und unfähig zu logischer Analyse – und darum konnte man da auch alles sagen, was man wollte.

Da konnte z. B. der Regional-Ministerpräsident D'Aquisto die Theorie aufstellen, daß Mafia und Politik nicht mehr Hand in Hand liefen, daß vielmehr die – ökonomisch mittlerweile autonom gewordene – Mafia die Politik angreifen würde. Ungesagt blieb dabei freilich, wie man in einer Gesellschaft und insbesondere auf einer Insel, die durchsetzt ist von öffentlichen Einrichtungen, Reichtümer anhäufen kann ohne Hilfe der Banken (die doch öffentlicher Kontrolle unterliegen), ohne öffentliche Aufträge, ohne institutionelle Protektion bei den eigenen kriminellen Aktivitäten (Musterbeispiele: die Greco, die von der Region und der Bank von Sizilien finanziert wurden und eng mit den Brüdern Gioia liiert waren; heute gehören sie zu den meistgesuchten Flüchtigen der Mafia). Die größte Beleidigung für das allgemeine Schamgefühl war dabei, daß man zum Beweis für diese unmögliche Hypothese Mattarella, La Torre und am Ende gar noch meinen Vater heranzog – als Symbol der angegriffenen politischen Klasse! Das Todesopfer Mattarella verwendete man nunmehr ständig als Beleg, daß die DC, weit von jeglichem geheimen Zusammenspiel mit der Mafia entfernt (was sowieso niemand behauptet hatte), in Wirklichkeit auf Leben und Tod von der Mafia angegriffen worden sei. Wenn die These Chinnicis zutrifft, wonach die Morde an Mattarella, La Torre und an dalla Chiesa einen einzigen Auftraggeber hatten – was auch ich glaube, und was durch die Tatsache belegt wird, daß ein Killer an allen drei Morden beteiligt war –, dann war man nun an dem unvorstellbaren Punkt angelangt, wo die Mörder ihre Opfer dazu verwendeten, ihre eigene Unschuld zu beweisen.

Überraschen konnte auch nicht der übliche Chor von Stimmen, der kategorisch forderte, ich solle »den Beweis für alles erbringen«. Merkwürdig, es sah so aus, als ob hinter diesem Schutzschild von Dünkel die Angst stünde, diesmal könne sich die Decke lüften (die Aufforderung zur Anzeige bei Gericht erweist sich heute angesichts der Fakten als der beste Beweis für die Schuld). »Er soll das, was er weiß, den Behörden sagen«, wiederholten sie unaufhörlich, so als ob ich Probleme hätte, dies zu tun (ich will allerdings nicht verhehlen, daß ich mich angesichts der Erfahrungen mit dem Oberstaatsanwalt Pajno zumindest vor der Anklageerhebung ziemlich alleingelassen fühlte). Das Schöne daran war, daß man Beweise nicht für dieses Verbrechen speziell forderte, sondern für die Mafiosität der angeschuldigten Politiker.

Nicht umsonst beschuldigte Salvo Lima die alte Antimafia-Kommission, sie habe »eine Reihe politischer Kreise kriminalisiert« und damit – das alte Lied – »praktisch die Mafia gefördert«. (»Il Giorno« und »Paese sera«, 10. September 1982). Eine Anklage, die auf Angst schließen läßt. Sie enthielt die Aussage: Ist die »mafiose Qualität« einmal erwiesen, ergibt sich daraus auch stringent die Logik des Verbrechens. Das bedeutet, es gab da seitens der Betroffenen das Bewußtsein, daß das Spiel allzu durchsichtig war: Darum schien es schon vorab notwendig, sich zu verteidigen und zum Angriff überzugehen.

Auf diese Weise erzeugte die Angst Unverschämtheit. Eine grenzenlose Unverschämtheit, die von verschiedenen Informationsorganen unterstützt wurde. Mir war durchaus klar, wie wichtig ein starkes kollektives Gedächtnis beim Kampf gegen die Mafia sein konnte. In unserem Fall vertraute man offensichtlich darauf, daß dieses Gedächtnis fehlte. Die Beweise für Mafiosität gab es, unwiderleglich, in den Akten der Antimafia-Kommission und zwar – was wichtig ist – im Mehrheitsbericht (der von der DC mitgetragen wurde, A. d. Ü.). Die Beweise bestanden aus Fakten, Namen, Verfilzungen in Affären und politischen Geschäften. Lediglich Martellucci fehlte darin – er hatte seine politischen Aktivitäten erst nachher begonnen; Rosario Nicoletti kommt nur am Rande vor. Fast alle argumentierten aber nun so, als wären diese Dokumentationen niemals geschrieben worden. Ich sollte, von Adam und Eva an, die Beweise für die Geschichte liefern. Und sobald jemand schüchtern an diese Akten erinnerte, hielt man ihm entgegen, daß ja niemals strafrechtliche Verurteilungen geschehen seien. Wieder einmal benutzte man die Mafia (im Fall der Komplizenschaft der Justiz bzw. des Mordes an unbequemen Fahndern) zum Beweis... der Nichtexistenz der Mafia. War es denn nicht schon immer Bestandteil mafioser Prahlerei gewesen, die Neunerprobe ihrer Macht, daß sie zunächst einer Verurteilung entgingen? Hatte man mittlerweile nicht nur die Geschichte, sondern auch die Literatur vergessen? Sicher, man hatte alles vergessen: die Geschichte, die Literatur, die Vernunft, alles, was Sinn und Verstand hatte. Das Verbrechen war vor den Augen des Volkes begangen worden. Daher gab es nur eines: aus dem Gedächtnis tilgen.

Der Präfekt dalla Chiesa? Den hatten doch alle unterstützt. Um Himmels willen, wenn er nur noch lebte! »Ein sympathischer Mensch«, sagte Lima. »Er war sehr herzlich, aber über Mafia haben wir niemals miteinander gesprochen... Wir erwarteten von ihm, daß wir abends ohne Angst aus dem Haus gehen können... Es war eine furchtbare Sache.« (La Repubblica«, 10. September 1982). Wie erinnert sich D'Acquisto an ihn? »Ein brillianter Mann, hatte Charisma, auch physische Faszination.« Keinerlei Streit mit ihm. »Ich habe mich in jeder Hinsicht für den Abbau von Mißverständnissen auf lokaler Ebene und von einer gewissen Eifersucht im nationalen Bereich eingesetzt«, und »der einzige Protest, den ich je von dalla Chiesa bekommen habe«, kam bei einem Empfang zustande – weil »ich ihn, aus protokollarischen Gründen, getrennt von seiner Ehefrau an einen separaten Tisch gesetzt hatte« (Il Tempo«, 24. September 1982).

Der Bürgermeister Martellucci glaubte tatsächlich, über Beweise ständiger freundschaftlicher Beziehungen zu ihm zu verfügen. Beleg: eine Jahresfreikarte für die städtische Badezone von Lauria; dazu – wie er dem Journalisten Francesco Damato zeigte – ein Eintrag meines Vaters ins Besucherbuch der Stadt Palermo vom 1. Juni. Ein rein diplomatischer Eintrag, der eher das Gegenteil bezeugte: mein Vater bezog sich auf Martellucci in dessen Eigenschaft als Repräsentant der Bürgerschaft Palermos und drückte ihm, nicht zufällig und sehr hintersinnig, »die starke Hoffnung, an seiner Seite Gehör zu finden« aus.

Auch auf nationaler Ebene empfand man die Notwendigkeit, alles auszulöschen. Man versuchte das allerdings um eine Schattierung würdevoller. Die Fakten waren jedoch so mächtig, daß – speziell für die DC – keine akzeptablen Verteidigungslinien aufgebaut werden konnten. Flaminio Piccoli (DC-Präsident, A. d. Ü.) erklärte in einer Rede auf der »Festa dell'Amicizia« – in der er als eine »der wichtigsten Ursachen für die Korruption die Ausuferung vorehelicher Sexualität« anprangerte – daß »der Mangel an Mittel nunmehr überwunden« sei (»La Repubblica«, 5. September 1982). Welche »Mittel«? Autos, Funksprechgeräte oder Koordinationsbefugnisse? Zweideutige Worte. Auch der Direktor des »Il Popolo«, Giovanni Galloni, verharrte in dieser Zweideutigkeit, als er erklärte, daß die Behauptung unzutreffend sei, man habe dalla Chiesa Sondervollmachten verweigert – schon deswegen, weil »diese Vollmachten niemals gefordert worden seien« (10. September 1982). Was ja zunächst einmal stimmt. Sondervollmachten (die z. B. seinem Nachfolger zugestanden wurden) hatte mein Vater niemals gefordert. Wohl aber Koordinierungsbefugnisse. Die allerdings hatte er zur Bedingung gemacht, und sie waren ihm auch versprochen worden. Bekommen hatte er sie dann nicht. Am Schluß beseitigte die Regierung die Zweideutigkeit und verwandelte im Parlament das Drama in eine Farce: Die Vollmachten seien ihm nicht gegeben worden, um ihn nicht in unerträgliche Gefahr zu bringen!

Die Reaktion der Politiker hatte ich auf alle Fälle schon vorher in Rechnung gezogen, wenn ich auch, ehrlich gestanden, nicht geglaubt hätte, daß sie derart unverfrorene Formen annehmen würde. Was mich überraschte und mir in der Tat neue Einblicke und Gesichtspunkte eröffnete, war das Verhalten der Presse. Ich hatte immer gedacht, daß der Teil von ihr, der mafiosen Forderungen entgegenkam, allenfalls regionale Dimension besitze. Aber in diesem Fall hier mischten sich auch überregionale, nationale Zeitungen aufs Massivste mit ein; und ich machte mir klar, daß dies nicht nur oberflächlich geschah. Auf dem Spiel standen Fragen, die weit über regionales Interesse hinausgingen – und nicht nur böse Exzesse, von denen man sich befreien wollte; sondern etwas viel Tiefgreifenderes und Ursprünglicheres. Es gab im übrigen keinerlei Logik im Verhalten dieser Presse, von der ein Teil meinen Vater im August unterstützt hatte. Eine Macht von nationaler Dimension hatte sich da in Bewegung gesetzt und versuchte, den Mord zu »bewältigen« – wobei sie allerdings zwei Einschränkungen beachten mußte: Erstens, daß die große Mehrheit der öffentlichen Meinung in meinem Vater eine Art Volkshelden sah; und zweitens, daß diese öffentliche Meinung kulturell antimafios war.

Es gab eine direkte Methode, wie man diese »Bewältigung« ermöglichen konnte (diese Methode bezog auch unverdächtige Tageszeitungen mit ein und solche, die später eine beachtliche Erkenntnisbereitschaft und ein recht objektives Verhalten zeigen sollten): Man entzog mir einfach das Wort und erteilte es stattdessen gerade dem politischen Ambiente, das für das Verbrechen direkt oder moralisch verantwortlich war. Damit wir uns recht verstehen: Hier wurden die Gesetze der Presse ausgespielt (wie man mir von berufener Seite erklärte). Seit ich »La Repubblica« mein Interview gegeben hatte, berichteten die anderen Zeitungen, mit wenigen Ausnahmen, nichts mehr über meine

Argumentationen; ein paar Schlagworte allenfalls, weiter nichts. Auf diese Weise schufen sie, objektiv, einen Skandal-Effekt, der mich auf jeden Fall schwächen sollte. Zweitens öffneten sich ihre Seiten den Verteidigungsreden der Auftraggeber des Mordes und ihrer Freunde. Es ging so aus, daß für einmal, wo ich zu Wort kam, die Auftraggeber und ihre Vertrauten zwanzigmal sprachen. Hätten sie mich gefragt, hätte ich ihnen Erklärungen gegeben, hätte die Argumentation vertieft. Nein, es war nicht wie beim Mord in einer Mietskaserne. Was die Familienangehörigen zu sagen hatten, war diesmal nicht wichtig; man zweifelte schließlich gar daran, ob die überhaupt etwas zu sagen hatten. Viel bessere Aufklärung boten da die Politiker. Ach ja, sie konnten die »objektive Wahrheit« aussprechen, vermischt wohl auch noch mit blutrünstigen Beleidigungen. Und was sie sagten, war der Beweis dafür. »Pincopallino dementiert alles«. Sicher. Sollten sie sagen: »Wir waren es«, oder auch nur: »Es stimmt, wir haben vier Monate Krieg gegen ihn geführt«?

Die objektive Wahrheit, genau das. Er ist doch nur ein ideologisierter Soziologe, wiederholten sie immer wieder. Ich weiß nicht, ob es als Herausforderung gedacht war, oder um mir einen »Fluchtweg« zu eröffnen: Ich wurde sogar aufgefordert, meine Mitgliedschaft im PCI aufzugeben. Ich tat es instinktiv nicht, aus Prinzip. Auch nicht um der Fata Morgana willen, leichter Gerechtigkeit zu erlangen. Was für eine Gerechtigkeit sollte das sein, die von dir verlangt, daß du deine Überzeugung änderst? Daraufhin wurde mir unsäglicherweise seitens der Betroffenen auch noch in großem Stil die Anschuldigung politischer Spekulation entgegengeschleudert, die mit der Hilfe »eines großen Juristen« getätigt werden sollte. Eine Anklage, die schon aus logischen Gründen nicht hielt. Wenn ich wirklich hätte »spekulieren« wollen, hätte ich in der Tat jeden Spielraum gehabt. Vor allem, weil die Leute glaubten – und viele dachten es noch –, daß mein Vater absichtlich nach Sizilien geschickt wurde, um ihn »aus dem Weg zu räumen«; aber ich wußte – und habe es oft wiederholt –, daß dies nicht stimmte, daß dies nicht die Absicht der Regierung gewesen war. Zweitens, weil ich die Regierung, den Innenminister oder die zivile und militärische Verwaltung anklagen hätte können, meinen Vater aufs Spiel gesetzt oder durch ihr Verhalten den Mord autorisiert zu haben. Nicht umsonst beklagten sich jedoch D'Acquisto und andere, daß mein Interview Rognoni und die Zentralregierung aus der Schußlinie genommen habe. Aber mich interessierten die politisch Verantwortlichen nicht so sehr. Zwar war ich an dieser Stelle mit meinen Anklagen ins Zentrum des politischen Kampfes eingetreten, damit sich die Parteien in diesem Augenblick ihr Urteil bildeten: Als Sohn interessierten mich aber vielmehr die wirklichen Auftraggeber, die im kriminellen Sinn Verantwortlichen. Die Verantwortlichkeit derer, die ihnen gegenüber schwach und ängstlich gewesen waren, ist etwas anderes. Alles in allem hatte ich eine Gruppe von Machtträgern angeklagt, von denen ich (irrtümlicherweise) annahm, daß sie sich nicht der Hochschätzung der mir bekannten Mailänder und lombardischen Christdemokraten erfreuten. Obgleich ich aber, anders als die Presse, die Regierung nicht angeschuldigt hatte, behauptete diese, daß da politische Spekulation herrschte. Natürlich hätte ich Gründe für Angriffe auf die Regierung gehabt; ich hätte, als Mitglied des PCI, die DC attackieren können. Aber es gab – um das Thema zu vertiefen – auch ebenso gegenteilige Gründe. Nicht nur die gern versteckte Wahrheit, daß auch überaus mächtige Mafiosi auf der Insel diesen Parteiausweis in der Tasche hatten: Es wäre wohl auch verrückt zu glauben, daß ein Sohn drei Tage nach dem Tod seines Vaters eine politische Spekulation anzetteln wollte, daß er – statt zu trauern – ins zuständige Parteibüro (gleich welcher Richtung) rennt, um seine eigene Tragödie zur Ausschlachtung zur Verfügung zu stellen. In dieser Atmosphäre verrückter Irrationalität (die in Wirklichkeit eine intime und harte Rationalität in sich barg) wurde ich immer argwöhnischer. Mir kam die Formulierung meines Vaters in Prata wieder in Erinnerung: »Es ist nicht meine Schuld, wenn die Kompromittiertesten von allen Christdemokraten sind.« Genau: Welche Schuld hatte ich daran, daß es fast durchgehend Christdemokraten waren, die die Seiten des Antimafiaberichts (der Ausschußmehrheit, möchte ich betonen) gefüllt haben? Daß vor allem sie es waren, die dem Präfekten dalla Chiesa den Krieg erklärt hatten? Hatte nicht schon 1976 der Kardinal Pappalardo die »wachsende Präsenz« von Mafiosi in den Mitgliederlisten der DC beklagt? Und geschah nun nicht alles, damit man die Augen und die Vernunft großer Teile der Gesellschaft und der öffentlichen Meinung zukleben konnte? Um die Wahrheit in Schuld verwandeln zu können?

IX

GRUPPENBILD

Die »Bewältigung« des Verbrechens erfolgte jedoch nicht nur mittels defensiver Mechanismen oder schlichtweg objektiver Komplizenschaft. Bis jetzt haben wir die generöse Gastfreundschaft gesehen, die die Presse der politischen Elite Siziliens für ihre Anklagen und ihre Dementi angeboten hat. Und wir haben die regierungsamtlichen Bedeckungen bemerkt. Das alleine wäre an sich schon genug, auch für ein Land der Dritten Welt.

Das Verbrechen wurde aber ziemlich schnell und immer entschiedener auch noch mit ganz anderer Stoßrichtung angegangen. Geht man die auf den Mord folgenden Wochen noch einmal genauer durch, so beeindruckt es am meisten, wie sich bedeutende Journalisten, Politiker, Intellektuelle und Bürokraten auf nationaler Ebene in Bewegung setzten und direkt engagierten. Sie alle zusammen – jeder auf seine Art, aber doch mit oft überraschender Uniformität der Argumentation – schufen das Idealklima für eine ganz spezifische »Bewältigung« des Falles, die in manchen Fällen sogar in eine »Verteidigung« des Anschlags einmündete.

Ich halte dies für eine entscheidende Erscheinung, die man von Grund auf untersuchen müßte; ich werde mich hier jedoch auf einige bezeichnende Anmerkungen beschränken. Entscheidend scheint mir dieses Phänomen aus drei Gründen zu sein:

1. Es belegt in diesem Fall die Existenz eines »Netzes von Protektionen«, das auf nationaler Ebene realisiert wurde. Sicherlich mit unterschiedlichen Graden individueller Teilhabe, aber insgesamt unbezweifelbares Symptom eines Systems landesweiter Interessen, das sich bedroht fühlt.

2. Hätte es nicht die konkrete Möglichkeit einer entsprechenden »Bewältigung« des Verbrechens gegeben, wäre dieses wohl mit großer Wahrscheinlichkeit gar nicht begangen worden.

3. Man muß daher ein neues Kapitel eröffnen und mit einer ernsthaften Überprüfung der moralischen Verantwortlichkeit derer beginnen, deren Aktivitäten und deren Worte *nach* dem Verbrechen zählten und von denen man annimmt, daß sie keinerlei Verantwortung tragen. Natürlich sollen sie die Freiheit haben zu reden; aber über den Wert und den Sinn ihres Verhaltens sollen auch die anderen so frei sein zu sprechen.

Auch in diesem Fall wechselten sich Schweigen und Reden je nach Bedarf ab und widerlegten so den Gemeinplatz, daß die Mafia nur am Schweigen Interesse habe. Denn schon vom ersten Tag an hatte man verstanden, daß das Volk diesen Mord nicht unbestraft lassen wollte und eine restlose Aufklärung forderte, – und daß es nicht bereit war, die wenigen Symbole einer »rechtschaffenen Macht« umbringen zu lassen, als ob nichts geschehen sei.

In gewisser Weise hatte die Mafia die Reaktion des Volkes nicht richtig kalkuliert. Wahrscheinlich hatte man auf den »repressiven« Ruf meines Vaters vertraut, auf den Fall P2 und auf die Herabminderungen seines Prestiges im vergangenen Sommer. Man mußte daher vor allem verhindern, daß sich die Leute aufgrund von Übertragung – die leicht geschieht, wenn besonders beliebte Menschen plötzlich fehlen – nun um deren Kinder scharten und ihrem Zeugnis glaubten. Damit ein derart gefährlicher Mechanismus gar nicht erst aufkam, wollte man den Menschen gleich sagen: Seht, der Sohn ist ganz anders als der Vater, übertragt nicht auf ihn die Glaubwürdigkeit des Vaters; er ist es nicht wert. Dies war nun nicht mehr nur die Anschuldigung, die Martellucci vorgebracht hatte.

Es war vielmehr die »Operation unwürdiger Sohn«. Den Rammbock bildete dabei »Il Giornale« von Indro Montanelli. Was gibt es Unwürdigeres als einen Sohn, der politisch mit dem Opfer des Vaters spekuliert? Nichts! Genau dies war der Weg, den Montanelli in seinem Leitartikel mit dem Titel »Auf heißer Asche« wies. Nachdem er die Kritiken der vorangegangenen Tage an der sizilianischen DC wiederholt hatte, leugnete er feierlich – es sei denn, man beweise sie – die Existenz krimineller Verantwortlichkeiten. Dann zieht er den Zynismus hervor, der sich bei größeren Anlässen empfiehlt und gibt den Weg für die politische Operation frei. Überschrift: »Der Stein, den der kommunistische Sohn dalla Chiesas geworfen hat« (nicht »der Sohn«, sondern »der kommunistische Sohn«). Wehe, so das Editorial, wenn er die Beweise nicht liefern kann: »Sollte er sie nicht erbringen, müßten wir auch an seinem Schmerz als Sohn zu zweifeln beginnen; denn

165

wer Trauer für einseitige Propaganda instrumentalisiert, zeigt, daß er wohl keinen Schmerz empfindet. Die Familie Setti Carraro (Familie Emmanuelas, A.d.Ü.) hat sich in ihrer Trauer abgeschlossen und schweigt. Ein anderer Stil, eine andere Moralität.« Und, fügte er im »Giornale« vom Samstag, den 11. September hinzu, »mir scheint die Vermutung recht plausibel, daß ihm der Mitgliedsausweis im PCI dies suggeriert«. Wie die Diebe meinen, daß alle Menschen stehlen, so geht es offenbar auch denen, die politische Interessen und die der Partei über die Wahrheit und die menschlichen Werte stellen. Bezüglich der von Montanelli geforderten »Beweise« klang die Rede besonders merkwürdig, denn sie kam aus dem Mund eines Menschen, der gleich nach dem Verbrechen eine harte Antwort des Staates gefordert und die Garantisten als »Esel, die sich selbst schaden« bezeichnet hatte, von »denen wir genug haben« – derart, daß er sich von Flaminio Piccoli die öffentliche Anschuldigung zuzog, er sei »noch immer vom Faschismus durchdrungen«.

Es war eine derart zynische und unerträgliche Operation, daß meine Tante Rita (keine wirkliche Verwandte, sondern als Schulkameradin meiner Mutter eine Nenn-Tante) nach der Lektüre dieses Leitartikels mich gar nicht erst anrief: Sie, eine durch und durch konservative Frau, verlangte sofort, als »Verwandte« dalla Chiesas von Montanelli empfangen zu werden. Sie sagte ihm – wie sie mir danach erzählte – daß sein Verhalten ungerecht sei. Daß er sich grausam gegenüber einem Menschen verhalte, den das Leben schon aufs Härteste geprüft habe; daß er nicht das Recht habe, am Schmerz anderer Leute herumzumäkeln; daß er mich in Ruhe lassen solle, und daß sie mich kenne, seit sie mich auf den Knien gehalten habe. Sie sei absolut sicher, daß ich unmöglich politische Spekulation betreiben würde, weil ich stets in gutem Glauben gehandelt habe. Montanelli antwortete auf seine Art: Daß er kein Mitleid habe und daß er die Dinge, falls notwendig, eben beim Namen nenne, wie er es schon bei der Witwe von Aldo Moro getan habe (der tapfere Richard Löwenherz); daß ich nicht gutgläubig sein könne, weil ich doch Kommunist sei (und das riß meine Tante – die mich 68 aufgefordert hatte, nach China zu gehen – zu einem massiven Protest hin: Sind wir nun in einer Demokratie oder nicht?); daß er mich in Ruhe lassen wolle, aber es würde von mir abhängen, ob er mich weiterhin am Ohr ziehen werde. Verstanden, ihr Angehörigen des Opfers? Ruft ja nicht zu laut nach Gerechtigkeit, sonst ärgert sich Montanelli und brät euch eins über.

Es war unglaublich, im wahrsten Sinn des Wortes. Ich denke, ich befinde mich inmitten der Solidarität aller – und werde stattdessen das Ziel der Angriffe anderer. Aber die Sache wird noch unglaublicher, wenn man erfährt, daß Montanelli seinen Artikel bereits vor meinem Interview geschrieben hatte. Ein außerordentlich instruktiver Aspekt, den man schon mit höchster Aufmerksamkeit betrachten sollte.

Montanelli hatte sich ohne Umschweife eingeschaltet und bewies in der Nummer 38 von »Oggi« und in wiederholten Beiträgen im »Giornale« ein klares Bewußtsein und Verständnis von der Natur der Ereignisse. Im »Oggi« nannte er – unter Anspielung auf Ritas Initiative zur Entfernung des Kranzes der Regionalregierung bei der Trauerfeier – die gesamte Regionalregierung »einen Feind, der ihm (meinem Vater, N. d. Ch.) eine ernsthafte Antimafia-Aktion verwehrt hat«; der Artikel des Regionalstatus von Sizilien war für ihn noch »schlimmer als eine Schrotflinte«. Und schon am 4. September hatte er das »Giornale« mit einem »explosiven« Leitartikel aufgemacht: »Wer die Mafia-Bosse sind und von wem sie beschützt werden, das wissen in Palermo selbst die Steine. Sie müssen nunmehr um jeden Preis und mit jedem verfügbaren Mittel aufgestöbert werden. Wer sich dem entgegenstellt, muß als Begünstigter... betrachtet werden.« In der Rubrik »Controcorrente« stand am Tag danach – als Antwort auf diejenigen, die von einer Herausforderung« (sfida) an den Staat sprachen – der Satz: »Die Mafia vertraut (confida) dem Staat«. Im Leitartikel schrieb Montanelli in derselben Ausgabe: »Wir wollen nicht wieder den alten Vorschlag von einem parlamentarischen Untersuchungsausschuß hören... Meinetwegen soll das Parlament untersuchen, aber sich selber.« Und weiter: »Die Region Sizilien soll uns seine ›Schmerzensschreie‹ ersparen... Sie hat kein Recht, irgendeinen Schmerz über den Tod dalla Chiesas zu äußern (und wir zweifeln daran bis zum Beweis des Gegenteils). Wir wissen sehr gut, wie durchdrungen Sizilien von der Mafia ist. Gestern, gerade gestern hatte der Regional-Ministerpräsident D'Acquisto die Übertragung neuer Vollmachten auf den General abgelehnt.«

Am 6. September griff Montanelli die Sache erneut auf: »Sprechen wir es in aller Klarheit und ohne Halbherzigkeiten aus... Wenn es der Nachfolger dalla Chiesas wie dieser wieder mit der Regionalregierung zu tun bekommt und ihrer Kontrolle und ihren Vorstellungen unterworfen sein sollte, wird er nur deshalb nicht das Ende dalla Chiesas nehmen, weil das die Mafia nicht nötig hat. Damit wir uns recht verstehen: Wir wollen damit nicht sagen, daß die Regionalregierung aus Mafiosi besteht. Aber sie besteht aus Menschen, die sich mit der Mafia arrangieren mußten, um auf ihre Posten zu gelangen und dort zu bleiben; das heißt schlicht und einfach, daß sie die mafiosen Ordnungsvorstellungen übernehmen müssen... Solange aber der Artikel 31 des sizilianischen Regionalstatuts in Kraft bleibt... wird De Francesco wohl in Rom bleiben – und in Sizilien bleiben die, die eben dort sind. Und welche das sind, wissen wir.« Hic Rhodos, hic salta. Also in Palermo sind eben »welche«! Und zwar »welche«, die kommandieren. Um wen aber handelt es sich dabei? Montanelli sagt, er wisse es. Insoweit er sich auf regionale Gruppen bezieht (da ja diese Macht auch von »irgendwelchen« Leuten ausgeübt wird) läßt er durchscheinen, daß er auch an einige Leute aus den Gruppen denkt, die ich dann angeschuldigt habe. Hat er die »Beweise«? Nein, er bezieht sich – vermutlich – auf die Beweise, die sich aus der Logik und der Geschichte ergeben. Ich frage mich nun: Wenn die Gruppen und Personen, auf die sich Montanelli bezieht, andere sind als die von mir angezeigten – warum sagt er nicht, um wen es sich handelt? Vielleicht, weil sie sogar »den Steinen« bekannt sind? Wenn jemand definitiv zu wissen behauptet, »wer das ist« und sich aufs Heftigste der Wahrheit anderer entgegenstellt – wieso nennt er dann nicht die ihm bekannten Namen? Wer sind die Mafia-Bosse, und wer protegiert sie – heraus mit den Namen, wenn man sie doch sowieso kennt! Und wo ist die Notwendigkeit geblieben, sie »um jeden Preis und mit jedem verfügbaren Mittel aufzustöbern«? Oder gibt es da Preise, die man doch lieber nicht zahlt, etwas, das mehr zählt als ein Menschenleben? Und wo ist die wildentschlossene Rede über die »Begünstigter« gelandet?

Heilige Heuchelei. Ich hatte auf Personen hingewiesen, die nicht nur nicht über jeden Verdacht erhaben waren, sondern solche, die jeden Verdacht auf sich gezogen hatten. Über Leute, die »über jeden Verdacht erhaben sind« vermag in Italien jeder zu reden, vor allem unsere modischen Nonkonformisten. Das ist aber allenfalls eine Art, ein wildes Gesicht aufzusetzen, ohne irgendetwas wirklich anzurühren (wer weiß denn, ob sie über jedem Verdacht stehen?). Wird jedoch die wirkliche Macht in ihrem Zentrum berührt, kommt man ihr sofort zu Hilfe gelaufen. Einem ehrenhaften Tod zieht man ein unehrenhaftes Leben noch allemal vor. Wenn man die Leute aufforderte, »sich die Nase zuzuhalten« und DC zu wählen, hat man da nicht implizit zugegeben, daß es in der DC stinkt? Und mit diesem Gestank hat die Mafia nichts zu tun? Ich kam immer mehr zu der Überzeugung, daß das größte Hindernis in der mangelnden Bereitschaft bestand, mit der Wahrheit zurechtzukommen, der reinen Wahrheit, der Logik – nicht nur mit der Logik der Fakten, sondern auch mit der eigenen Logik.

Dennoch unternahm ich einen Kraftakt: Ich schrieb einen Brief an Montanelli und erklärte ihm, daß in meinen Augen die von ihm gegen mich erhobenen Anschuldigungen nicht so viel zählten wie die Tatsache, daß er meinen Vater in einer seiner schwierigsten Phase unterstützt habe. Mein Ziel war es, allen – auch denen, die leidenschaftlich gegen meine Vorstellungen waren – verständlich zu machen, daß ich diese Ideen für meinen Vater in den Hintergrund rückte, und daß für mich nur allgemeine Werte dabei zählten. Ich bekam eine höfliche Antwort (aber es war eine vorläufige Höflichkeit, sehr wortreich); darin dankte man mir, daß ich trotz meines Schmerzes geredet hatte (wenigstens den Schmerz erkannte man also mittlerweile an). Was ich jedoch in den verschiedenen Episoden bemerkte und was mir Mut gab, war die Tatsache, daß den Lesern des »Giornale« diese Operation zum Teil nicht entgangen war.

In mir wuchs angesichts des Dramas dieser Tage eine Überzeugung, die plötzlich die in Jahren gewachsenen Denkschemata umstieß: Beim Kampf gegen die Mafia kommt es nicht darauf an, ob man links oder rechts ist. Hatte sich die Wochenzeitschrift »Gente« etwa nicht von ganz anderer Großzügigkeit uns gegenüber gezeigt; und hatte nicht ein konservativer Kommentator wie Enrico Mattei (»Gente« Nr. 39/1982) gefordert, man solle den Inhalt meines Interviews mit Bocca weniger hysterisch reflektieren? Gegenüber Montanelli wie auch gegenüber den anderen hatte sich der Bruch auch nicht entlang der Achse rechts-links vollzogen, sondern hinsichtlich elementarer Prinzipien der Humanität und der Wahrheit. Auf der anderen Seite hatte gerade die Verletzung dieser Prinzipien jahrelang diese Atmosphäre quälender Verhöhnung legitimiert, mit der die offiziellen Stellen die »Witwen der Mafia« (bzw. der Opfer der Mafia) umgeben hatten. Und ich erkannte, wie scheinheilig und rassistisch die Literatur über die »omertà«, die Verschwiegenheit der Sizilianer ist. Einverstanden: Von den Händlern und den Anwohnern der Via Carini hatte niemand »etwas gesehen«. Aber was bedeutete dieses Schweigen schon gegenüber denjenigen der Leute, die von der Härte der Auseinandersetzung meines Vaters im August wußten und doch nichts sagten, nicht vor Gericht zogen, um Spuren zu weisen und die Wahrheit massiv kundzutun? Ist das vielleicht keine »omertà«, eine viel schlimmere gar als die der Anwohner in der Via Carini? Ruhig, bleibt alle ruhig. Es war der erneute Beweis, daß allerhöchste Interessen auf dem Spiel standen – und daß man sich dessen bewußt war und Angst hatte.

Was mich zu einer noch aufmerksameren Einschätzung des allgemeinen Rahmens veranlaßte, war dann auch noch die Tatsache, daß sich die Einmischung der Presse nicht auf die Abwicklung der Operation »unwürdiger Sohn« beschränkte, sondern weit darüber hinausging. Sie zielte gleichzeitig auf die Demontage der Figur meines Vaters. Vorreiter in dieser Richtung war die Tageszeitung »Il Giorno« von Giuglielmo Zucconi, der früher ein »Freund« des Opfers gewesen war. In herrlichen Gleichklang mit dem, was man in Palermo munkelte (wo Martellucci bereits bei der – im Privatkreis zum besten gegebenen – Behauptung angelangt war, daß mein Vater »Selbstmord« begangen hat) publizierte »Il Giorno« den ersten landesweiten Leitartikel über die Unvorsichtigkeit meines Vaters. Das tönte am Montag, den 6. September, auf der ersten Seite und aus der Feder Zucconis höchstpersönlich unter dem Titel »Sofort wird Babel daraus« folgendermaßen: »Wir kommen nach alledem zu dem Schluß, daß dalla Chiesa auch ermordet worden wäre, wenn er mehr Hilfsmittel und mehr Machtbefugnisse gehabt hätte, sofern er sich, aus uns unbekannten Gründen, dazu entschlossen hätte, ungeschützt im Auto seiner Frau zu fahren.« Der General, einst ein Held, war nicht aufmerksam genug. Er hatte nicht aufgepaßt – er war nicht mehr er selber. Mittels der Verflechtung mit landesweiten Kräften bewies sich hier eine neue Taktik der mafiosen Macht gegenüber ihren Opfern. Nicht mehr ihre Verherrlichung, sondern ihre moralische Zerstörung. Vor allem, wenn es sich um unbequeme Opfer handelte und um solche, die sich in Bezugspunkte für die Entwicklung der öffentlichen Meinung verwandeln konnten. Die Leichen weniger schwer machen, war die neue Parole. Keine Diskussion über die Frage, warum er keine Eskorte hatte und über die objektive Ermutigung zum Mord – was der Kern des Sicherheitsproblems wäre – aufgrund des regierungsamtlichen Zurückweichens. Es war der Beginn eines komplizierten Manövers mit dem Ziel, ein unerhörtes Prinzip einzuführen: das Prinzip, wonach das Opfer selbst schuld ist.

Die Aktion konkretisierte sich – wiederum im »Il Giorno« – anläßlich der Berichte über die Leichenfeier in Mailand. Dort war die Bevölkerung der Stadt quer durch alle Schichten anwesend; dabei war auch eine starke Gruppe alter Genossen von mir aus der Zeit der Studentenbewegung. Aber der »Giorno«-Reporter Mario Zoppelli sah nur Faschisten und Leute von der Straße. Und in Gleichklang mit seinem Direktor kommentierte er im Verlaufe seines heiter-schwachsinnigen Berichts unvermittelt: »Mir war der General eigentlich nie sehr sympathisch gewesen – bis ich gestern gelesen habe, daß er dem gepanzerten Auto und dem Geruch der Maschinenpistolen den Kleinwagen und den Duft seiner viel jüngeren Frau vorgezogen hatte. Wenn einer verliebt ist, so bedeutet das, daß er nicht nur ein General ist, sondern auch ein Mensch.«

Ist es da noch verwunderlich, daß die Drahtzieher des Manövers mit dem falschen »Superzeugen« Spinoni sich ausgerechnet an »Il Giorno« wandten, um die Geschichte – mit dem famosen »Exklusivinterview« vom 12. Oktober – an die Öffentlichkeit zu bringen? Natürlich nicht (Spinoni hatte einen Olivenpflücker namens Alvaro der Beteiligung am Mord an dalla Chiesa bezichtigt, die Carabinieri hatten ihn als »vertrauenswürdig« eingestuft – und die Ermittler waren drei Monate hinter der damit ausgelegten falschen Spur hergerannt und hatten wertvolle Zeit verloren. A. d. Ü.) Welche Verantwortung auch die Carabinieri von Bergamo treffen mag – die dafür ausgewählte Zeitung war jedenfalls die richtige: Diejenige nämlich, die zwar am dreißigsten Tag nach dem Mord auf der ersten Seite schrieb »Das Herz Mailands schlägt für die dalla Chiesa« (da sich Pietät immer gut macht) – die aber nach dem Erscheinen meines Interviews mit unerhörtem Zynismus die Formulierung »Rauferei am Grab des Generals« auf mich abschoß, und die nach meinen Präzisierungen verbreitete, ich hätte »den Rückzug angetreten«. Und sie war es auch, die – in dieser Atmosphäre – der nationalen Gewerkschaftsdemonstration gegen die Mafia am 16. Oktober weniger Bedeutung beimaß als dem Sieg Saronnis bei der Lombardei-Radrundfahrt. Oder die – mit dem Versuch, mich gegen meine Verwandten auszuspielen – am 12. September ein Interview mit der Mutter Emmanuelas veröffentlichte, das für mich den hundertsten Keulenschlag darstellte.

Da gab es ein Foto, darunter stand: »Nando dalla Chiesa hat unrecht«. Dann: »Ich weiß, daß der General eine besondere Zuneigung zu seinem Sohn hegte«, so die Worte der Mutter Emmanuelas aus der Feder des Journalisten Gigi Moncalvo, »er bestand darauf, ihn zu treffen, ihm zu folgen, wir wissen auch nicht, warum… Ich wünsche, zum Wohle Nandos, daß er nicht von den Zeitungen instrumentalisiert worden ist und daß wenigstens ein Schimmer von Wahrheit in seinen Worten steckt. Nicht, weil ich das glaube, was er gesagt hat, sondern weil er sonst seine Glaubwürdigkeit verlieren würde und sein Vater da oben darunter leiden könnte… Das Andenken an diese beiden Geschöpfe, ihr reines und großes Opfer darf nicht durch diese Rauferei an ihrem Grab beschmutzt werden.« In Wirklichkeit lag das alles auf einer Linie, und die Richtung war ziemlich präzise vorgege-

ben. Nicht umsonst war es einige Monate danach wiederum »Il
Giorno« (am 15. Dezember 1982), der nach den öffentlichen Anklagen
der Witwe Calvi, Andreotti sei der Chef der Loge P2, diesem die öffentliche Verteidigung mit Hilfe eines auf der ersten Seite groß angekündigten Interviews ermöglichte – worin er die Politik der P2 als
eine völlig entgegengesetzte zur seinen definierte und feierlich versicherte: »Ich habe in meinem ganzen Leben noch niemanden eingeschüchtert.«

Auch diejenigen, die mir Raum gaben, verteidigten mich eigentlich
nur matt (ich habe daraus gelernt, daß es in unserem System schon als
»verteidigen« gilt, wenn man jemandem das Wort erteilt); und so
spürte ich die Beschränkung in meinem Reaktionsspielraum sehr deutlich – jedes meiner Worte würde instrumentalisiert werden. Vor allem
aber fühlte ich die Demütigung, mich dankbar denen gegenüber zeigen zu müssen, die mich öffentlich als braven Jungen darstellten. Viele
wurden nervös oder begannen mit Spötteleien, als Craxi und Martelli
(beide PSI, A.d.Ü.) in Beiträgen über den »Jungen« und über meine
»integre Persönlichkeit« sprachen. In diesen unglaublichen Augenblik-
ken war ich überzeugt, daß sie eben den Umständen gemäß handelten;
so, wie es ihre Rolle verlangte. Das verachtenswerte Wesen (der Mörder) wurde immer mehr ich. Und daher war es ab einem bestimmten
Punkt notwendig, sich zurückzuhalten.

Im Laufe der Zeit lichtete sich allmählich das Dunkel, das über den
wesentlichen Positionen lag. Ich fand eine große und ehrliche Aufge-
schlossenheit seitens der Liberalen und bat deren Vizesekretär Biondi
um Zusammenarbeit bei unserer Verteidigung – gerade, um zu beweisen, daß wir keine politischen Allianzen suchten, sondern die Einheit
der rechtschaffenen Menschen, eben dieselbe, der sich unser Vater gewidmet hatte. Ich begriff, daß es auch innerhalb der DC Widersprüche
gab. Von einem Parlamentsberichterstatter erfuhr ich zum Beispiel,
daß sich der damalige Fraktionschef Gerardo Bianco nach der Lektüre
ganz anders über mein »Repubblica«-Interview geäußert hatte als es
die DC offiziell tat. Zusammen mit Rita und den Geschwistern Emmanuelas ging ich auch zu Pertini – in ziemlich verwirrter Stimmung.
Wir fragten ihn um Rat für mich. »Machen sie das, was Ihr Vater getan
hätte«, antwortete der liebe, alte Präsident. Es war kein Ja und kein
Nein, formal gesehen. Aber der Ton in seiner Stimme ließ es mich als
ein Ja deuten – Ja zum Entschluß, nicht zurückzuweichen.

Im Laufe der folgenden Wochen begann Andreotti mit einer ganzen
Reihe von Unterstellungen, die mich treffen sollten, wobei er mit

äußerster Entschlossenheit und Deutlichkeit zu Felde zog. Mir gestatteten dabei vier Aspekte, nun in einem anderen Licht zu sehen, was bisher lediglich Empfindungen gewesen waren.

Nach meinem Interview gab Andreotti seinerseits eines an den »Messaggero« (am Freitag, den 10. September). Darin leugnete er zunächst einmal, daß es in der DC überhaupt Leute gebe, die auch nur im Geruch von Mafia stünden (es wäre »in einer christlichen Partei auch absurd«); dann ließ er das übliche Sammelsurium von Anspielungen und Botschaften an die Linke los und zog auch noch einen ausgezeichneten Sizilianismus aus der Tasche (»Denken wir daran, daß die Sizilianer den Hauptanteil der Gefallenen und Dekorierten in allen Kriegen stellen«). Schließlich erklärte er feierlich (und damit kommt der entscheidende Passus, also aufgepaßt): »Ich habe dem General dalla Chiesa stets volle Unterstützung gegeben bei seiner mutigen Arbeit gegen den Terrorismus und bei der Refunktionalisierung der Gefängnisse, und ich habe auch stets freundschaftliche Beziehungen zu ihm aufrecht erhalten. Ich habe ihn noch vor kurzem gesehen, und er hat nicht die geringste Andeutung über sizilianische Christdemokraten gemacht. Und er war ja sicherlich nicht der Mann, der aus diplomatischen oder anderen Gründen, seine Gedanken versteckt hätte.« Der letzte Satz trifft, wie wir wissen, zu. Aber gerade deshalb ist es in doppelter Hinsicht beruhigend, daß der vorletzte Satz falsch ist, wie wir ebenfalls wissen.

Bezüglich meiner Person hatte er schon am Vortag kommentiert: »Er hat eine schlimme Tat begangen« – eine Formulierung, die mir angesichts des Kontextes, in dem sie stand, die Schauer über den Rücken hinabjagte (vielleicht irrte ich da, aber damals deutete ich den Satz so, daß ich in der Nacht nicht mehr ruhig schlafen konnte).

Damals war Andreotti gerade dabei, sich mit Hilfe einer Einladung Arafats nach Italien außenpolitisch – wie immer – nach links zu empfehlen; und in diesen Tagen gab es ein »Ping Pong« (Fernsehsendung, A. d. Ü.) mit Gianpaolo Pansa, das live aus dem »Festival dell'Amicizia« der DC übertragen wurde. Dabei griff Andreotti die Priester an, die die gewohnheitsmäßige zahlreiche Teilnahme von Politikern an den Trauerfeiern für Mafiosi verurteilt hatten – und bewies dabei nicht gerade profunde Kenntnisse des kanonischen Rechts (»Warum«, fragte er, »beschließen die Priester nicht, keine Trauerfeier mehr abzuhalten?«) Dann garantierte er, speziell auf die Frage nach seiner Meinung über Lima und Martellucci, in aller Entschiedenheit: »Das sind Ehrenmänner, das sind Ehrenmänner.« Es sollte wohl heißen: »Sie stehen

unter meinem Schutz, damit ihr es nur alle wißt«. So hatten das, freilich von der anderen Seite her (und noch glaubwürdiger), allerdings
auch schon die Berichterstatter und Zeugen der Antimafia-Kommission beurteilt, zumindest was Lima angeht.

Bezüglich konkreter Ereignisse ließ er dieselbe Sequenz von »weiß
ich nicht«, »ich erinnere mich nicht«, »ist mir nicht bekannt« ab, die
beim Prozeß in Catanzaro wegen des Anschlags auf der Piazza Fontana in Mailand so brilliant erprobt worden war. Der DC-Führer ging
diesen Abend aber noch darüber hinaus. Er fand unvergeßliche Worte
– nur eine Woche nach dem Mord in der Via Carini und in einer von
starken Emotionen gekennzeichneten Atmosphäre. Ob er als langjäh-
riger Führer einer Regierungspartei nicht »einen Hauch von Schuld«
fühle, wollte Pansa wissen, Schuld angesichts eines Italiens der Sindona und der Morde an Leuten wie Pecorelli, Ambrosoli, Calvi, Moro
und dalla Chiesa? Andreotti darauf brutal: »Nicht einen Funken!« Und
auf die Bemerkung Pansas über die allzu vielen Beerdigungen
von Menschen, die in Sizilien ermordet wurden, antwortete er rüde,
er ziehe es vor, »zu Taufen zu gehen«. Das Publikum auf dem Fest
lachte und applaudierte. Damals war ich gerade in Palermo bei meinem Schwager, zurückgekehrt dorthin, um die persönlichen Gegen-
stände meines Vaters abzuholen. Ich mußte den Fernsehapparat aus-
schalten, sonst hätte ich ihn in Trümmer gehauen. Was ist das für ein
Land, wo sie dir den Vater umbringen, dich einen Lumpen heißen –
und dann mußt du auch noch zuhören, wie sie sich des Verbrechens
unter dem Gelächter der Menschen rühmen? Ich war für viele Tage
total fertig. Was mich jedoch diesmal überrascht hatte, fast wie eine
Offenbarung, war die Nervosität Andreottis.

Ich hatte an ihm immer seine Kühle, seine Schlagfertigkeit bewundert. Diesmal aber war er ganz anders, schwerfällig, gedrückt, beleidigend selbst gegenüber Toten. Ein Unterschied wie Tag und Nacht,
voller Nervosität und Grobheit; Verhaltensweisen, die ich wenige Wochen später noch einmal bei ihm erkannte, als ich die Berichte über
den Moro-Prozeß las (28. September). Es wurde mir insbesondere
klar, daß auch gegenüber den Moros alle strategischen Mechanismen
– Presse, Politiker, Militärs – auftraten, die gegenüber meinem Vater
und mir angewendet worden waren. Bei seiner Vernehmung am
27. September vereinte Andreotti all diese Manöver noch einmal – Zeichen, wie nahe beieinander die Auseinandersetzungen um den Fall
Moro und die Debatten seit dem 3. September lagen: Er sprach mit
eisiger Verachtung vom Opfer – Moro – stellte ihn als Menschen mit

Starallüren vor (»er wollte sehr gerne Präsident werden«), als inkompetent (er wußte nicht einmal, was »angelsächsische Sicht der Ökonomie« bedeutet) und selbstverständlich unvorsichtig (er habe auf ein gepanzertes Auto verzichtet). Die Urteile Moros über ihn (die dieser während seiner Entführung zu Protokoll der Roten Brigaden gegeben hatte, A. d. Ü.) waren eine »Litanei von Schmähungen«, die Briefe Moros aus dem »Volksgefängnis« (Symbole eines unvergeßlichen Dramas) nichts als »Papierwische«. Und selbstverständlich fehlten auch nicht die Angriffe auf die Familie.

Mir kam diese merkwürdige Parallele wieder in den Sinn, die Montanelli zwischen mir und Frau Moro gezogen hatte. Dann fiel mir bei der Lektüre der Prozeßberichte auf, daß ganz zufällig der Hochkommisar De Francesco, der meinen Vater ersetzen sollte und der mit höchsten Vollmachten ausgestattet wurde, zur Zeit der Entführung Aldo Moros Polizeichef in Rom gewesen war.

Ein weiteres, drittes Mal fand ich dieses merkwürdige Verhalten bei Andreotti ein Jahr später, in seiner »Botschaft« an die frühere rechte Hand Sindonas, Bordoni. (»Meine Geduld hat Grenzen«, tönte Andreotti, nachdem Bordoni ihn als den Chef der Loge P 2 bezeichnet hatte). Schließlich hat sich der Effekt noch ein viertes Mal gezeigt – im Fernsehen, als Andreotti sein Urteil über den Publizisten Sergio Turone abgab (»ein Aas«), der in seinem Buch »Corroti e corruttori« (Korrupte und Korrumpierer) – das zusammen mit drei anderen Veröffentlichungen beschlagnahmt wurde – den DC-Mann unter Anführung von Beweisen als den Dreh- und Angelpunkt des korrupten und von mysteriösen Leichen übersäten Italiens bezeichnet hatte.

Noch erhellender, zumindest für mich, war eine lange Bemerkung, die im üblichen »Taccuino« (»Tagebuch«, Rubrik im »Europeo«, A. d. Ü.) erschien, unter dem Titel »Die Enkel dalla Chiesas«. Erscheinungsdatum: 20. September (Nr. 38/1982). Hervorzuheben sind da drei Punkte: Erstens fand die – vorher schon in Palermo und in Mailand formulierte – Theorie von der Unvorsichtigkeit meines Vaters nun in Andreotti ihre Zentrierung und ihre landesweite Absicherung. Er weitete diese Theorie gar noch gleichsam organisch aus auf die großen Mafia-Opfer, indem er die Vorstellung ausarbeitete, im Grunde seien die Ermordeten die wahren Schuldigen an ihrem eigenen Tod: »Sein Tod hat wegen des Mangels an Verteidigungsmaßnahmen gerade bei einem Mann überrascht, der in der Zeit, als er die Antiterror-Spezialeinheit leitete, niemals zwei Nächte hintereinander an demselben Ort schlief, oder der dies zumindest glauben ließ. Palermo ist unerklärbar. Mattarella ließ sich eskortieren – aber nicht an Festtagen; dalla Chiesa fuhr im Kleinwagen seiner jungen Frau Emmanuela nach Hause wie sonst jemand, der keinerlei Zielscheibe für die Kriminalität bildet.«

Zweitens erklärte Andreotti öffentlich und ohne irgendwelche Verschleierung seine maßgebliche Opposition gegen die Ernennung meines Vaters zum Antimafia-Präfekten (was er an gleicher Stelle schon im April getan hatte). Folgendes schrieb also der Schutzpatron Limas und seiner Genossen: »Später, als in der Campania der Krieg Cutolo-Maresca losbrach (Raffaele Cutolo, Chef der neapolitanischen Gangsterorganisation »Nuova Camorra organizzata«; Puppeta Maresca, Chefin der gegnerischen »Nuova famiglia«, A. d. Ü.) da bot man dem General dalla Chiesa an, als Präfekt nach Palermo zu gehen, anstatt der Koordinierung des Kampfes gegen die Kriminalität in Süditalien vorzustehen. Wenn man ihm noch für einige Jahre aktiven Dienst garantieren wollte, war das eine gute Sache; aber in diesem Fall wäre es wohl angemessener gewesen, ihn zum Staatsrat zu ernennen, mit einer Pensionierung zum siebzigsten und nicht zum fünfundsechzigsten Lebensjahr. Jedenfalls ist die törichte Erinnerung an den Präfekten Mori unnütz und gefährlich, weil man dabei die abgrundtiefen Unterschiede der Zeiten und der Systeme vergißt.«

Was soll das heißen? Vor allem wohl eine Botschaft an das Gedächtnis, mit meinem Vater als Adressaten: Du wolltest dich da einmischen (meinem Vater war, wie schon erwähnt, auch die Präfektur von Neapel in Aussicht gestellt worden), und nun hast du dafür bezahlt, gerade angesichts der Tatsache, daß du dich auch hättest raushalten und andere Aufträge bekommen können. Aber die Botschaft enthielt offenbar auch einen Seitenhieb auf Spadolini: Siehst du, was dabei herausgekommen ist, daß man ihm den Kampf gegen die Mafia anvertraut hat, als wäre er ein neuer Mori? Wiederum also dieser Grundgedanke: Mein Reich hat niemand zu berühren. Überflüssig zu sagen, daß diese unglaubliche Botschaft in aller Ruhe aufgenommen und schweigend übergangen wurde.

Der dritte Punkt war etwas verschwommen, aber umso brutaler: die erbarmungslose Ironie, die er für meinen Vater übrig hatte. Nicht nur die schon bisher gezeigte: Hier war nun eine andere Art Ironie enthalten, die noch grausamer gegen ihn wütete – Andreotti hat sie voll und ganz in den Artikel »Die Enkel dalla Chiesas« gepackt. Die Bemerkung im »Taccuino« beginnt nämlich mit einem Rückbezug auf ein Interview meines Vaters mit Enzo Biagi. Der hatte ihn gefragt, ob er seinen Enkeln denn sein Leben erzählen werde, wenn er einmal in Pension sei. Mein Vater darauf: »Den Kindern erzählt man Märchen; mein Leben ist aber kein Märchen. Ich werde ihnen also Märchen erzählen.« Nach meiner Empfindung konnte dieser Titel und die kurze Erinnerung an jene Episode – im Rahmen einer Betrachtung über die Mafia und den Tod meines Vaters völlig überflüssig und unverständlich in ihrem Sarkasmus – nicht anders klingen als so: Lieber General dalla Chiesa, nun hast du deinen Enkeln doch keine Märchen mehr erzählen können; sie werden ohne sie auskommen müssen.

Schließlich dann die Reise Andreottis nach Sizilien Ende Oktober. Am Freitag, den 29. September, versammelte Andreotti im Don-Orion-Saal in Palermo seine insularen Hintersassen. Sein Verhalten dabei war das des großen Feldherrn, der gekommen ist, um seine Truppen wieder auf Vordermann zu bringen, die zu einem Gefecht ausgerückt waren, das als »bequem« eingeschätzt worden war und das sich als äußerst heimtückisch erwiesen hatte – und die sich nun an das Hauptquartier um Direktiven für ihr Vorgehen gewandt hatten. Andreotti gab ihnen sein Imprimatur – in einer Tonlage, die selbst das »Giornale di Sicilia« als »aggressiv« und »an bestimmten Stellen unerhört« einstufen mußte (»Sicher, das ist nicht mein üblicher Ton«, bekannte der Führer, »aber ich verwende ihn, weil wir nun an einer Wende stehen«): »Ihr sizilianischen Christdemokraten seid stark, und deshalb sprechen sie schlecht von euch. Wäret ihr schwach, würde sich niemand um euch kümmern. Weisen wir den falschen Moralismus derer zurück, denen der Schaum vor dem Mund steht, während ihr eure Position mit jeder Wahl verbessert.« Unter tosendem Beifall lobte er die insularen Christdemokraten und ermahnte sie, angesichts einer öffentlichen Meinung, die auf Distanz zu ihnen zu gehen begann, ihren Weg fortzusetzen: »Wir Christdemokraten sollen Fehler haben? Sicher, wir haben welche. Aber wenn wir uns umblicken, sehen wir, daß wir bei weitem besser sind als alle anderen.« Dabei bezog er sich nicht nur auf seine Getreuen, sondern auf alle sizilianischen Christdemokraten schlechthin – (ein Ausdruck der Wertschätzung für den »Mut« D'Acquistos, und eine Verteidigung post mortem des Fanfanianers Giovanni Gioia) – wohl um zu betonen, wie inopportun die Nutzung des Augenblicks zur Eröffnung parteiinterner Kämpfe sei. Und dann das sizilianistische Bonbon: »Ich verteidige nicht die sizilianischen Christdemokraten, sondern das sizilianische Volk, das man nicht beleidigen darf, wie dies bisher geschehen ist.« Das Heilmittel gegen die Mafia? Natürlich das Zusammenhalten der politischen und sozialen

Kräfte. Und was dalla Chiesa angeht: Den sollte man, so forderte Andreotti, entmythifizieren, denn er war auch nicht mehr als einer der zahlreichen Staatsdiener, der in Ausübung seiner Pflicht gefallen war, und der im übrigen auch nicht durch irgendjemand »monopolisiert« werden dürfe.

Die Aufforderung zur»Entmythifizierung« bedeutete die Bekräftigung einer sowieso schon in der öffentlichen Diskussion vorhandenen Strömung (wenn auch bislang nur von einer Minderheit getragen). Unterstützt wurde sie nicht nur von Politikern und Journalisten. Schon von den ersten Tagen nach dem Mord an, waren an dieser Front auch das Pärchen Voltaire – von Clausewitz präsent; in diesem Fall repräsentiert von Sciascia – Cappuzzo. Sciascia, der sizilianische Romancier, der mich schon vorher in recht phantastischer Art des Antisizilianismus beschuldigt hatte, griff mit einem Beitrag des »Corriere della sera« am Sonntag, den 19. September, in die Debatte ein. Er warf das ganze Gewicht seiner Meinung in die Debatte, mit Hilfe eines langen, langen Artikels, über den sich zumindest die großen Chefs der Insel-Christdemokraten anerkennend äußerten. Er versicherte ex cathedra, daß der wirkliche Grund für die Unvorsichtigkeit meines Vater darin bestanden habe, daß er glaubte, die Mafiosi würden ihn nicht anzugreifen wagen – denn er habe, als Nichtsizilianer, die Mafia eben nicht verstanden und sei sowieso von einem eher literarischen Bild seiner selbst und seiner Gegner ausgegangen, eine jedenfalls »rückständige« Einschätzung. Außerdem habe er nicht im mindesten die umstürzlerische Qualität der Mafia-Verbrechen in den letzten Jahren in Betracht gezogen. Was die Beziehung Mafia – Politik angehe: Die sei, so behauptete er, bereits in Scheidung begriffen. Und wie es so seine Gewohnheit ist, erklärte er – auch wenn er dabei Savino zitierte – Andersdenkende schon vorbeugend zu »Dummköpfen« und kündigte an, daß »ihre eventuellen Reaktionen zu dem, was ich sage, mich ziemlich kühl und gleichgültig lassen werden«. Schließlich bekräftigte er, der Aufklärer, noch einmal das, was er schon der »Stampa« kundgetan hatte (in der Beilage »Tuttolibro« von Samstag, dem 11. September), als er – gleich nach dem Verbrechen – eilends richtigstellte (»aus Gründen der Diskretion dazu gezwungen«, wie er im »Corriere« verdeutlichte), warum und wieso mit der Figur des Hauptmanns Bellodi im »Tag der Eule« nicht mein Vater gemeint war. Auch hier das übliche Spiel: Sciascia hatte es alle Welt glauben lassen, solange mein Vater am Leben war – Vater hatte sogar öffentlich davon gesprochen, und Sciascia hatte es niemals dementiert (wohl auch deshalb, weil er selbst es,

178

wie ich mich gut erinnere, meinem Vater gesagt hatte). Kaum brachte die Mafia dalla Chiesa um, fühlte Sciascia die mächtige Bürgerpflicht zur Mitteilung: Alles falsch, der Hauptmann Bellodi ist ein anderer! Worauf nun das staatliche Fernsehen die Sache auch noch zur Literatur machte und sich auf die Suche nach dem »wirklichen« Hauptdarsteller begab, den Oberst Romano Candida. Der jedoch stellte trotz dieses düsteren Falles das Bild eines gesitteten und anständigen Italiens wieder her: Statt den Augenblick für eigene Publizität zu nutzen, erklärte er ehrlich – wohl auch getragen vom menschlichen Respekt vor seinem ermordeten früheren Kollegen – daß er sich nicht in dem Protagonisten des Romans wiedererkenne (»La Stampa«, 12. September).

Cappuzzo, damals Generalstabschef des Heeres, trieb es nicht weniger arg. Dieser schreckliche Mord reichte noch nicht, um eine hartnäckige Feindschaft zu begraben. Er bot vielmehr die Gelegenheit, jemanden zu verletzen, der sich nicht mehr wehren konnte (und hier stellt sich mir – erneut – die Frage, ob es sich dabei bloß um Rivalität gehandelt hat). Am 29. September erschien ein Interview von ihm mit der Agentur ADN-Kronos. Zunächst leugnete er die Existenz alter Gegensätze zwischen ihm und meinem Vater (der, »Soldat, der er war, stets meinen Standpunkt und den des Generalkommandos akzeptiert hat«); dann gab er eine neue Erklärung für die Unvorsichtigkeit meines Vaters ab, die ganz im Einklang mit einigen besonders lächerlichen und klatschsüchtigen Kreisen Palermos (und darüber hinaus mit der schon zitierten Reportage über die Trauerfeier im »Giorno«) stand: »Wahrscheinlich hat ihn sein neues Gefühlsleben beeinflußt, die Tatsache, daß er in einem Alter noch eine so junge Frau heiratete. Vielleicht wollte er sie nicht mit seinem Ambiente der Vorsichtsmaßnahmen, der fehlenden Freiheit, der Zwänge belasten und hat dabei in die andere Richtung übertrieben. Er hat allzusehr darauf vertraut, daß sie einen Angriff auf sein Leben nicht wagen würden.« Die Theorie Sciascias also, verquickt mit der These vom Tod wegen seiner Liebe. Honigsüß dann das abschließende Staccato für seinen »alten Freund«: »Dalla Chiesa war ehrgeizig und wollte auch beim Kampf gegen die Mafia zu dem Rang emporsteigen, der ihm aufgrund seiner hohen beruflichen Qualitäten zustand.« Alles in allem, so lautete die Botschaft, hat er übertrieben, war über seine Pflicht hinausgegangen. (Ein recht seltsamer Gedanke, der später auch noch vom Bürgermeister von Monreale bezüglich eines anderen Mafia-Opfers, des Obersten D'Aleo, in der Presse geäußert wurde.)

Vier Tage später, der am 3. Oktober, erschien Cappuzzo wieder in »Il

Tempo« auf der Titelseite, um am 30. Tage nach dem Blutbad »meines Freundes dalla Chiesa« zu gedenken. Es war, als ob sein »Freund« bei einem Verkehrsunfall umgekommen wäre. Kein Wort über das Verbrechen, nur das fürsorgliche Zeugnis, daß mein Vater »recht zufrieden« über die empfangenen Vollmachten gewesen sei. War er also nicht unzufrieden, hatte er keinen Grund zur Beunruhigung? Nein, er war lediglich »vergrämt, daß er nicht das Vergnügen hatte, mich während meines letzten Aufenthalts in Sizilien zu besuchen«. Der General habe auf alle Fälle die »heimischen Kommentatoren« ermahnt, nicht ständig auf die »phantomatischen Vollmachten« zurückzukommen, weil sie jedenfalls nicht das Allheilmittel bedeuteten. Woran Cappuzzo noch die üblichen Bezugnahmen auf die Liebe meines Vaters zu Sondervollmachten und auf seinen »großen Ehrgeiz« anhängte. Natürlich wird in dem Artikel auch das Wort »Mafia« nicht ausgesprochen; sie verwandelt sich unsäglicherweise in »organisierte Kriminalität«. (Ganz andere Tonart hatte stattdessen in derselben Zeitung der Beitrag des Generals Luigi Forlenza, ebenfalls Armeekommandant).

Das Thema der Staralüren – auf das wir noch zurückkommen werden – berührte dann, wenngleich in etwas sanfterer Form, auch der Präfekt von Neapel, Riccardo Boccia, der in »La Repubblica« vom 29. September meinte, der in den Aktionen meines Vaters gegen die Mafia »erkennbare Personenkult« sei wohl ein Fehler gewesen. »Vielleicht lag darin ein Irrtum dalla Chiesas: Es schien, als sei er in einen Krieg gegen die Mafia getreten. Die örtlichen Behörden und die sozialen Kräfte können da nicht bloß Zuschauer bleiben. Man muß das Bild des Staates als Kollektivität wiederherstellen.« Und mit unnötiger Bosheit fügte er an: »Die Einsamkeit dessen, der sich auf verantwortungsvollem Posten befindet, ist quasi eine existenzielle Tatsache. Unzählige Male ist man alleine mit seinem Gewissen. Da ist niemand, der deine Probleme lösen kann.« Heilige Logik. Wie kann man jemandem Personalismus vorwerfen, den man gleichzeitig beschuldigt, die Lösung der eigenen Probleme an andere abzuschieben? Unabhängig davon, daß mein Vater zu Recht all sein Prestige in diesen Kampf einbringen wollte: Hatte er etwa nicht alle möglichen Allianzen aktiviert, noch dazu mit manch ungewöhnlicher Öffnung nach außen? Natürlich hätte er Freude daran gehabt, wäre da auch ein Bürgermeister Valenzi (wie in Neapel, A.d.Ü.) als Vermittler gewesen – stattdessen hatte er Leute wie Martellucci, Di Fresco und D'Acquisto. War er wirklich ein »Personalist«? Daß dieser Vorwurf von einem seriösen Beamten kam, zeigte nur die tausend Schwierigkeiten, unter denen sich innerhalb des Staates eine wirkliche antimafiose Kultur herausbildete. Zu deren *Wesen* gehört natürlich nicht die Glorifizierung der Opfer, wohl aber die rückhaltlose Suche nach den Gründen für ihre möglichen Grenzen (und das gilt auch für diejenigen, die später vom Richter Chinnici sagten, »daß er nicht einmal seinem Schatten traute«) – statt starrköpfig und mit Trommelwirbeln nach ihren »Fehlern« zu fahnden (»Trommelwirbel«, weil das Interview des Präfekten Boccia am selben Tag wie das von Cappuzzo an ADN-Cronos gegebene erschien).

Freilich war auch ich mir im Zweifel, ob ich angesichts meiner besonderen Situation nicht zu Übertreibungen neigte; ob ich nicht allzu automatisch jeden, der etwas gegen meinen Vater sagte, gleich als Feind begriff. Unserer Meinung nach war das alles viel zu groß und zu schmutzig gewesen, um sich nicht schon rein gefühlsmäßig voll auf seine Seite zu stellen. Natürlich darf man auch Helden kritisieren. Aber wenn man ihn kritisierte, was durchaus plausibel sein konnte, so war es doch tausendmal notwendiger, die mächtigen Mafiosi zu kritisieren. Gerade so verhielten sich jedoch seine Kritiker nicht, einschließlich der Theoretiker von der »Unvorsichtigkeit«. In einem wunderbaren Artikel in der »La Repubblica« hatte Francesco Alberoni schon am 11. September geschrieben: »Aus diesem Grund ist heute das Verhalten gegenüber dalla Chiesa von ausschlaggebender Bedeutung. Es polarisiert sich in diejenigen, die gegen und diejenigen, die für die Mafia sind. ... Für lange Zeit noch wird der Kampf gegen die Mafia sich um den Mythos von dalla Chiesa herum abspielen. Wer für die Mafia ist, wird alles tun, um ihn zu demontieren, zu diffamieren. Aber das Volk hat ein Gedächtnis, und es ist äußerst schwierig, unsere Helden zu demolieren.«

Die »Bewältigung« des Verbrechens geschah auch noch auf anderen Schienen, die eher »operativen« Charakter hatten, aber durchaus ihre Funktion erfüllten – dank der Oberflächlichkeit der Kommentatoren und ihrer unzureichenden Vertrautheit mit den für die mafiose Kultur typischen Techniken der Manipulation (mit Hilfe von Reden und mit Hilfe von Schweigen). Das sind hinreichende bekannte Fakten, so daß man sich nicht allzu lange bei ihnen aufhalten muß. Dank der »Operation Spinoni«, des falschen Superzeugen, dem die Carabinieri von Bergamo unglaublicherweise Glauben geschenkt hatten und den »Il Giorno« mit einer vollen Seite gesponsert hatte, wurde nun die Aufmerksamkeit nach Catania verlagert. Sofort hieß die Schlagzeile »Der Befehl kam aus Catania«. Nein. Ich glaube: Die Behandlung des Verbrechens erwies sich weniger einfach als vorhergesehen; diejenigen, die da innerhalb des buntscheckigen Machtsystems kommandierten, in dem der Mordgedanke gewachsen war, hielten es nun für opportun, den Forderungen nach Gerechtigkeit aus dem ganzen Land irgendein Opfer zu bringen. Daher die catanesische Komponente (die, wie bald zu sehen war, nur vorläufig sein sollte) und die Präsentation des einen oder anderen weniger geschützten Menschen in Palermo, wie das Fanfanianers Di Fresco, der ins Gefängnis kam; oder Vito Cianciminos, der nur peripher »Andreottianer« war, der von den Parteiämtern schon beurlaubt, aber noch immer mächtig war; oder auch der Regionalsekretär Rosario Nicoletti, ein Schwachpunkt des Kräftegleichgewichts und noch dazu ohne Hausmacht.

Gegenüber der unbeugsamen Opposition der Kommunisten wurden die Andreottianer Martellucci und D'Acquisto vor ihrer Enthebung noch mit Zähnen und Klauen verteidigt; D'Acquisto wurde danach sogar mit einem Parlamentsposten entschädigt. Man mußte also den Eindruck erwecken, daß etwas getan wurde und daß sich diesmal nicht alles in Rauch auflöste. Das »Gesetz La Torre« wurde zwar verabschiedet, aber aufgrund eines »Versehens« wurde im Gesetzestext das sofortige Inkrafttreten ausgelassen, so daß die besonders Betroffenen noch Zeit zu einer hastigen Umordnung ihrer Vermögensverhältnisse hatten. Auf alle Fälle war die Annahme des Gesetzes ebenso wie die Übertragung weitreichendster Machtbefugnisse auf den Hochkommissar die exakte Bestätigung, daß die Mafia (vor die Wahl gestellt zwischen unbequemen Verhaltensweisen und unbequemen Gesetzen) mit dem Entschluß zum Mord bei der Aufrechnung von Kosten und Nutzen – die Gesetze vorgezogen hatte.

Aber unter den Bewegungen der Oberfläche schimmerte doch allmählich ein durchaus substanzieller Wandel auf der Ebene der öffentlichen Meinung durch. Umso schwieriger waren die Probleme, die man in den Institutionen und vor allem in der politischen Sphäre überwinden mußte. Selbst die Entdeckung einiger der Killer war in diesem Sinn kein allzu großer Trost. Sie war im Rahmen einiger recht undurchsichtiger Zeugenaussagen geschehen – und der »größte« der organisierenden Totschläger (die ja offensichtlich eine andere Ebene repräsentieren als die Auftraggeber), jener Nitto Santapaola mit seiner Nähe zu hohen Dienststellen von Cantania, war zur Abwechslung auch noch flüchtig.

Dazu kam noch jener christdemokratischer Konvent über das Thema Mafia – organisiert, um den PCI ruhigzustellen, der diese Veranstaltung wohl etwas naiv als Vorbedingung für eine erneuerte Glaubwürdigkeit der DC auf der Insel hingestellt hatte. Das Ganze fand am 13. und 14. November in Palermo statt und war eine Beleidigung für die Intelligenz und das Schamgefühl der so oft verletzten Gemeinschaft. Piccoli als Vorsitzender, einleitendes Referat von Rosario Nicoletti, »strategische« Beiträge von Lima, mit dem offensichtlichen, immer beunruhigenderen Vorschlag zu einem »Pakt der Produzenten«. Einzig bemerkenswerter Aspekt: die Abwesenheit Cianciminos, der allzu lange als einziges Exemplar eines mafiosen Politikers zitiert worden war. De Mita war klugerweise nicht erschienen; aber in Palermo wurde ziemlich klar, daß der Wille zur Säuberung recht gering war. Währenddessen wurde auf Regierungsebene deutlich, daß man bereits auf bestem Wege war, die Frage als Handelsobjekt in die politischen Geschäfte und die gegenseitigen Erpressungen einzubringen.

In diesen Tagen und Augenblicken erkannte ich noch nicht, wieviel von alledem nur Eintagseffekt war, und wieviel an Neuem im Verhalten der öffentlichen Meinung darinlag; und so erfaßte mich tiefgreifend das erschütternde, zerfetzende, schmerzliche Gefühl, daß sich nichts ändern würde.

Mein Vater war ermordet worden. Aber anstatt daß die Gesellschaft, die Gesamtheit der Institutionen, ihm Gerechtigkeit widerfahren ließ, erlebte ich ein Schauspiel, das aus einer Abhandlung über experimentielle Anthropologie stammen hätte können. Der mächtigste Politiker in der Geschichte unserer Republik, der »angesehenste italienische Journalist« (wie die »Gazzetta del Sud« Indro Montanelli am 26. Februar 1984 nannte), der bekannteste und von den Medien hochgelobte Soldat des Landes; der in Sachen Mafia meistzitierte Intellektuelle (vielmehr der »Vordenker«), und, wenn auch etwas verschwommener, der andere Präfekt »in vorderster Front«: Sie alle vereinten sich miteinander und noch mit manchen anderen, zwielichtigeren oder auch zweitrangigeren Gestalten, die allesamt auf ihre spezifische Weise arbeiteten. Der eine demontierte meinen Vater und griff ihn an, der andere zog gegen den Sohn los, der da Gerechtigkeit forderte, wieder ein anderer verteidigte die politische Macht der Mafia. Ich benütze das Wort sonst nie: Aber das alles war wirklich ein halluzinatives Szenarium.

Ich verbrachte viele Abende voller Trostlosigkeit. Tausende von Fragen kreisten in meinem Kopf umher, von denen ich die Antwort schon kannte. Sobald ich alleine war, konnte ich kaum die Tränen zurückhalten und wollte immer wieder die – so teuren – Fotografien an mich pressen, auf denen wir in den Ferien oder an Weihnachten zusammen zu sehen waren, alle zwei bis drei Jahre mit einem Kind mehr. An einem dieser tristen Tage fand sich plötzlich wieder eines der wenigen Erinnerungsstücke an 1968, das ich noch immer griffbereit habe: eine kleine Spieldose, die die Internationale intoniert. Es war ein Uhr nachts, und ich drehte das Kurbelchen drei- oder vier Mal mit einer Bewegung, die zwischen Mißtrauen und Nostalgie schwankte. Ein undefinierbares Gefühl überkam mich. War dies das Ziel unserer Hoffnungen? Ich trat auf den Balkon, um im Freien, unter dem kalten und bewölkten Himmel weiterzudenken. Und da kam mir jener General in den Sinn, ein Freund meines Vaters, der mir den Rat gegeben hatte, mich zu fügen; er faßte mir um die Schultern und fügte dazu: »Mein lieber Junge, was willst du machen; so geht es eben auf der Welt zu.« Nein, nein, so geht es nicht zu auf der Welt. So geht es auf der Welt zu? Dann werde ich dich, Welt, herausfordern. Ich warf ihr tatsächlich diese Herausforderung zu, von meinem Balkon aus. Wenn ich später daran zurückdachte, mußte ich über diese Shakespearsche Einfalt lachen, zu der mich meine Trostlosigkeit hingerissen hatte. Aber in diesem Moment fühlte ich mich dieser Vernunft nicht unterworfen. Ich erlebte vielmehr, daß meine Hoffnung umso mehr wuchs und rebellierte, je größer mein Schmerz und meine Einsamkeit waren.

X

Mörder und Opfer
(Rollentausch)

Die Erfahrungen nach dem 3. September hatten jedenfalls einen enormen – und wie ich glaube, irreversiblen – Einfluß auf meine Art zu leben und die Wirklichkeit und »die anderen« zu sehen.

Die Existenz zweier Italien hatte sich mir in grellen Farben gezeigt und wetterleuchtete beständig in meinem Inneren. Wenn man mir auch viel zugefügt hatte – ich hatte auch viel empfangen. Da war eine lebendige, vielfältige Solidarität, die sich in tausenderlei Episoden zeigte: der lange und teilnahmsvolle Beifall der Studenten in einer Schule; die Frau, die in Parma für einen Nachmittag zu mir kommt und Hemden stopft, um mir »ein wenig zu helfen«; der pensionierte Soldat und aktive Oberst, die mich an jedem Feiertag anrufen, ob ich etwas brauche, aber auch der Hauptmann, der Befehl hat, nicht an einer öffentlichen Diskussion mit mir teilzunehmen und der dennoch, privat, in mein Hotel kommt, um mir zu sagen, daß er richtig fände, was ich tue; die Partisanen- und Emigranten-Vereinigungen, lokale Behörden und auch die alten Schulfreunde, die sich nach fünfzehn oder zwanzig Jahren wieder melden und mich fürs Wochenende zu sich einladen – »dann machen wir am Freitagabend eine Versammlung mit dir, und danach kannst du dich ein wenig zerstreuen«; die Freundinnen und Bekannten (aber auch ihre Töchter), die mir anbieten, auf die Kinder aufzupassen, »wenn du wegmußt oder am Abend beschäftigt bist«; der Intellektuelle, der Journalist oder der Richter, der voller Arbeit steckt und der doch hunderte von Kilometern fährt, um einen Abend oder eine Nacht über meine Probleme mit mir zu diskutieren.

Ich werde und kann die Namen, Episoden, Gesicher dieses Italiens (das vielleicht mehr als nur das »andere« Italien ist) nicht vergessen. Auch wenn ich es nicht quantifizieren kann: Es ist lebendige, materielle, umfassende Realität. Ich glaube aber eine recht wichtige Tatsache bei alledem erkannt zu haben: Aufgrund merkwürdiger, komplizierter Kombinationen gelingt es – freilich nur unseren Gegnern –, Bereiche herzustellen, wo die »beiden« Italien irgendwie einander überlappen, wo es eine Kommunikation gibt, was die Grenzen zwischen ihnen fließend macht und so jenem zynischen und dümmlichen Teil Italiens erlaubt, größer zu scheinen als er ist, auch dann noch ein »Heimspiel« zu haben, wenn er sich theoretisch auf gegnerischem Gebiet befindet. Die mafiose Kultur legitimiert sich und behält ihr Bürgerrecht, weil sie sich – vor allem mit dem Verstreichen der Zeit und dem Abflauen der Emotionen – physisch zu maskieren versteht, in der Sprache des Angestellten spricht, der niemals eine Lira klaut, des Familienvaters, der zu vielen Opfern fähig ist, des jungen Utopisten oder des Freundes, der dir keinen Gefallen verweigern würde.

Eine dieser gemeinsamen Zonen hat meiner Ansicht nach einen überaus entscheidenden Charakter. In sie dringt auch sofort die kriminelle Macht ein und gibt Order zu ihrer Kultivierung mit jedem verfügbaren Mittel an die eigenen in die Parteien, Institutionen und Presseorgane eingeschleusten Lakaien. Diese »gemeinsame Zone« besteht in einem Austausch der Rollen zwischen Opfer und Mörder; ein seinerzeit vom Kardinal Mazarino theoretisch bearbeiteter Tausch, der jedoch – dies habe ich wiederum gelernt – von einem bestimmten Punkt an nicht zu sehr im Rahmen großer Ereignisse vor sich geht, sondern entlang einer unerschöpflichen und zermürbenden Reihe nebensächlicher, kleiner, »normaler« Episoden. Was mich zu der Schlußfolgerung geführt hat, daß dies der wirkliche, letzte Schlüssel zur Erklärung der Straflosigkeit mafioser und, noch allgemeiner, krimineller Macht ist; und daß ich mich daran halten muß, um meine Erfahrungen vernünftig zu verstehen.

Das Phänomen erschien mir zunächst recht diffus, ich war nicht darauf vorbereitet. Dann lüftete sich ein Schleier nach dem anderen und nahm mir meine verblüffte Ungläubigkeit. Es ging genauso vor sich: Als ob nichts geschehen wäre, reihten sich Menschen und Persönlichkeiten aller Arten mit banditenhafter Dreistigkeit nacheinander gleichsam in ein sich ständig vergrößerndes feindliches Heer ein, zu dem sich auch noch Gesichter mit gerade eben erst veränderter Physiognomie gesellten, die ich bisher für Freunde gehalten hatte. Wir haben ja bereits gesehen, bei meinem Vater, wie die Strategie der Verleumdung vom ersten Augenblick an mit Hilfe der Theorie von der »Unvorsichtigkeit« und mit den »Faschisten und Außerparlamentarischen« beim Begräbnis vor sich ging – mit all den Konsequenzen, die man daraus zu ziehen verlangte.

Bald darauf kontruierte sich eine andere Angriffslinie, die jedoch, während das Opfer mit Schmutz beworfen wurde, neues Licht in die Motive des Verbrechens brachte. Klarheit brachte in dieser Hinsicht der christdemokratischen Senator Antonino Calarco aus Messina, Leiter der »Gazzetta del Sud« und – welch schönes Zusammentreffen – gerade neuernannter Berichterstatter eines Gesetzesvorhabens, das die Eröffnung eines Spielkasinos in jedem Regierungsbezirk Italiens vorsieht. Samstag, den 11. September, 15 Uhr 45, betrat Calarco den Pressesaal des Senats und platzte gegenüber ein paar Journalisten heraus: »Der General dalla Chiesa hat am 7. August – dem Tag, an dem die Regierungskrise ausbrach – Giorgio Bocca dieses Interview gegeben, weil der PSI angesichts möglicher vorgezogener Neuwahlen ihm den ersten Listenplatz angeboten hatte. Anderenfalls hätte ja nur ein Verrückter als Präfekt ein Interview mit einem Frontalangriff auf die Regierung geben können. Wenn ihr diesen Schritt nicht versteht, werdet ihr nie etwas vom Menschen dalla Chiesa verstehen. Wäre es zu Neuwahlen gekommen, wäre er vom Amt des Präfekten von Palermo zurückgetreten.« (»L'Unità« am 12. September 1982). Zum Beweis zitierte er – die Ente von Ferragosto, die der »Giornale di Sicilia« über eine Kandidatur meines Vaters für das Innenministerium gebracht hatte.

Die Botschaft war durchsichtig: Seht mal, was das für ein Gesetzeshüter war! Er arbeitete für politische Ziele! Der Vorstoß des Senators war umso niederträchtiger, als der Mann sich ein paar Monate später mittels der »Gazzetta del Sud« (anläßlich eines Kommentars zu meinem Beitrag beim PCI-Kongreß) auf geradezu klassische Weise in einen glühenden Bewunderer meines Vaters verwandeln sollte – um mich, den unwürdigen Sohn anschuldigen zu können, daß sich der General dalla Chiesa meinetwegen im Grab herumdrehe.

Dann gab es die P2-Kampagne – die später noch einmal von Sciascia aufgewärmt werden sollte. Der sizilianische Abgeordnete Giuseppe Sinesio, selbstverständlich Andreottianer, vertraute sich Francesco Damato an (einer der ganz wenigen, die den Mut hatten zu schreiben, was sie gesehen und gehört hatten). Er polemisierte zuerst kräftig gegen das Gesetz La Torre und räumte ein, daß er selbst, wäre er nicht Abgeordneter, viel Grund gehabt hätte, sich vor den vom Gesetz zugelassenen Kontrollen zu fürchten. Dann fügte er an, daß da so manches am Tod dalla Chiesas sei, was an den Mord an Roberto Calvi erinnere (Calvi, P2-Mitglied und Chef der katholischen »Banco Ambrosiano« in Mailand, war, nach dem Zusammenbruch seines Privatbankimperiums, geflohen und 1982 in London erhängt aufgefunden worden, A. d. Ü.): Der eine wie der andere in der P2-Liste, wußten sie vielleicht beide Dinge, die sie nicht enthüllen durften? Daß mein Vater Dinge wußte, die er nicht »enthüllen« durfte, glaube auch ich. Und ich denke auch, daß die Auftraggeber der beiden Morde angesichts der zerebralen Verflechtung von Mafia und P2 nicht weit voneinander entfernt sind. Daß er meinen Vater aber in die Nähe Calvis rückte, gerade in dieser Situation, hatte etwas Schurkenhaftes an sich.

Das allgemeine Klima nahm im weitesten Sinn verblüffende Formen an. Keiner wußte Bescheid über die Mafia, auch nicht die hervorragenden sizilianischen Exegeten, die besser daran getan hätten, alles ein wenig besser zu studieren (oder vernünftig zu betrachten). So mancher stellte trotzdem fest, ohne je mit meinem Vater gesprochen zu haben, was dieser »wirklich« gedacht und was er »wirklich« verstanden habe. Keiner fragte nach, keiner informierte sich. Fast alle hatten ihr Wissen mit dem Trichter eingeflößt bekommen. Fakten und Logik waren allenfalls freiwillige Zugabe. Es gab da ganz eindeutig einen direkten Draht zwischen Idiotie, Einbildung und diesem allzu scheinheiligen Zynismus. Hier entstand ein allgemeines Klima, das geprägt war von dem wie durch Zauberhand zusammengeführten moralischen Abwässern der Gemeinschaft. Nicht zufällig blühten im Polizeipräsidium bereits in der Nacht des Attentats die geistreiche Bemerkungen und gar Witzeleien über den Altersunterschied zwischen meinem Vater und Emmanuela. Sogar im Justizpalast von Palermo schnappte mein Vetter eine Schaudergeschichte auf, die ein Richter einer Gruppe Jugendlicher erzählte (»Kennt ihr schon den Neuesten über dalla Chiesa?«), nachdem bekannt worden war, daß mein Vater sich zuhause in der Villa Pajno eine indische Schwarzdrossel gehalten hatte. Es waren Augenblicke, in denen wir uns vor allem fürchteten. Wir fühlten uns eingeschlossen in der Gewalt ebenso unsichtbarer wie greifbarer Macht von unbegrenzten Möglichkeiten.

Freunde, viele für uns zur Hilfe bereite Journalisten, die Kommunistische Partei, die Sozialistische, die Liberale, der gesamte katholische Bereich von »Comunione e liberazione« bis zur »Azione cattolica« und zur ACLI, die uns alle unterstützten und uns wohlwollend gegenüberstanden: Aber was hätten wir angesichts einer Offensive tun sollen, die mit Hilfe der Geheimdienste oder zwielichtiger Gestalten der Oberkommandos oder der nationalen Presse durchgeführt wurde?

Eine ziemlich bittere Periode. Ich könnte nicht sagen, wie lange dieses deprimierende Gefühl anhielt. Ich erinnere mich, daß sich angesichts unseres Verhaltens die Aufforderungen vervielfachten, nicht dem Ansehen unseres Vaters zu schaden. Die ersten davon habe ich nicht beachtet. Dann begann ich das Ausmaß der Erpressung zu erfühlen. Im Oktober verbrachte ich eine aufs Äußerste angespannte Woche. War es nicht doch möglich, daß ich, indem ich Gerechtigkeit forderte, der Grund für die moralische Demontage der Figur meines Vaters war? Mit welcher Begründung konnte ich die Verantwortung dafür auf mich nehmen?

In einer dieser Nächte hatte ich einen Traum, einen doch sehr schönen Traum. Ich stand auf einer Piazza, die leicht abfiel, ähnlich wie die Piazza Venezia in Rom. Der Platz voller Menschen, darunter viele Kinder. An einem bestimmten Punkt sah ich von links meinen Vater mit seinem sicheren Schritt daherkommen. Er trug Sommerkleidung und hatte seine schwarze Tasche unter dem Arm. Vater hielt den Kopf hoch erhoben und lachte, während er nach rechts herüberkam. Die Leute wandten sich ihm zu, und die Mütter sagten zu ihren Kindern: »Schau, der General dalla Chiesa, sag ihm Guten Tag.« Er ging also erhobenen Hauptes, hatte es nicht gesenkt. Die Leute grüßten ihn. Vielleicht irre ich mich, aber als ich aufwachte und mich so alleine auf dem Sofa fand (damals schlief ich bei Freunden, um den Nachstellungen zu entgehen), da gefiel mir der Gedanke, daß es sich zumindestens um einen prophetischen Traum handle: Sie würden ihr Ziel nicht erreichen. Im übrigen kam zu diesem Zeitpunkt schon aus ganz Italien die Nachricht, daß Gemeinderäte, Verbände und viele Privatleute dafür eintraten, Schulen, Straßen und Sportplätze nach meinem Vater zu benennen. Das Volk bewies, wie Alberoni es vorausgesehen hatte, sein Gedächtnis.

War der Rollentausch im Hinblick auf meinen Vater auch schwierig (was nicht ausschließt, daß man ihn eines Tages wieder versuchen wird), so ließ er sich jedenfalls viel einfacher gegenüber seiner Familie bewerkstelligen. Der Gipfel der Barbarei war mit dem Mord alleine noch gar nicht erreicht – dahin gelangte man erst, als die Familie des Opfers zum moralischen Ziel wurde. Und genau dann, wenn die Barbarei am höchsten und gleichzeitig subtilsten wird, verschwimmen die Grenzen zwischen den »beiden Italien« ganz besonders. Das Ganze ging mit großer Unerbittlichkeit, ich wage fast zu sagen: Wissenschaftlichkeit vor sich. Am Tag der Beerdigung ist der Familie alles erlaubt: Man kann schreien, in Wut ausbrechen, die Regierung verfluchen, den Händedruck der Staatsrepräsentanten ausschlagen, also alles tun, was man will. In dem Augenblick sind auch alle auf Seiten der

Familie, leiden mit ihr und seufzen anteilnehmend. Arme Witwe, arme Kinder, sieh da, die Mutter, die arme Alte, welch ein Schmerz. Vielleicht gegen die Regierung gewendet: Verbrecher, Feiglinge, Betrüger. Dann sieht man Pertini und kommentiert: Armer Alter, wie viele solcher Begräbnisse hat er schon gesehen; er ist so rechtschaffen, aber seine Hände sind gebunden.

Ein Ritus, ein mathematisch abgezirkelter Ritus unserer Tage. Danach ändert sich alles sehr rasch. Je nach der Popularität der Opfer kann sich das Gefühl der Leute mehr oder weniger lang halten. Aber für die Familie beginnt nun eine andere Phase, die vielleicht härteste von allen. Was für andere einen Tag, einen Monat oder ein Jahr dauert, dauert für dich dein Leben lang, zeichnet und zerreißt dich für immer; aber du darfst das nicht sagen, denn du kannst doch – zurecht – die Leute nicht ständig plagen, dich nicht ständig als Waise aufführen. Es sei denn, die anderen geben dir ausdrücklich die Gelegenheit dazu: Wenn du eine Medaille entgegennehmen sollst, ein Denkmal einweihen, so daß dir ein Kloß im Hals sitzt, dann verhalte dich als Waisenkind, da hast du das Recht dazu (und du mußt das sogar tun, möchte ich dazusagen – für deinen Vater, an den sich die Leute erinnern). Aber du darfst nur innerhalb dieses Ritus Sohn sein. Außerhalb ist es dir nicht gestattet. Vor allem aber ist es dir verboten, Gerechtigkeit zu fordern.

Denn dies ist die einfache und schreckliche Wahrheit: Die Familie darf keine Gerechtigkeit fordern. Genauer gesagt: Sie darf es, wenn sie in *unzweideutiger* Weise vom »Roten Terrorismus« betroffen wurde (weshalb die Familie Moro denn auch ihrerseits keine Gerechtigkeit fordern durfte – hier war die Unzweideutigkeit nicht gegeben). Da fühlen alle ihre Humanität, die Prinzipien der Brüderlichkeit und der Gerechtigkeit werden hochgehalten. Und Montanelli konnte schließlich im Fernsehen von den »armen Familien« sprechen. Wird aber die Familie von einem Verbrechen betroffen, das den unverwechselbaren Geruch der unteren Etagen des »Palazzo« trägt, dann wehe! Dann kann sie nur eines tun, um nicht doppelt Opfer zu werden: schweigen. Nur das Schweigen verleiht ihr Würde. Du hast den Mord an deinem Vater monatelang heranreifen gesehen? Na gut, sei ein würdevoller Mensch, und halte still! Nimm die Anerkennung, das aufmunternde Schulterklopfen und die Beileidsbekundungen derer entgegen, die deinen Vater in Gefahr brachten oder gar derer, die ihn umbringen haben lassen. Das heißt, du bist »würdevoll«, wenn du die Gerechtigkeit eintauschst gegen die Willfährigkeit der Macht und vielleicht gegen einige Vergünstigungen im rechten Augenblick. Dies und nichts ande-res ist der Sinn der menschlichen Würde, der da gepredigt wird. Und auf diese Weise arbeitet alles, aber auch alles für die Mörder.

Machst du nicht mit, setzen sich die Mechanismen der Mißbilligung in Bewegung. Was wollen die denn? Gut, gut, wir haben verstanden, aber jetzt reicht's, warum »regen sie sich immer noch weiter auf?« (wie Sciascia über mich sagte)? Und, fügte mancher hinzu (auch der eine oder andere, der meinen Vater beleidigt hatte), was würde der Va-ter sagen, wenn er seinen Sohn so sehen würde, stillos, ohne Anstand – er, der doch soviel auf militärische Formen hielt! Alles auf Seiten des (ermordeten) Vaters – gegen den Sohn. In Wahrheit lassen sie dir nur eine einzige Alternative zum Schweigen, die dir gestattet, dich selbst für eine ehrenhafte Person zu halten: die Vergebung.

Ach, was für eine wunderbare Sache ist doch Vergebung, wieviel Noblesse steht dahinter! Die Komplizen der Mörder stehen jederzeit zu der Behauptung bereit, daß die Kinder, die nach Gerechtigkeit ru-fen, in Wirklichkeit rachgierige Gesellen sind, und daß man diese Rachsucht überhaupt nicht verstehen könne. Haben die vielleicht kein christliches Gefühl im Leibe? Sie vergeben (uns) nicht? Seht doch, wie ganz anders der Sohn von Bachelet ist (Richter Bachelet war 1980 von den Roten Brigaden ermordet worden. A. d. Ü.) Der Name des jungen Mannes, den ich sehr schätze, wurde oft genannt, mit unerhörter Frechheit: Vor allem, weil Vergebung eine völlig individuelle Geste ist, die bei anderen anzumahnen niemand (und schon gar nicht die Lumpen selbst) das Recht hat. Außerdem, weil der Fall des Terroristen anders liegt als der des großen Mafiapaten. Dem Terroristen kann man vergeben (und vielleicht hätte auch ich das getan; ich habe viel darüber nachgedacht) – denn er »weiß wirklich nicht, was er tut«. Die Abwen-dungen vom Terrorismus, die heftigen Geständnisse zeigen, daß Hun-derte von jungen Leuten tatsächlich erst heute zu verstehen beginnen, was sie damals getan haben. Und ihr Handeln drückte in seinem blu-tigen Wahnsinn dennoch den Wunsch nach einer besseren Gesellschaft aus; sie taten es nicht für Geld, sondern für eine Idee. Dr große Mafia-pate stattdessen weiß vollkommen, was er tut, und er tut es um des Geldes willen. Und er tut es zum Nachteil der Gesellschaft, damit er das Geschäft mit dem Tod und die Produktion von Opfern fortsetzen kann. Im Ernst: Für die Terroristen gibt es schon Gesetze. Der Staat verfolgt sie in seiner Gesamtheit, erlegt ihnen zehn Jahre Präventivhaft auf (in Italien können bei terroristischen Taten Verdächtige bis zu 10 Jahren und 8 Monaten in Haft gehalten werden, ohne daß ein rechtskräftiges Urteil vorliegt, A. d. Ü.). Wer aber verfolgt die großen Mafia-paten, die in der Regierung sind? Wenn es schon kein Gesetz dafür gibt, dann sollten, sage ich, wenigstens die Gefühle und das Denken ihrer Opfer zur Mahnung dienen.

Es lag also keine Unfähigkeit zur Vergebung vor. Viele Leute haben mich z. B. gefragt, warum ich den Innenminister Rognoni nur so wenig kritisiert habe. Die Antwort war, daß ich es nicht für gerecht gehalten habe, etwas gegen ihn zu unternehmen. Ich habe seine Bitterkeit gesehen; wenn mich meine Sinne nicht täuschten, hat er stark unter dem gelitten, was da geschehen war, und ich hatte keinen Anlaß, ihn ständig an seine politischen Verantwortlichkeiten zu erinnern, auch wenn es diese natürlich gab. Darüber sollen die Parteien richten. Für mich ist da ein Unterschied zu denen, die sich des Verbrechens gleichsam gerühmt haben oder Partei für die Mörder ergriffen haben, um die eigene Position zu retten, und die dem Opfer und seinen Kindern ins Gesicht gelacht hat. Vergeben kann man zwischen Menschen, nicht aber zwischen Menschen und Bestien.

Dies, genau dies war der Geist, der uns bewegt hat. Wir fanden uns einer enormen Feindseligkeit und Verständnislosigkeit gegenüber. Ein derartiger Rollentausch, daß wenige Tage nach der Beerdigung nicht mehr der Mörder – wie im Kriminalroman – aufpassen mußte, damit er keine Fehler machte. Nein. Die Wirklichkeit übertrifft jede Phantasie, und so ist es die Familie, vielmehr das Opfer (denn auch die Familie ist hier Opfer), die keine falsche Bewegung machen darf, die »Augenmaß« besitzen muß. Auf sie konzentrieren sich alle kritischen Kräfte der öffentlichen Meinung, wohl auch, weil sie das einzig sichtbare Element der Tragödie ist. Der Mörder ist per definitionem unbekannt, »ganz oben«, »über allen Verdacht erhaben«. Und so bleibt eben nur die Familie, über die man richten kann. Die macht natürlich auch ihre Fehler, denn sie ist nicht unfehlbar, besteht aus menschlichen Wesen, vor eine Situation gestellt, die ihre Kräfte übersteigt, die sie zermalmt und auf die sie nach ihren Kräften zu reagieren suchen. Die Ursache dieser Situation interessiert freilich niemanden mehr – jetzt geht es um die Fähigkeit, sich innerhalb der Spielregeln zu bewegen, eben der Regeln, die den Vater umgebracht haben.

Und da muß man auch immer um Verzeihung bitten. Entschuldigt bitte, wenn er sich in einen Kleinwagen gesetzt hat; verzeiht, daß er eine jüngere Frau geheiratet hat; vergebt uns, wenn wir Gerechtigkeit wollen. Wert und Unwert kommen durcheinander, kippen um, ohne daß man dies von außen her wahrnimmt. Ich habe das selbst zunächst nicht verstanden; heute sehe ich diesen infernalischen Mechanismus stets in Bewegung, pünktlich wie der Tod. Es scheint mir, ins Große übertragen, wie ein Erlebnis, das ich vor einigen Jahren während eines Spaziergangs auf der Piazzale Cadorna in Mailand hatte: Zwei blinde Jungen gingen da miteinander entlang, jeder mit seinem weißen Stock in der Hand, und sie unterhielten sich leise. Dann rempelte einer von den vielen eiligen Passanten der Mailänder Straßen den einen der beiden unachtsam von hinten an – und der Blinde sagte »Verzeihung!«. Ich hatte das Gefühl, das man wohl haben kann, wenn arrogante Verrücktheit zur Selbstverständlichkeit wird. Natürlich wußte ich nicht, daß ich später selbst in mir das verinnerlichte Bedürfnis der Opfer und Armen spüren sollte, mich ständig bei den anderen Leute für die eigene Lage zu entschuldigen. Sie sorgen dafür, daß du es verinnerlichst, indem sie dich überfallen, ohne daß du Zeit hast, zu verstehen, was geschieht. Widerstehst du in einer ersten Phase, treten sie sofort in die nächsten ein, ohne Unterlaß, und darin werden alle zur Verfügung stehenden Grausamkeiten eingebracht.

Die erste Stufe ist recht einfach und in vieler Hinsicht nutzbar: die intellektuelle Neutralisierung. Das Opfer, das protestiert, das Gerechtigkeit verlangt: Es weiß nicht, was es tut! Es wird bemitleidet, wir verstehen seinen Schmerz, aber nun Schluß, es redet so unerhörtes Zeug. Da es sich bei den Opfern (hier die Familienangehörigen) oft um ältere Menschen oder um Frauen handelt, sind die Grundbedingungen vorhanden, daß diese erste Phase schon zur Eliminierung eines unbequemen Zeugnisses ausreicht. Im allgemeinen bietet der Rekurs auf diese Stufe einen großen Vorteil: Man benötigt keinen Frontalangriff auf das Opfer, man kann ihm gegenüber auch weiterhin Mitgefühl und emotionale Solidarität zeigen. Das Publikum hat bei dieser Operation daher auch nicht das Gefühl, daß man gegen elementare Werte verstößt, es empfindet die Grausamkeiten nicht richtig, die da mit großer Gewandtheit durch Worte und Signale übermittelt werden. Es sieht in diesem Verhalten vielmehr ein glückliches Zusammenspiel von Moral und Vernunft. Und es kann auf diese Weise sein Gewissen billig beruhigen.

Reicht diese Stufe nicht, will sich das Opfer nicht zermahlen lassen, sondern behauptet und reklamiert Vernunft, geht man zur zweiten Stufe über – die moralische Neutralisierung. Das Opfer ist nicht deshalb unglaubwürdig, weil es »verrückt« ist, sondern weil es »unwürdig« ist. Dieselbe Prozedur, die in so vielen Vergewaltigungsprozessen verwendet wird und dort ganz genauso funktioniert – immer niederträchtig, immer hinterlistig und brutal. Erkennt man, daß man bei einem Opfer mit der ersten Stufe kaum Chancen hat, geht man sofort zu dieser zweiten Phase über. Beziehungsweise gibt es da eine Rollenteilung.

Die besonders Hinterhältigen bringen nur diese Stufe ins Spiel, überlassen anderen die erste, die intellektuell neutralisieren soll. Auf diese Weise wird der Mensch zerstückelt, auf Fragmente reduziert – was wiederum dem Bedürfnis der mafiosen Macht nach anthropologischem Rückschritt entgegenkommt: Der Mensch als Totalität existiert nicht mehr, er wird gespalten in zwei nicht miteinander verbindbare Bereiche, den der Gefühle und den der Vernunft. Entweder du wirst aufgrund deines Schmerzes akzeptiert (für den dir Gefühlsäußerungen gestattet sind, aber nicht das Verständnis) – oder du bist »allzu helle«. Wie kann der, bei alledem, was ihm passiert ist, noch nachdenken? Das heißt wohl, daß er nicht leidet – also ist er ein unwürdiger Sohn.

Die Vernunft wird so vom Gefühl abgekoppelt, wird gar zum Gegenteil von Gefühl, und das führt zur politischen Spekulation, in die schlimmste Form der Vernunftanwendung. Niemandem kommt in den Sinn, daß das Gefühl in einem bestimmten Moment, in diesem Moment nämlich, schlichtweg die Kraft geben kann, Wahrheiten auszusprechen, die zu unbequem oder zu gefährlich sind, als daß andere sie zu sagen vermöchten. Das bedeutet, daß dieses Gefühl die Vernunft »weiter« anstacheln könnte, aufgrund des außerordentlichen Impulses zum Verstehenwollen; oder weil es eben tatsächlich einen Instinkt des Opfers gibt, der dir mit leuchtender Klarheit all das zeigt, was sich dann unerbittlich in einem lebhaften Puzzle zusammenfügt. Nur deshalb, nur weil niemand auf diesen Gedanken kommt, können so viele Verbrechen vertuscht werden. Auch der unschuldige Mensch, auch – wie in meinem Fall – der Reporter der katholischen Tageszeitung braucht das Gespräch mit dir, die Begegnung mit dir, um, sechs Monate danach, zu verstehen daß du »wirklich leidest«.

Du findest dich eingekerkert in diese Alternative Vernunft-Gefühl. Ich erinnere mich z.B., daß ich für einige Tage und Wochen dachte, daß man den Mord an meinem Vater – um ihn zu verstehen – in eine historische Perspektive einbeziehen müsse. Man sollte die jüngste Geschichte durchsieben, nicht nur die Tagesereignisse, sondern auch das Netzwerk der Politik. Ich sagte mir, daß man bis zum Fall Matteotti (1924 ermordeter sozialistischer Politiker, A. d. Ü.) zurückgehen muß, wenn man ein für die Mutation der Macht und die Degeneration des Staates derart symbolträchtiges Verbrechen finden will. In keinem anderen Fall, soviel ich auch herumsuchte, hatte die Macht derart offen und arrogant einen Symbol-Menschen umgebracht. Sicher, da gab es auch immense Unterschiede in den beiden Fällen; insbesondere ermutigte mich die Möglichkeit, daß das Verbrechen in der Via Carini nicht – wie das von 1924 – eine aufsteigende Phase darstellt, nicht die Weihe der Machtgruppe, die gemordet hatte – sondern vielmehr den Beginn ihres Abstiegs.

Es schien mir damals so, und es scheint mir heute noch mehr, als ob die Bedingungen für diesen Abstieg nunmehr gegeben wären. Jedenfalls schien es mir notwendig (schon alleine, weil es niemand sonst tat), die Reflexion auf diese analytische Ebene zu heben, anstatt von australischer, türkischer, kanadischer und weltweiter Mafia zu schwatzen, wie es – wissentlich ferngesteuert – einige Reporter taten. Aber dann ließ ich doch davon ab. Was hätte es tatsächlich bedeutet, wenn ich lediglich *diese* Debatte eröffnet hätte? Manch einer hätte gesagt, nun erkenne man wirklich, daß ich verrückt sei. Was soll denn dieser Vergleich Matteottis mit Ihrem Vater? Vor lauter Gefühl sieht er die Zusammenhänge nicht mehr recht. Und mancher Linke hätte wohl noch dazugesetzt: Wie kann man Generäle mit den Helden des Antifaschismus zusammenwerfen? Und dann wären noch welche dagewesen, die gesagt hätten: Schau dir den an, sie ermorden ihm den Vater, und er denkt an eine historische Erklärung.

Als ich Anfang Oktober anläßlich des dreißigsten Tages nach dem Mord dem Direktor des Telegiornale 2, Ugo Zatterin, ein Interview gab, erfuhr ich ganz besonders bitter, an welchen Punkt sie mich inzwischen gebracht hatten. Zatterin zeigte sich nach dem Interview konsterniert, und er hatte recht. Er wollte den Sohn dalla Chiesas hören – und hatte sich einem Menschen gegenüber gefunden, der in seiner Rede, um den Ruch der gefühlsduseligen Verrücktheit abzustreifen, ein »historisch« und ein »soziologisch« nach dem anderen in seine Antworten einflocht. Er fragte mich, ob wir das Interview noch einmal aufnehmen könnten. Ich fühlte eine abgrundtiefe Demütigung. Auch dies hatten sie erreicht: Ich hatte Angst vor meiner eigenen Persönlichkeit und vor meinem Schmerz. Ich wiederholte das Interview, aber es gelang mir gleichermaßen nicht, ich selbst zu sein – aber von diesem Augenblick an wußte ich: Statt mich dieser infamen Erpressung zu unterwerfen, hätte ich das Recht reklamieren müssen, nicht der Hampelmann der Herren aus der Politik oder der Presse zu sein, sondern Nando dalla Chiesa, der seine eigene Geschichte hat, seinen eigenen Beruf und seine eigenen Affekte – und dies alles hätte eins werden müssen mit meinem Kampf. In Wirklichkeit war es einfacher, diese Entscheidung zu treffen als sie durchzuführen. Denn an diesem Punkt wird die dritte Stufe eingeschaltet, die kulturelle Neutralisierung. Was ist das schon für ein Soziologe, wer kannte ihn denn, bevor sie ihm den Vater umbrachten? Also vergaßen plötzlich alle den »Jungen« und diskutierten ihn, als ob er, in seinem Alter, doch längst eine Leuchte der Wissenschaft sein müßte, zum Teufel!

Und so kam es, daß glänzende Ignoranten, die nie ein wissenschaftliches Buch oder eine soziologische Zeitschrift lesen oder zumindest kaufen, ihre eigene Weisheit herauskramten und über die kulturelle Dichte meiner Schriften urteilten, über meine Beiträge oder meine Vorträge auf öffentlichen Diskussionen. Danach wurden dann – als Minimalfloskel, ohne übermäßige Phantasie – meine Argumentationen als »pseudosoziologisch« eingestuft (wobei selbstverständlich unterstellt wurde, daß sie selbst die soziologische fabrizierten).

Den Sieg errang dabei ein gewisser Remigio Cavedon vom »Popolo« (am 8. März 1983), der mir die berufliche Qualifikation nur noch in Anführungszeichen zugestand und der zutiefst erkannte, daß meine Argumentation ein »Mischmasch von Pseudogedanken« sei; und da er nicht viel über Sozialwissenschaften nachzusinnen gedachte, verwandelte er mich in einen »Politologen«, ein »Politologe«, dessen »Pseudoanalysen« natürlich »in einem gewissen Sinn beleidigend sind, auch hinsichtlich der Arbeit und des Opfers des Vaters«. Außer Konkurrenz nahm schließlich auch noch Giuseppe Gargani am Wettbewerb teil, der halbgeniale Justiz-Staatsekretär aus Avellino. Er erkannte mir, mit der Schlauheit eines Winkeladvokaten, das Prädikat »unbegabt« zu (Gargani ist, zum besseren Verständnis, der Mann, der meiner Schwester Rita im Fernsehen ins Gesicht grinste und – zwei Monate nach der Via Carini – erklärte, daß die Frage nach den politischen Verantwortlichkeiten seiner Ansicht nach »überwunden« sei).

Mithin: Vom Volontär bis zum Operettenkritiker kühlen sie der Reihe nach alle ihr Mütchen an dir, dem vereinbarten Ziel der Meinungsmache.

Trotz der Erniedrigung und auch der Wut kannst du aber auch nicht jedesmal reagieren, und es können auch nicht andere an deiner Stelle tun. Du mußt es hinunterwürgen; und währenddessen mußt du versuchen, dir etwas aufzubauen.

Zu Anfang dachte ich, daß diese Atmosphäre, zumindest zum großen Teil, die Folge von Zweideutigkeiten sei. Ich konnte nicht akzeptieren, daß derart viele Leute, so mächtig sie auch waren, von Böswilligkeit bewegt wurden. Darum unternahm ich alles, um möglichst gradlinig zu bleiben, keine Schlingerbewegungen zu machen, damit man anders über mich denken konnte und verstand, daß mein einziges »Rollen«-Interesse das des Sohnes war. Aber ich irrte. Ich habe in meinem Tagebuch eine ganze Reihe von verblüffenden Episoden verzeichnet, die bezeugen, wie die Pforten der Glaubwürdigkeit einem verschlossen werden, weil sie verschlossen sein »müssen«, oder wie nichts und niemand in der Lage ist, das einmal angeklebte Etikett des »Feindes« wieder abzunehmen. Ich möchte zwei dieser Episoden erwähnen, die ganz besonders bezeichnend sind wegen der sozialen Distanz ihrer jeweiligen Hauptdarsteller.

Die erste Episode spielte sich an einem Sonntagnachmittag ab. Seit dem Mord waren drei Wochen vergangen, und ich fuhr mit dem Zug nach Parma, um Blumen auf das Grab meiner Eltern und Emmanuelas zu bringen. Am Friedhof hörte ich eine aufgeregte Stimme aus einer benachbarten Abteilung. Ich spitzte die Ohren und erkannte, daß der Typ, der da so schrie, über mich sprach. Ich trat näher und sah, daß er fünf Frauen eine Rede gegen mich hielt. Voller Dreistigkeit erzählte er ihnen einen Haufen unrichtiger Dinge: Daß mir vom Gericht verboten worden sei, Interviews zu geben, daß ich mich mit dem PCI abgesprochen hätte, Bocca ein Interview zu geben, und noch andere Köstlichkeiten, die schon vorher im Umlauf waren oder je nach der Laune des Augenblicks erfunden wurden. Ich hielt mich zurück, auch weil ich weiter zuhören wollte. Aber ich konnte nicht mehr an mich halten, als dieser Grobian auch noch sagte: »Und wißt ihr, wo er und seine Schwester in diesem Moment sind? Ich sag es euch. Sie fahren in Sizilien herum und halten mit Berlinguer (PCI-Chef, A. d. Ü.) Versammlungen ab.« Verbittert stürzte ich da hinüber und schrie ihn, eher trostlos als wutentbrannt, an: »Was reden Sie den da, was reden Sie den da? Wir haben keine Versammlung abgehalten!« Ich dachte, wenn er mich sähe (und er erkannte mich, es blieb ihm nichts anderes übrig) und sich beim Lügen ertappt fühlt, drei Wochen nach der Via-Carini, könnte ihn ein Impuls – vielleicht nicht gerade der Pietät, aber der Ernsthaftigkeit – überfallen, könnte er sich fragen, ob die Dinge, die man sich erzählte oder die er zu wissen meinte, nicht falsch seien, und könnte sagen, »ich habe mich geirrt«. Könnte sprechen. Nichts dergleichen. Mit arrogantem Gesicht fuhr er mich an: »Wer hat Ihnen denn das Wort erteilt?« Und als ich mich weigerte abzuhauen, ging *er*. Ich war für ihn kein Mensch. Ich war ein »Feind«. Und ich erkannte die schreckliche Wirkung des Begriffspaares Zynismus – Schwerhörigkeit, wenn es darum ging, die Regeln der Politik auf die Gesamtgesellschaft zu übertragen.

Eine andere Gelegenheit zum Umdenken hatte ich anläßlich des PCI-Kongresses in Mailand im März 1983. Ich hatte mich bis dahin gehütet, auf irgendeiner vom PCI veranstalteten Kundgebung zu sprechen. Das war eine ganz und gar nicht oberflächliche, sondern methodische Entscheidung gewesen (die mich unter anderem gerade in einer psychologisch schwierigen Periode von zahlreichen Demonstrationen der Solidarität und des Mitgefühls ausgeschlossen hat).

Aber zum Kongreß mußte ich gehen. Ich wollte in aller Klarheit die Regeln der Politik anprangern und die Defizite der Partei gegenüber der mafiosen Aggression unterstreichen, sei es auf der interpretativen Ebene, sei es auf operativem Niveau. Mailänder Genossen hatten mir vorgeschlagen, als Delegierter des Ortsverbandes zu sprechen. Aber ich wollte in Übereinstimmung mit der übernommenen Aufgabe bleiben. Als Delegierter hätte ich eine für die anderen Parteimitglieder »repräsentative« Rolle übernommen; ich aber wollte ohne irgendeinen Auftrag erscheinen – ohne Einschränkung auf Repräsentationspflichten, die nicht meine persönliche Erfahrung wiedergaben. Also erbat ich nur die Erlaubnis, als Gast zu sprechen – eine kongreßübliche Praxis, die nicht nur für politische Führer gilt. Es war also alles andere als ein Partei-Beitrag, den ich da leistete. Die Wochenschrift der Azione Cattolica »Segno nel mondo« empfahl meine Ausführungen sogar allen anderen Parteien als Ansatz für eine neue Reflexion, wie man aus der Krise herauskommen kann, »denn dies muß vor allen Dingen eine Konsequenz von Analysen und kulturellen Projekten sein« (Nr. 14 v. 26. März 1983). Aber für die unentwegten Kritiker meiner Person reichte das alles nicht. Diejenigen, die im gegenteiligen Fall gesagt hätten: »Seht ihr? Jetzt ist er doch Parteidelegierter!« behaupteten nun, daß es vernünftiger gewesen wäre, wenn ich auf Verlangen der Partei geredet hätte, zumal ich ja nicht einmal Delegierter war. In welcher Eigenschaft hat er gesprochen? fragte alarmiert »Il Giornale«, der lombardische Wachtturm der vorhandenen Ordnung; zwei Wochen vorher hatte er sich diese Frage freilich nicht gestellt, als ich – ebenfalls als Gast – vor dem Nationalkongreß der Liberalen Partei gesprochen hatte.

Es war eine zu verlockende Gelegenheit. Aus dem Wald hallte es zurück mit den Stimmen einer kleinen, aber prestigebeladenen Gruppe von Intellektuellen, unter Führung von Pietro Giorgianni, dem Direktor von »EVA Express«. Montanelli kramte all seine Zivil-courage hervor und widmete mir sogar einen seiner berühmten »Controcorrente«. Und da enthüllte er: »Wie sich doch die Zeiten und Generationen wandeln. Von der Väter ›Such schweigend zu gehorchen und schweigend zu sterben‹ zu der Sprößlinge ›such schwätzend zu gehorchen und schwätzend zu leben‹.« (»Il Giornale«, 6. März 1983). Das war nicht nur zynisch. Es war im entscheidenden Punkt auch verlogen – und er wußte es. Mein Vater war nicht »schweigend« gestorben; und er hatte nicht geschwiegen, gerade weil er – zur Respektierung der Gesetze – »ungehorsam« sein mußte.

Es war jedenfalls nicht nur jene verordnete Feindseligkeit, die da die Glaubwürdigkeit der Hinterbliebenen in Frage stellte. Man konnte ja den Kampf gegen das Opfer und seine Demontage nicht bewerkstelligen, indem man ihm (unabsichtlich) die Systemfehler aufbürdete. Es ging erst, wenn das Opfer »Laut gab«. Was vorne bei der Türe hinausging, kam durchs Fenster wieder herein. Denn das Opfer ist es ja, das »anklagt«, das sich rührt – weil es Raum nur findet, wenn es anklagt, nur dann. Auf diese Weise wird dem Publikum ein verdrehtes Bild vermittelt, von dem man sich unmöglich befreien kann. Wer nur die Schlagzeilen liest – das mußte ich erfahren – behält durchgehend den Eindruck, daß es »der Sohn dalla Chiesas ist, der Unrat stiftet«.

Es hieß, daß dies die Regeln der Presse seien. Regeln der Politik, Regeln der Presse: Hand in Hand, im Gleichschritt, nach außen hin unbefleckt und objektiv – und doch zutiefst in Komplizenschaft verstrickt. In dem Maß, in dem sie nachlässig und scheinheilig dem Zugriff des Menschen entzogen werden, begünstigen sie unweigerlich denjenigen, der gegen den Menschen ist. In vielen Schulen mußte ich erleben, wie erstaunt sich Direktoren, Lehrer und Eltern über meine Art zu reden zeigten; sie hatten Angst gehabt, daß ich wie ein Verrückter feurige Attacken nach rechts und nach links reiten würde – und nun erlebten sie statt vieler Anklagen vernünftige und bewegte Worte.

Das Ganze ist eine Sitte mit sehr komplexen Ursachen. Hinter dem skandalistischen Gebrauch des Opfers steht nicht nur eine schlimme Regel der Presse, sondern auch eine tiefgreifende Feigheit der Gesellschaft.

Was geschieht, ist in der Tat dies: Die Gesellschaft belädt das Opfer, das schon schwer genug an dem Fall trägt, mit der Aufgabe, die Wahrheit für die gesamte Gesellschaft auszusprechen. Dabei handelt es sich nicht um eine geheime Wahrheit, die nur dem Opfer höchstpersönlich gegeben ist. Nein, es ist eine Wahrheit, die alle wissen, eine öffentliche

Wahrheit, die sich aus Fakten und logischen Zusammenhängen ergibt. Vielleicht hast du als Opfer den einen oder anderen Faden mehr in der Hand, aber das Mosaik ist, auch wenn es noch unvollständig ist, allen sichtbar. Im wesentlichen muß das Opfer, alleine, das tun, was die Regierungen, die Parlamente, die großen Informationsmedien nicht leisten. Sie fordern Namen und nochmals Namen. Läßt aber dann der eine oder andere Name bei den Leuten ein Licht aufgehen, sind gleich wieder andere da, die das Opfer anklagen, es »sei genauso wie die Mafiosi«, es sei sich seiner Verantwortung nicht bewußt (und sie beschließen ihre Überlegungen mit ihrem innigsten Wunsch: »Also ist es besser, ruhig zu sein«.)

Versuchst du, dich aus diesen Untiefen wieder flottzumachen und engagierst dich zusammen mit anderen beim Aufbau einer neuen Kultur, einer neuen Sensibilität – was von dir auch eine ständige Aufmerksamkeit gegenüber der Presse erfordert –, so tritt flankierend der hinterhältigste aller Anschuldigungsmechanismen in Kraft; eine raffinierte Variante der Vorkehrungen für die moralische Neutralisierung: der Vorwurf der Starallüren, des »Sichanhängens« an den Tod des Vaters, des Versuchs, von seinem Blut zu profitieren. Gut. Ich schlage vor, daß der Vorwurf der Starallüren von nun an für jeden, der ihn erhebt, zu einer Art Personalausweis wird. Die Geschichte belegt im Überfluß, daß diejenigen, die anderen Staralüren vorwerfen, im allgemeinen selbst ihre eigene Mutter für ein Rednerpult, einen Lehrstuhl oder eine Handvoll Dollar verkaufen würden und sich für jedes Geschäft hergeben, nur um auf der Titelseite der Zeitungen zu erscheinen oder dort schreiben zu dürfen.

Dies ist der Ursprung der Anschuldigungen; aber das Bild ist auch bei denen nicht viel anders, die nichts zu bestimmen haben: Das gilt ebenso für die Linke wie insbesondere für die kleinen römischen und Mailänder Intellektuellen, die über alles Bescheid wissen, außer über sich selbst. Was wollen denn die Kinder dalla Chiesas, fragen sie, was will den dieser Sohn? Möchte er sich einen Namen machen? Und (prinzipielle Frage) –: »Was will er damit erreichen?« Man versteht tatsächlich nicht, was ich erreichen will – wie immer. Was will der Vater Tobagis (von Linksterroristen ermordeter Journalist, A. d. Ü.) erreichen, was die Witwe Terranova, was Frau Costa – was wollen alle die erreichen, die sehen mußten, daß ihre liebsten Menschen wie Hunde umgebracht wurden? Man muß sich diesen Zynismus anhören: Was will er erreichen?

Und dabei benutzen sie in perfektem Gleichklang dieselbe Argumentation wie die Mafiosi. Sind es nicht gerade die Mafiosi, die den besonders mutigen Richtern Starallüren vorwerfen? Eben. Und nun kommen diese anderen Leute daher, und genau wie Mafiosi versuchen sie Recht zu behalten – indem sie noch dazusagen: Mußte er letztendlich nicht erwarten, daß sie seinen Vater umbrachten? Wenn einer diesen Job macht, weiß er, was das bedeutet. Sogar Cristina, unsere liebste Freundin, rief eines Tages Emilia an, um ihr zu sagen, daß wir aufhören sollten, daß man sich allseits zu fragen beginne, ob wir nicht selbst jedes Maß überschritten, zumal doch schon so viele Leute umgebracht worden seien, und nie habe jemand so reagiert wie wir. Und genauso hörte sich auch die Aufforderung einer Freundin meiner Mutter an, wir sollten doch »im Schatten bleiben«, weil die angemessene Rolle der Kinder in diesem Falle darin bestehe, daß sie sich »im Hintergrund halten«.

Aber gibt es wirklich Grenzen angesichts von Dingen, die man gar nicht ermessen kann? Und bedeutet »sich im Hintergrund halten« nicht die Beschränkung auf Weinen und Schweigen – die Idealrolle zugunsten der Mörder? Ich habe mich oft – und vergeblich – gefragt, wieso man diese elementaren Dinge nicht versteht. Wieso man meinen kann, daß nach einem bestimmten Zeitpunkt (nach drei Monaten, vier Monaten) keine Gerechtigkeit mehr gefordert werden darf.

Lietta Tornabuoni hat in einer Glosse in »La Stampa« 30. Dezember 1982) mit großer Sensibilität diesen Aspekt der Beziehung zwischen uns Kindern dalla Chiesa und der politischen Elite herausgearbeitet: die Unduldsamkeit gegenüber jemandem, der von etwas Schlimmen heimgesucht wurde, und die sehr ähnlich ist derjenigen gegenüber einem Bettler, der ein Almosen erbittet, oder dem Behinderten in der Schulklasse unserer Kinder. Eine schwer zu erkennende Unduldsamkeit: Der Wunsch, den Betroffenen wegzuschaffen, mündet in die schon geöffneten Pforten der Gleichgültigkeit und führt allmählich zur Vorstellung, daß sich die Kinder an den Fall »anhängen«. Es braucht nicht viel dazu. Es waren gerade vierzig Tage seit der Ermordung meines Vaters vergangen, da schrieb mir ein befreundeter Soziologe aus Rom, versicherte mir seine Solidarität und berichtete bei dieser Gelegenheit, daß so mancher Kollege an der dortigen Universität mich des Exhibitionismus beschuldige. Ich stand voll im Kreuzfeuer. Nur zweimal hatte ich mich in der Presse zu Wort gemeldet – und ich hätte weiß Gott mehr zu sagen gehabt –: Aber schon war ich ein Exhibitionist.

Ein diabolisches Räderwerk, so schien mir das alles. Mein Freund

Alberto, ein Soziologe, erklärte es mir eines Tages frei heraus so: »Nando, die sind neidisch.«

»Neidisch worauf?« fragte ich entgeistert?«

»Sie sind neidisch, weil du nun öffentlich bekannt bist.«

In diesen zwei Jahren voller »Blitzschläge« habe ich mehr als eine Grausamkeit erlebt. Aber diese hier war die erschütterndste, bei weitem die erschütterndste, das vollständigste und unauslöschlichste Bild von Grausamkeit. Kann man einen wirklich beneiden, weil ihm der Vater erschossen wurde? Man kann, ich bin heute davon überzeugt. Die Berichte meiner Freunde über unglaubliche Diskussionen bezüglich meiner Person haben mich davon überzeugt; jeder, der das miterlebt hat, ist davon überzeugt worden. Für Leute dieser Art ist der Tod meines Vaters ein Vorfall, der einige Tage »anhält«. Dann aber bleibt mein öffentliches Ansehen. Alles wurde bewertet, als sei ich ein Politiker oder ein Schauspieler. Es kommt nicht auf das »Warum« des Bekanntseins an. Bekanntsein ist in sich ein Wert. So wurde ich tatsächlich für viele Leute Gegenstand des Neides. Das muß klar sein. Mir entging nicht, welche Vergegenständlichung in dieser Dimension liegt; aber gerade deshalb schmerzt es mich. Vielleicht dachte am Ende mancher, daß ich meine Anonymität gegen das Leben meines Vaters und derer, die mit ihm gestorben sind, rasch eintauschen wollte? Doch welchen »Gewinn« konnte man denn aus dem Tod ziehen – außer Anspannung und Bitterkeit? Manch einer sah die Welt wohl auch nach seinem Bild und Gleichnis, und das heißt: Wer selbst nicht dazu in der Lage ist, kann es sich auch nicht vorstellen, daß einer, der kämpft, dies für Ideale und Wertvorstellungen tut – und nicht, um Privilegien zu erhalten. Wie schon gesagt: Nicht einmal harte Tatsachen helfen Ideen verändern.

Ich dachte z. B., daß meine Entscheidung gegen eine Kandidatur für den PCI bei den Parlamentswahlen von 1983 ein für alle Mal derartige Vorurteile ausräumen könnte. Es war übrigens keine leichte Entscheidung. Für eine Kandidatur sprach die damit eröffnete Möglichkeit, den Kampf ausgestattet mit einer institutionellen Rolle fortführen zu können, so daß die verschiedenen Exponenten der Macht (und mancher Zeitungs-Chefredakteur) meine Beiträge nicht mehr als Einmischungen eines »Waisenkindes« abzutun vermocht hätten. Aber da war auch ein Motiv, das sofort dagegen sprach: nolens volens wäre der Name meines Vaters dann nämlich, nur acht Monate nach seinem Tod, in den politischen Kampf hineingezogen worden. Und das wäre sicher eine Respektlosigkeit gewesen. Schon weil ich die überparteiliche

Identität meines Vaters retten wollte, zog ich es vor, auch für mich eine wirkliche Autonomie gegenüber dem Parteienkampf zu bewahren. Die Menschen hatten das Recht, daß ich selbst den leisesten Grund für den Argwohn vermied, meine Besuche in Schulen, meine Reisen durch Italien könnten – wie so viele unterstellten – etwas mit Wahlkampf zu tun haben.

Konnte diese Entscheidung nicht für alle, die sich bisher getäuscht hatten, die Bestätigung dafür sein, daß ich nicht nach irgendwelchen Ämtern trachtete – zumal mir doch im Fall einer Kandidatur der Parlamentssitz sicher gewesen wäre? Hatte ich nicht den schwierigeren und weniger glanzvollen Weg ausgesucht? Nichts da: Noch heute gibt es Leute, die sich fragen – als sei da nichts gewesen – »was ich erreichen will«, und die das Argument der »Wahlreisen« hervorziehen. Und schon finde ich, wie das Salz in der Suppe, unseren Montanelli wieder, der dir gern unterstellt, daß du »der Industrie untergeben« bist, leichenfledderst, daß du dich des Namens deines Vaters bedienst, um »politische Karriere« zu machen (ein Vater, der eine große, brave Persönlichkeit war, »aber auch ihm geriet nicht alles nach Wunsch – der Sohn zum Beispiel«: vgl. für diesen Beleg der Hohen Schule »Il Giornale« vom 16. April 1984). Mir wurde klar: Das Maß der Dinge kann bei alledem nur mein eigenes Gewissen sein, denn oft ist das Verhalten der anderen eine von deinem Tun unabhängige Variable; auch wo du es nicht vermutest hättest.

Beispielsweise im Umfeld der Linken. Oder in den Institutionen, denen dein Vater alles gegeben hat, was er vermochte. Wie könnten wir die Demütigung vergessen, die uns absichtlich in der Operativen Abteilung der Carabinieri in Rom zugefügt wurde, als wir drei Kinder dalla Chiesa von den Richtern vernommen wurden und der Kommandant überaus liebenswürdig zu den Richtern war, sich uns gegenüber aber verhielt, als wären wir drei unangenehme Fremdlinge? Oder als wir uns bei der Übergabe der höchsten militärischen Auszeichnung meines Vaters auf dem Fest der Armee, trotz der Herzlichkeit Pertinis und einiger Offiziere, auf der Tribüne in diesem Augenblick wirklich wie Eindringlinge fühlten? Vielleicht ist das unverständlich. Aber mehr als die Albernheiten gewisser Linker haben mir (der ich in einer Familie lebte, die der Carabinieri-Armee alles gegeben hat) gerade diese Episoden gezeigt, was einem Opfer passiert, das Gerechtigkeit fordert. Was will er erreichen? Ecco – das erreicht er. Nun sind wir Kinder eines machtvollen und populären Mannes, haben Freunde und finden Unterstützung in der Presse, in der Kultur, bei den Parteien und

Gewerkschaften. Wir sind fähig zu schreiben, zu polemisieren. Aber die Witwe, die Mutter eines Politikers, eines Gefreiten, der vielen, die die Mafia-Truppen niedergemetzelt haben: Was werden sie »erreichen«, wenn sie Gerechtigkeit fordern?

XI

DIE INTELLEKTUELLEN

Ich glaube nicht, daß die Intellekten frei sind von Verantwortung für das, was in der Gesellschaft geschieht. Sie haben die immense Gabe des Wortes – des Wortes, das gehört wird. Keine Macht der Welt kann es sich erlauben, den Intellektuellen – den Menschen also, der durch seine Sprache wirkt – als bloßen Spinner abzutun. Selbst Diktaturen brauchen eine Konsens-Basis; und sie zerfallen, wenn sie diese völlig verlieren. Aber, so fragen sich viele, zeigt die Mafia denn nicht, daß sie darauf pfeift? Der Punkt, auf den es ankommt, ist der: Über die Mafia hat man mehr als eine Jahrhundert lang immer nur häppchenweise und fragmentarisch gesprochen, und wenn, dann meist sehr nachsichtig und unangemessen. An generalisierende Verurteilungen wurden denn auch mit Vorliebe Überlegungen und Erklärungen (manche davon recht faszinierend) angehängt, die für die Mafia allenfalls Manna vom Himmel bedeuteten.

Bei solchem Spiel ist es nur logisch, daß die bloße Verurteilung der Mafia keine Angst einjagt: Die mafiose Kultur selbst neigt in den kritischsten Momenten dazu, alternativ die Existenz der Mafia zu leugnen oder sie als verachtenswerte Kreatur hinzustellen. Ein Phänomen zu verdammen, das sich nicht artikuliert, ist ja nicht sonderlich mühsam. Viel mühseliger ist es, die Menschen zu entmystifizieren, die Machenschaften der Macht, den kulturellen Rahmen, die Ideologie, das Umfeld und die Entwicklungsbedingungen. Was aber haben die Intellektuellen hierfür jemals angeboten? Wenig oder nichts; recht oft wurde das »gute Recht« zur Monopolisierung des Themas anerkannt, das bestimmte Gruppen sizilianischer Intellektueller forderten: Tapfere Verteidiger eines unübersteigbaren Exerzierplatzes – eine Huldigung an das (vortrefflich rassistische) Prinzip, wonach es Nichtsizilianern unmöglich sei, über die Mafia zu sprechen, da sich in ihr die Unerforschlichkeit der sizilianischen Seele manifestiere; tut es ein Nichtsizilianer doch, hat er den Vorwurf kultureller Kolonisationstendenz am Hals.

Zwei Ergebnisse hat diese Logik gezeigt. Erstens: Die besten Analysen des Phänomens sind von ausländischen Autoren gekommen (von Hess über Blok bis zu den Schneiders); zweitens: die Beiträge zum Antimafia-Kampf bestanden in drei typischen und untereinander austauschbaren Interpretationsrichtungen, nämlich:

1. Die Mafia sei nicht konstitutiver »Teil« der repressiven Natur des Staates, sondern vielmehr »Antwort«, »Reaktion« auf diese repressive Natur (und daher als populistisches Phänomen aufzufassen und vielleicht gar zu hätscheln).

2. Die Mafia *fordere* – als Huldigung an den »schändlichen Pakt« (zwischen Politik und Mafia, A. d. Ü.) – keineswegs die Abwesenheit des Staates, sondern tut nichts anderes, als notgedrungen die Ordnungs- und Rechtsfunktionen zu übernehmen, die ein Staat nicht ausfüllt, der Sizilien »vergißt« (weshalb denn die Mafia auch kein Vertragspartner der Macht sei, sondern zu ihrem Bedauern nur willkommener Lückenbüßer).

3. Schließlich: die Mafia sei Ausdruck der meridionalen Frage, aber nicht im Sinne eines Napoleone Colajanni, Salvemini und Gramsci, sondern im Sinne der Marginalisierung und des Pauperismus der meridionalen Gesellschaft – woraus sich die Vorstellung ableitet, daß der Hauptansatz zur Bekämpfung der Mafia über öffentliche Finanzzuwendungen laufen müsse und nicht über die Wiederherstellung oder gar feste Installierung des Rechtsstaates (woraus der Gedanke der Mafia als »Ergebnis« und nicht als »Schutz« der Unterentwicklung entspringt).

Das war in großen Zügen die Situation, der Zustand der Literatur, die der italienischen Kultur nach dem 3. September zur Verfügung stand, mit recht sporadischen, allerdings wertvollen Ausnahmen. Ich machte mir klar, daß ich nicht auf ein Netz intellektueller Unterstützung zählen konnte; wenn man auf dieses Verbrechen eine Antwort außerhalb des üblichen »Ausgleichs« geben sollte, würde es schwierig sein, Kräfte für ein seriöses Engagement zu kritischer Analyse zu finden und zu organisieren. Gerade im Hinblick auf die »intellektuelle Frage« bestand das Risiko darin, daß die Gesellschaft das Verbrechen an dalla Chiesa allzu schnell verdaute und damit unter anderem die Mörder auf ihrem Weg ermutigte. Wenn die Reaktion auf rationaler Ebene nach dem Mord an dalla Chiesa nur so beiläufig blieb, dann war wohl alles erlaubt.

Liest man die Presse aus jenen Septembertagen noch einmal durch, so findet man in den Leitartikeln und den Kommentaren zum Anschlag in der Via Carini zwar Ehrenbezeugungen für den Gefallenen, manche wohl auch in aufrichtiger und bewegter Tonlage. Aber auf analytischer Ebene erschien nichts – ein hoffnungsloses Vakuum. Konnte man tatsächlich ungestraft die Behauptung zirkulieren lassen, daß die Mafia eben überall sei und tausend Köpfe habe (und wo dann die Mandanten finden?) Mag sein, daß die Mafia überall ist: Aber in Palermo werden regelmäßig die höchsten Staatsbeamten umgebracht. Wer ist der Mörder, wer deckt ihn, wer führt aus, wie ist es möglich, und warum? Was passiert innerhalb der Macht, und was ist dort bereits geschehen? Die Überschneidungen mit der P2 dürfen nicht dazu dienen, angesichts der allgemeinen Kriminalität die Schultern zu zukken, sondern müssen zum Verständnis beitragen, zum Durchbrechen des Kreises, anstatt ihn noch weiter auszudehnen.

Nach ein paar Wochen war die Frage jedoch intellektuell abgeschlossen. Die Gesellschaft marschierte weiter in voller Unwissenheit, jedenfalls auf den Gebieten, wo sie ein Bewußtsein hätte haben müssen. Dann kam die Routine, die reine Routine; die Krimifilm-Klischees traten auf, die von siegreichen und verlierenden Clans und von verlierenden und siegreichen Clans faselten, von solchen, die aufsteigen und solchen, die untergehen. Diese Gesellschaft schien mir, frank und frei herausgesagt, eine wirklich erbärmliche Fähigkeit zur Reflexion über sich selbst zu besitzen. Dabei hatte es in der Mitte der siebziger Jahre eine Phase großen Aufschwungs der italienischen Kultur gerade bezüglich der Probleme des Staates und der Macht gegeben. Rechtswissenschaft, Ökonome, Soziologie, Politologie, Organisations- und Verwaltungswissenschaften: Überall gab es eine Menge von Untersuchungen und Kongressen, insbesondere auf Seiten der Linken. Man hatte über Offe und Hirsch nachgedacht (und manchmal geschwätzt), über Luhmann und O'Connor, über Poulanzas und Foucault. Und nun?

Nun bemerkte ich, daß der italienische Staat – während man gelehrt Modellvorstellungen erörterte – unter unseren Augen umgewälzt wurde, ohne daß wir es wahrgenommen hatten, und daß wir völlig unvorbereitet waren für einen so schrecklichen Kampf. Ein verdammt zähes Gemisch aus idealistischem Materialismus und kosmopolitischem Provinzialismus schuf eine Barriere, die man überwinden mußte, auch wenn man sich dabei ein paar Wunden holte. Ich hatte einen Zweifel, den üblichen: daß ich es sein könnte, der da übertrieb, der den Sohn vom Bürger in sich trennen mußte. Schließlich hatten sie auch Terranova, Costa, Mattarella umgebracht – und diese Fälle hatten sie sogar noch schneller »abgeschlossen«.

Aber ich sagte mir, daß es hier nun eine zerstörerische Novität gab: Hier hatte der *Mord* eine monatelange Debatte *abgeschlossen.* Hier gab es die Unterschrift unter dem Verbrechen. Und niemand machte aus dem Fall eine Debatte, die die Mörder beeindrucken und überwältigen hätte können. Sozusagen nicht einmal ein Fitzelchen politischer Untersuchung – konnte das wahr sein? Dazu hatte auch noch die Bevölkerung ein ganz anderes Verhalten an den Tag gelegt als die Offiziellen. Die Leute zeigten das, wo immer es möglich war; auf Gewerkschaftsversammlungen ebenso wie in exklusiven Zirkeln; sie sagten, daß man ihn nach Palermo geschickt habe, »um ihn umzubringen«, oder daß man ihn ermordet hatte, »weil er zu rechtschaffen war«. Sogar in einem Erziehungsheim in Arese traf ich eines Abends die »diebischen« Jugendlichen bei Gesängen und Gebeten zum Gedenken an meinen Vater. Das war keine gesteuerte Demonstration. Wenn sie, die seitens der Staatsorgane eine besonders starke und ungerechte Repression erfahren hatten, so fühlten, hieß das meiner Ansicht nach, daß hier etwas in der Volksmentalität angesprochen worden war, was sehr tief sitzt. Etwas, das die Intellektuellen – auf der für sie spezifischen Ebene der ideellen Darstellung – nicht berührt hatten.

Ich warf das Problem vor politischen Zirkeln auf, die sich mir als besonders aufgeschlossen angeboten hatten – in der Meinung, daß sich die politisch-intellektuellen Beziehungen, die schon früher bei gewissen Anlässen gut funktioniert hatten, nun bei dieser Gelegenheit umso funktionabler zeigen würden. Auch wandte ich mich an einige Intellektuelle. Im allgemeinen wurde das wohlwollend aufgenommen, und man versprach zu intervenieren; nirgends war böser Wille. Aber die Interventionen geschahen nie. Der General dalla Chiesa war sicher eine Persönlichkeit von nationaler Bedeutung. Was sich daraus ergab, geschah jedoch nur im Hinblick darauf, daß das Verbrechen Bestürzung ausgelöst hatte, weil es eine Persönlichkeit von nationaler Bedeutung betroffen hatte – und nicht, weil die Mafia das nationale Faktum ist. Vom Gefühl her konkretisierte sich eine solche Deutung immer mehr, die Vernunft freilich suchte sich gleichzeitig stets davon zu distanzieren.

Die entsetzliche nationale Dimension des Problems war unseren Denkern völlig fremd; das stand außer Frage. Die Probleme, an denen man sich maß, waren immer noch die Reform der Politik, der Institutionen, die Linke, die Kultur der Regierung. Welche Politik, welche Institutionen, welche Kultur der Regierung brauchte man aber angesichts einer kriminellen Macht, die die Ganglien der Institutionen besetzt und die lediglich die »politische Demokratie« der liberalen Zivilisation zu retten gedachte? Angesichts einer Macht, die erpreßt oder einschüchtert und die denjenigen, der sich ihr im Namen des Rechts entgegenstellt, umbringt und sich dessen auch noch lautstark rühmt? Gibt es etwas Schwerwiegenderes als eine »Macht, die schießt«? Ich wollte die Polemik (oder besser die Debatte) darüber eröffnen. Eine Debatte, die in doppelter Hinsicht von Nöten war. Weil nämlich, erstens, ohne die völlige Einbeziehung der kulturellen Dimension und des Bewußtseinsstandes der Menschen kein ernsthafter Kampf möglich ist; und weil man, zweitens, in Italien nicht diskutiert, wenn die Intellektuellen nicht voll daran beteiligt sind.

Das belegt die Qualität einiger Fälle, die hier eine Art Pilotrolle in der öffentlichen Meinung angenommen haben: der Fall »7. April«, wo der Hauptangeklagte Toni Negri ein Universitätsprofessor war, Autor verschiedener erfolgreicher Bücher; ein Fall, in den sich andere Intellektuelle (faktisch ein Segment der Intellektuellen-Schicht) ideell mitverwickelt fühlten. Ebenso, einige Monate später, der Fall Tortora, der eine »Randgruppe« der Intellektuellen einbezog, die der Journalisten nämlich, und der schließlich in vielen anständigen Leuten garantistische Gefühle und Besorgnisse hinsichtlich der Frage von Inhaftierungen auslöste (Negri war wegen seiner Schriften und seiner Zugehörigkeit zu linken Organisationen wegen »Aufruhr gegen die Staatsgewalt« angeklagt, der Fernseh-Showmaster Tortora wird von geständigen Camorra-Mitgliedern des Rauschgifthandels bezichtigt, A. d. Ü.).

Ich selbst fühlte mich freilich noch nicht imstande, an die Öffentlichkeit zu treten. Das ständige Übelnehmen, die Lust, lieber zu urteilen als beurteilt zu werden, hätte mir sicherlich – außer ein paar wenigen Zustimmungen – Feindschaften und Rüffel eingehandelt. Und Feinde hatte ich – offen gesagt – schon genug.

Ich suchte daher einen anderen Weg. So regte ich z. B. Beiträge ausländischer Intellektueller an, die dem nationalen Schweigen hierzulande kritisch aufstoßen sollten. Aus verschiedenen Gründen mußte ich aber auf diese Karte verzichten. Letzten Endes war ich alleine, und ich konnte mir auch nicht ständig lange In- und Auslandsgespräche leisten. Ich mußte arbeiten, und es schien mir ehrlich gesagt schon, als würde ich Almosen erbitten. Schließlich hatten sie mir meinen Vater umgebracht, und unabhängig von jeder Betrachtung über das System hatte ich als Sohn nicht das Gefühl, um all das betteln zu sollen, was eigentlich andere als Bürgerpflicht hätten empfinden müssen. Daher beschloß ich, einen offenen Brief an die Intellektuellen zu schreiben.

Das tat ich dann einige Tage vor Weihnachten 1982 in der »La Repubblica«. Ich klagte dieses Schweigen an, betonte das ganz andere Verhalten der einfachen Leute und warf drei Probleme auf, die mir entscheidend dafür schienen, daß man schließlich die Debatte über die Mafia in die richtige Richtung lenken konnte. Erstens die Beziehung zwischen Legalität und Macht, d.h. die (enorme und in unserer Geschichte bislang unbekannte) Tatsache, daß ein Präfekt dalla Chiesa oder ein Rechtsanwalt Ambrosoli für die Macht destabilisierender sein kann als irgendeine politische oder gewerkschaftliche Avantgarde. Zweitens die Beziehung zwischen Recht und Wahrheit, was unter anderem eine Analyse der erheblichen Verantwortlichkeit der Parteien und Korporationen bei den großen Verbrechen der Mafia und Camorra verlangte – dort, wo die politischen Karrieren der Mörder fast ausschließlich von Richtern und Polizisten abhängen und nicht von einer ethisch-politischen Kontrolle seitens dieser Korporationen selbst. Schließlich, drittens, die Beziehung zwischen der Ausdehnung der mafiosen Macht und den Regeln der Politik – eine Analyse, die umso wichtiger ist, wenn man bedenkt, daß diese Expansion zeitweilig *innerhalb* einer Modifikation der Beziehungen nach links aufgeschlossener politischer Kräfte getätigt wurde. Ich versuchte mich mithin nicht auf bloße Anklage zu beschränken, sondern schlug auch einige Ansätze zur Reflexion und zu gemeinsamen Aktionen vor.

Es gab teilweise positive Reaktionen. Der Brief hatte in Schulen und insbesondere bei Lehrern recht bedeutsame Effekte. Es gab danach eine ganze Reihe von Diskussionsveranstaltungen in Schulen, Pfarreien, Bibliotheken, oft aufgrund von Initiativen der örtlichen Kultur- oder Bildungsreferenten. In Mailand hatte man schon vorher als große Neuerung eine ganze Woche intensiver Debatten im Teatro Pier Lombardo beschlossen. Von den Solidaritätsbezeugungen haben mich vor allem zwei besonders überrascht: eine Weihnachtsbotschaft des Kardinals Martini und ein großes Plakat, das von den Studenten der Universität Bocconi im Foyer angebracht worden war, mit der Aufschrift »Danke, Professor dalla Chiesa«. Mir wurde in dieser Atmosphäre allmählich klar, daß es da ein Gefühl gab, ein Gefühl der Hoffnung, das die große einheitliche Fahne stiften konnte, unter der man das rechtschaffene Bewußtsein unseres Landes bei diesem schwierigen Kampf sammeln konnte. Diese Einsicht versuchte ich von nun an zu beherzigen.

Trotz alledem fehlte es auch nicht an negativen Reaktionen. Einige davon hatte ich erwartet, andere nicht. Zu den ersten zählten die Reaktionen derer, die irrigerweise – indem sie hinter meinen Worten eine Art »Neorealismus« suchten – eine Zensur jeglicher sozial nichtengagierter Kunstproduktion vermuteten. Das Problem lag anders: An einem bestimmten Punkt ihrer Geschichte findet sich eine gesamte Gesellschaft intellektuell entwaffnet einer tödlichen Bedrohung gegenüber. Wie kann man da dieser Frage ausweichen?

Aus demselben Grund beunruhigte mich die Reaktion des Hochkommissars De Francesco, der in einem Interview meinen Vorstoß als ein wenig »überzogen« bezeichnete. Ich war überzeugt gewesen, daß ich ihm geholfen hatte, denn er selbst hatte doch öffentlich den kulturellen Stellenwert des Kampfes gegen die Mafia in seiner Bedeutung hervorgehoben. Ich sollte erst ein Jahr danach angesichts des Schweigens unserer großen unabhängigen Presse über die Bewegung der Jugend gegen Mafia und Camorra verstehen, wieviel man abziehen mußte von den freigebig verteilten Aufforderungen, »die Ordnungskräfte zu unterstützen«, »die Verschwiegenheit zu durchbrechen« und »das Bewußtsein zu mobilisieren«. Dann war da wieder der eine oder andere Kreative, der mir »Starallüren« vorwarf, wo es doch gegenüber der Mafia – unter Garantie – viel schöner war, wenn die (vielen) anderen die »Starrolle« übernahmen. Dann gab es auch welche, die vergaßen, daß sie lauthals getönt hatten, auch Persönliches sei politisch, und die den Brief nun meiner Unfähigkeit anlasteten, persönliches Leid zu ertragen, so daß ich damit sogar die Öffentlichkeit belasten muß. Und schließlich – was mich am meisten erschüttert hat – gab es noch Leute, die mich mit Hilfe einer geradezu klassischen Dialektik beschuldigten, mir die mafiose Methodologie zu Eigen gemacht zu haben. Warum? Zum Teufel nochmal – weil ich keine Namen genannt hatte. In manchen Zirkeln diskutierte man nicht einmal darüber, ob ich recht hatte oder nicht, sondern machte sich den außerordentlichen beredten Spaß, die Intellektuellen zu identifizieren, die ich da meinte. In Wirklichkeit war in denen, die mich da beschuldigten, dasselbe Klischee zugange, in das mich schon die nationale Presse eingezwängt hatte – das »Nando dalla Chiesa klagt an« oder »Soll er doch Namen nennen«. Wo doch für mich nur wichtig war, ein Problem aufzuwerfen – eine Sache, die meiner Meinung nach nicht nur notwendig war, sondern auch anständig und legitim.

»Der« Intellektuelle, den ich da apostrophiert hatte, war natürlich die Resultante einzelner und untereinander verschiedener Verhaltensweisen, eine allgemeine Realität. Nicht erwartet hatte ich in meiner Unerfahrenheit aber, daß mir intelligente Leute freundlich, aber mit einer Spur Ärger antworteten, sie hätten ihren Beitrag »schon geleistet«, oder es nütze am Ende doch nichts, wenn man sich gegen die Mafia erklärt (was noch dazu gar nicht immer stimmt, wenn man sich die Geschichte der mafiosen Kultur anschaut, die – sobald die Gefahr vorüber ist – wieder arrogant ans Licht tritt.)

Alles in allem stellte sich das Phänomen genauso dar, wie ich es angeprangert hatte. Die Sterilität und die intellektuelle Trägheit erschienen jedem, der sich diese Erscheinung vornahm, in ihrer ganzen Dramatik; weniger oder gar nicht natürlich all denen, die nicht bereit waren, sich selbst angesichts der Realität aufs Spiel zu setzen. Aufschlußreich z. B., daß der Soziologe Pino Arlacchi, der seit fünf Jahren ununterbrochen die Mafia studiert und über sie schreibt, das Bedürfnis fühlte mich anzurufen und sich zu »entschuldigen«, daß er so wenig getan hatte! Niemand forderte, daß von den Linguisten bis zu den Graecisten, von den Juristen bis zu den Semiologen nun alle über die Mafia diskutieren sollten. Gefordert war lediglich, daß die Ökonomie, die Soziologie, die Rechtswissenschaft, die Historie und die Politologie die Mafia nicht mehr einfach *ignorierten*.

Jedenfalls schien mir im Laufe der sich entwickelnden Argumentation auch klar, daß die Frage wahrscheinlich komplexer und verführerischer war, als ich selbst sie gestellt hatte. Ich versuchte, mir Rechenschaft zu geben über diese Unduldsamkeit, die ich in verschiedenen Bereichen gefunden hatte, auch auf der Linken. Eine Unduldsamkeit »gemischter« Art, d.h. ein Aufbegehren zum Teil gegen die Frage als solche, zum Teil gegen die Art, in der ich sie gestellt hatte. Die Abwesenheit der Intellektuellen bei den großen Problemen der italienischen Gesellschaft war schon zur Zeit des Terrorismus von Giorgio Amendola angeprangert worden (in seiner bekannten Polemik über den Nikodemismus). Aber in der damaligen Situation hatten einige Intellektuelle entgegnet, daß dieser korrupte und unterdrückende Staat nicht viel Engagement verdiene. Nun ging mir die unerträgliche Doppelsinnigkeit dieser Position auf: War denn nicht die Mafia das korrupteste und unterdrückendste Element im Staatskörper? Wenn man sich damals aus den genannten Motiven nicht engagieren wollte, umso mehr Grund hätte man doch nun für den Einsatz gehabt, wo sich innerhalb des Staates eine fürchterliche Auseinandersetzung zwischen der Legalität und den niederträchtigsten Tendenzen der Macht abzeichnete!

Das Schweigen und der Ärger wiesen daher eine allgemeinere Realität aus: der tiefgreifende Antistatalismus eines recht großen Teils unserer Intellektuellen-Schicht, der seine eigene Funktion als Begrenzung und Kritik der Macht auffaßt. Eine Schicht, für die der Staat lediglich Dünkel ist, und die daher völlig neben den Ereignissen steht (gerade intellektuell), wenn es sich um neue institutionelle Prozesse handelt, die plötzlich die Organisation der Macht über den Haufen werfen. Ein mitunter zweideutiger Antistatalismus, wenn es denn stimmt, daß verschiedene Intellektuelle tatsächlich nicht so ganz unsensibel sind für die Sirenen der Macht. Intellektuelle, die es auf der einen Seite zwar für undenkbar halten, für die Sache eines Generals einzutreten, der das »Herz des Staates« war, die es sich aber durchaus vorstellen können, anläßlich irgendeiner Preisverleihung, eines Festes oder einer anderen kulturell-mondänen Angelegenheit mit den moralischen oder materiellen Auftraggebern seines Mordes zu plauschen.

Und dann war da noch der ewige Antimeridionalismus. Wenn Mafia und Camorra in einem einzigen Jahr in einer einzigen Stadt mehr Morde begehen als der rote Terrorismus in zehn Jahren, so sind das für sie auf wundersame Weise keine »bleiernen Jahre«.

Dies schien mir die komplizierte und tiefreichende Mixtur, in der dieses Schweigen und diese Ärgerlichkeit der Intellektuellen wurzelten. In meinem Fall kamen da noch ein paar Motive dazu. Erstens hatte ich, der »Junge«, sie kritisiert und damit die ungeschriebene Regel (die ich immer wieder zu spüren bekam) verletzt. Danach bleibt die Freiheit zur Kritik unangetastet, sofern sie von Intellektuellen und Journalisten gegenüber anderen Menschen ausgeübt werden kann – was aber nicht garantiert, daß in einer stärker als früher informierten und professionalisierten Gesellschaft das Recht auf Kritik und eigene Meinung auch von »gewöhnlichen Leuten« gegenüber diesen Intellektuellen und Journalisten selbst reklamiert werden kann (was als »Angriff auf die Presse- und Meinungsfreiheit« gilt). Zweitens richtete sich mein Kampf zwar zweifellos gegen die »reale Macht«; aber er hatte seinen Ausgangspunkt in traditionellen Dimensionen und Werten wie denen der Familie. Kritik an der Macht – in Ordnung; aber dieser Anspruch familiärer Affekte (wobei die Beziehung des Sohnes zum Vater noch dazu als nicht so besonders ergreifend angesehen wird) kollidierte mit den geistigen Lieblingsschemata eines gemütlichen Nonkonformismus.

Schließlich spielte die an sich normale, in meinem Fall aber noch wesentlich aufgewecktere inhärente Lust der Intellektuellen am Zweifel und zum Skeptizismus auch noch eine Rolle. Es gibt nie nur die eine Wahrheit, es kann nicht hier das Gute und dort nur das Schlechte sein – und dies nicht nur, weil man beides – zu Recht – nicht mit dem Messer auseinanderschneiden kann, sondern weil sich beides überlagert und oft austauschbar ist. Dieser Gesamtrahmen – der sich aus vielen Bemerkungen und Diskussionen ergab, bei denen mir zugegebenermaßen einige Intellektuelle auch zu tieferem Verständnis verhalfen – erweckte in mir den Eindruck, daß all das, was gegenwärtig in der italienischen Gesellschaft geschieht, keine Barrieren und Hindernisse erfährt, sondern sich ohne weiteres über das ganze Land ausbreitet – auch aufgrund des derzeitigen Verfalls, aufgrund einer *komplexen* organischen Krise der Intellektuellen-Schicht.

Wie tiefgreifend diese Krise war, erkannte ich noch deutlicher, als das lange, beunruhigende Interview mit Leonardo Sciascia erschien. Publiziert wurde es in der Nr. 7 des »L'Espresso« mit Datum vom 20. Februar 1983, kurz nachdem es an der Redaktionsspitze und in den Eigentumsverhältnissen der Zeitschrift zu Veränderungen gekommen war (als Ciancio Sanfilippo aus Catania vierter Mitaktionär wurde – der Eigentümer von »Sicilia« und in besten Beziehungen zu den »Rittern der Arbeit«, insbesondere mit dem »Paten« Nitto Santapaolas, Carmelo Costanzo, sowie gleichzeitig, zusammen mit Costanzo, Sozius von Ardizzone beim Besitz des »Giornale di Sicilia«). »L'Espresso« war es auch, der etwas später dann die Tagebücher Chinnicis veröffentlichte (ein Teamwork zusammen mit »La Sicilia« und »Il Giornale di Sicilia«), und noch später die Aufzeichnungen meines Vaters. Diese Aktionen waren die schwerwiegendsten und ausgeklügelsten Angriffe auf meinen Vater seit seiner Ermordung. Wobei es sich nicht um eine bloß individuelle Aktivität handelte. Das Ganze trug den Stempel einer konzentrierten Aktion. Titelei, Fotos, Aufmachung und Inhalt des Artikels erinnerten z. B. an die füllige und wohlfeile Präsenz des Generals Cappuzzo. Die Bildunterschriften (die in der Verantwortung der Redaktion und nicht des Artikelschreibers liegen) bogen die Wirklichkeit nach den Bedürfnissen dieser Operation zurecht und verwiesen vor allem darauf, daß die »mißlichsten« Punkte des Falles dalla Chiesa von Sciascia akzentuiert worden seien: Die Schuld des Opfers etwa – man beachte: nicht die Identität des Mörders, sondern die Unvorsichtigkeit (und anderes) des Opfers –; und daß die Meinungsverschiedenheiten über die Unvorsichtigkeit identisch seien mit den Meinungsverschiedenheiten über die »Ursachen seines Todes« (!). In den Nr. 9/1983 von »L'Espresso« bekam die neuerliche Antwort Sciascias auf meine Replik (»La Repubblica« vom 19. Februar) triumphalistisches Gewand – als Neuauflage des »unwürdigen Sohnes« betitelt mit »Ein ganz, ganz kleiner dalla Chiesa«. (Die Würdigung der Polemik Sciascia – dalla Chiesa mit Übersetzungen aus den Artikeln findet sich in *Werner Raith:* Von Intellektuellen, Politikern, und der »gemeinen« Gewalt. Eine italienische Polemik, in: *Freibeuter* 17, Berlin 1983).

Eine notwendige Betrachtung dazu. Das Problem liegt nicht darin, daß man über Tote nichts Schlechtes sagen darf.

Inakzeptabel war jedoch in diesem Fall der offensichtlich instrumentielle Rahmen, in dem all dies geschah: Vier Worte von mir in einem Interview in »Panorama« wurden, einen Monat später, der Vorwand für einen groß aufgemachten Artikel (der von den Tageszeitungen haufenweise vorabgedruckt wurde), der sich nicht gegen mich richtete, sondern gegen meinen Vater. Und zwar mit Hilfe falscher Daten – z. B., daß er nicht um sich selbst gefürchtet habe, oder daß er verfassungswidrige Vollmachten gefordert habe; ich selbst wurde zusätzlich auch noch – weiß der Himmel, warum – aufgefordert, »Beweise vorzuzeigen«, die die Gefährlichkeit meines Vaters für die Mafia belegen.

Hinsichtlich unserer speziellen Auseinandersetzung über die Intellektuellen hat mich besonders der Versuch Sciascias überrascht, die Nichtexistenz »des Intellektuellen« zu beteuern. Hinter dieser semantischen Predigt, die mit Weber ebenso wie mit Croce und Gramsci aufräumte, stand die Anregung, sich vor dem Gehalt eigener Rollenverantwortung zu drücken.

Mich bedrückte allerdings auch, daß kein Intellektueller oder Kommentator ob dieses Angriffs Anlaß gesehen hatte, etwas dagegen zu halten, sich zu erregen – und daß wieder einmal ich (als geübter »Star«) direkt eingreifen mußte, zur Verteidigung meines Vaters. Offensichtlich war die öffentliche demokratische Meinung absolut nicht mit den Mitteln zur Führung des Kampfes gegen die mafiose Kultur und ihre Manifestationen (auch die vermittelten) ausgestattet; und daher war sie auch unfähig zur Entschlüsselung der Signale und Motivationen und zur Erkenntnis der immensen Fähigkeit der Mafia, sich mit dem höchst klassischen Mäntelchen demokratischer Kultur zu umhüllen (was gab es denn im Grunde Demokratischeres als zu sagen – wie Sciascia es in seinem Artikel tat – daß »auch Generäle irren können«?)

Immer klarer wurde dabei, daß man zur Vorbereitung des geeigneten Feldes für die Niederlage der Mafia in jeder Hinsicht die tausenderlei Solidaritätsformen in Korporationen, in Clubs und Teegesellschaften zerbrechen mußte, die im Laufe von Jahrzehnten verfestigten

215

Allianzen und Vertraulichkeiten. Wenn es sich hier um neue Phasen der Geschichte handelte, so mußte es auch neue Allianzen geben und insbesondere neue Kriterien für ihre Begründung. Ich sah die Verlegenheit vieler Menschen hinsichtlich einer unvoreingenommenen Einschätzung der Polemik. Es war dieselbe Unschlüssigkeit, wie ich sie im September angesichts der ersten Desillusionierung lange hochgeschätzter Personen empfand. Für mich war freilich die Wahlmöglichkeit drastisch: Ich konnte mir gerade in etymlogischer Hinsicht keine Vorurteile erlauben. Bei einigen Intellektuellen bemerkte ich die natürliche Schwierigkeit, geistig mit Sciascia zu brechen; andere zeigten stattdessen volle Solidarität mit ihm. Eine Solidarität, die sich in teilweise skurrilen Formen zeigte, etwa bei Antonelli Trombadori, der auf dem Kongreß des PCI die Parteileitung angriff, weil sie mir, der ich schlicht »der Sohn eines Toten« sei, das Wort erteilt hatte, wo es doch, so Trombadori weiter, »viel wichtigere Tote gibt« (»Il Giorno«, 6. März 1983); aber sie manifestierte sich auch in den eleganten Grausamkeiten des Philosophen Gianni Vattimo. In einem Artikel in der »Stampa« vom 5. März 1983 beschuldigte mich dieser (von mir vormals so geschätzte Autor) der Arroganz, weil ich mir das »Recht angemaßt« habe, »über die Intellektuellen zu richten und sie zu verurteilen«; dann belehrte er die Leser auch noch so: »Allzu oft man in diesen dunklen Jahren in den Medien und seitens der öffentlichen Meinung Formen exzessiver Reaktion seitens Personen toleriert oder sie gar ermutigt, die in ihrem Eigentum oder ihren Affekten vom politischen oder mafiosen Terrorismus betroffen waren. Mit anderen Worten: Nun reicht uns aber diese Arroganz der Opfer, ihr Gefühl, tadeln zu dürfen und die Hände unserer Repräsentanten auszuschlagen; das muß ein Ende haben. Und damit man gar nicht auf den Gedanken kommt, weiter nachzudenken: »Heute drischt der junge dalla Chiesa mit seinen ›verrückten‹ Hypothesen wild auf die Vernunft des sozialen Dialogs ein.« Sehr vernünftig, dieses Statement; kluger Vattimo: Da braucht man wirklich eine »post-moderne« Intelligenz, um nach zweitausendvierhundert Jahren das »Vae victis« zu wiederholen!

Natürlich gingen die Dinge seither ihren Gang. Selbst im akademischen Bereich vermehrten sich langsam die Zeichen einer Umorganisation der Kultur und der Forschung hinsichtlich des Phänomens Mafia und – allgemeiner – gegenüber der Bedrohung durch kriminelle Macht. Freilich geschah dies alles in einer Situation, die geprägt war von Angst und Schwierigkeiten, von einer echten Krise beim Übergang zu einer neuen Schicht von Intellektuellen. Zu stark noch waren die Einschnürungen seitens der früheren Intellektuellen-Schicht, als daß die neue schon adäquate Antworten hätte geben können, auch wenn gerade aus ihren lebendigsten und sensibelsten und weniger auf konventionelle Rollen festgelegten Bereichen Signale kamen, die zu den interessantesten überhaupt zählten. Es war die Gesellschaft selbst, die spontan neue Physiognomien präsentierte, die nun die Verantwortung für die Interpretation und Repräsentation neu verteilte. Daß sich eine neue Intellektuellen-Schicht herausbildete, heißt nicht, daß die eine Schicht durch die andere – im Hinblick auf das »funktionale Profil« – ersetzt wurde. Vielmehr gab es da eine langsame, aber doch faßbare Umverteilung der Funktionen. Grundlegende Denker-Zellen etablierten sich in den Gerichten, aber auch bei den Ordnungskräften – die normalerweise vom Begriff des »Intellektuellen« ausgeschlossen sind, innerhalb derer sich jedoch (vor allem aufgrund der unglaublichen Trägheit der alten Intellektuellen-Schicht) große Teile der Bewußtwerdungsprozesse, der Analysen, der Neuansätze konzentrierten, wie die zahlreichen Kongresse und Seminare belegen, die etwa die Richter auf örtlicher oder nationaler Ebene organisiert haben.

Zu dieser »neuen« Intellektualität stießen einige besonders traditionalistische Repräsentanten der Intelligenzia, die sich selbst schon für überholt ansahen, insbesondere Priester und Lehrer, die sich nun an vielen Orten – nicht nur im Süden – angesichts des Schweigens an den Universitäten und in großen Teilen der Presse zu Interpreten der moralischen Revolte der Jugend machten. Dazu kamen, meist in Übereinstimmung mit den genannten Kreisen, Journalisten und Mitarbeiter des Informationssektors (eine starke Minderheit), die trotz der Einschränkungen und Schwierigkeiten, unter denen sie arbeiten müssen, alles getan haben, um den Lesern ein weniger seichtes bürgerliches Bewußtsein zu vermitteln, das mehr auf Information beruht und nicht an die Gemeinplätze der Politik gebunden ist. Es gibt also, wohlverstanden, keine Kategorien, die als Ganze aus der sich neu bildenden Schicht auszuschließen oder von ihr abzuschreiben wären. Zweifellos aber ist eine Neuordnung hier im Gange; eine Neuordnung von großer Bedeutung, wenn es denn zutrifft, daß (gerade weil es den Intellektuellen per definitionem – wie etwa den Advokaten oder den Schriftsteller – nicht gibt) die Neuverteilung bestimmter Funktionen sowohl Zeichen wie auch Ursache wichtiger Veränderungen ist. Überraschend dabei ist in der Tat diese Vermischung des Traditionellen mit dem Modernen, die sich in der sich neu formierenden Schicht findet; aber das scheint mir ganz in Übereinstimmung mit der Qualität der ablaufenden Geschehnisse zu stehen. Denn diese stellen sich dar als Konflikte, die den Staat betreffen, als Möglichkeit, die Natur vorwärtsschauend zu verändern, auch wenn es dabei bittere Perioden gibt; aber es geht eben auch um die Rettung grundlegender vor-politischer Werte – von der Freiheit bis zur Menschenwürde. Die Verteidigung des Althergebrachten vereint sich mit dem Erringen eines letztlich modernen bürgerlichen Staates und entwirft völlig neue Formen der Entwicklung von Kategorien, Kulturen und Allianzen; und das bringt die Modelle durcheinander, in denen bisher Politik und Kultur gedacht wurde.

Auch die Herausforderung, der diese neu sich bildenden Schichten antworten müssen, steht in Einklang mit diesen derzeit ablaufenden Prozessen. Die Rolle der italienischen Intellektuellen hat sich in den Nachkriegsjahrzehnten in zwei zeitlich verschiedenen Epochen entfaltet. Der erste Abschnitt reicht von den späten vierziger bis in die sechziger Jahre, in denen die Erzählkunst und das Kino große Verdienste erwarben, die die Kritik der Ungleichheit, der Armut und später des allzu leichten Fortschritts entwickelten. Die zweite Periode umfaßt die Zeit zwischen den sechziger und den siebziger Jahren, in denen neue Disziplinen entscheidendes Gewicht bekamen: Soziologie, Philosophie, Rechtswissenschaften vor allem; in ihnen wurde die Kritik der Autorität, des Staates und des Kapitals entfaltet. Heute hat der dritte Abschnitt wahrscheinlich die schwierigste Aufgabe, nämlich die Ethik mit der Politik wiederzuverbinden – und genau in diesem Rahmen können die Grundbedingungen für die Niederlage der Mafia geschaffen werden.

XII

DER PAPIERTIGER

»Niederlage der Mafia«. Ist also die Mafia nicht das unbesiegbare Monster? Nein, ich glaube es nicht. Ich bin im Laufe dieser Jahre zu der Überzeugung gekommen, daß die Mafia ein Papiertiger ist. Sicher, ein untypischer Papiertiger: denn dieser Papiertiger hier terrorisiert und vergießt Blut; und auf Papier aufmalen könnte man ihn auch kaum. Dennoch ist sie ein Papiertiger, dem die rechtschaffene Gemeinschaft ohne viel Risiko kräftige Schläge versetzen könnte, sofern sie sich nur entschlösse, über ihre Rechtschaffenheit hinaus auch noch Intelligenz einzubringen, Unbeugsamkeit – und ein Quentchen Mut (es braucht gar nicht viel, wenn es sich auf viele verteilt; sonst allerdings würden wir auch weiterhin nur *Helden* haben, die für alle sterben). Auf diesen letzten Seiten möchte ich einige grundlegende Bedingungen zusammenstellen, die den Erfolg dieses Kampfes gewährleisten könnten.

Ausgangspunkt ist die fundamentale Überlegung, daß sich das Bild auf vielfältige Weise zugunsten der antimafiosen Kräfte entwickelt hat. Die Besonderheit der derzeitigen Situation besteht tatsächlich in der radikal geöffneten Schere zwischen der ökonomischen und politischen Macht der Mafia einerseits und dem Verfall ihrer kulturellen Hegemonie bei den Menschen und innerhalb des Staatsapparats andererseits. Wer da auf »lange Zeiträume« bei der Lösung abhebt und etwas von »kultureller Verhaftung der meridionalen Bevölkerung auf Massenbasis« schwafelt, wiederholt nur abgetragene Banalitäten, die jeder falsifizieren kann, der einmal durch die Städte Siziliens fährt oder einfach logisch denken kann. Selbst der Mythos vom »arbeitsbedingten« Konsens (den die mafiose Ökonomie angeblich sichert) ist Makulatur. Das hohe Niveau, das die nicht vom mafiosen oder camorristischen Machthunger unterjochten Gebiete des Südens aufweisen, ist der augenscheinliche Beweis, daß die Mafia in keinster Weise ein – selbst nur entarteter – Entwicklungsfaktor ist, sondern vielmehr die Unterdrükkung der Entwicklung: Dazu muß man nur – statt das anzustarren, was die Mafia »gibt« – das einmal ansehen, was sie »nimmt«: von den von unternehmerischen, produktiven und intellektuellen Resourcen (die sie erstickt) ebenso wie von den Finanzreserven (die sie verbraucht). Wie die abgeschmackten Gemeinplätze auch alle lauten mögen: Statt bestätigt zu werden, fallen sie auf wunderbare Weise in sich zusammen.

Ich möchte nicht mißverstanden werden. Es steht außer Zweifel, daß die Mafia eine kulturelle Hegemonie ausgeübt hat; die sich für mich besonders gut in der Art darstellt, in der irgendein Alter in einem Dorf der Insel spontan den Mord an meinem Vater kommentiert hat: »Da hat wohl einer den Gottvater spielen wollen.« Ich denke, es wäre wohl wissenschaftlich sehr schwerwiegend, wenn wir eines Tages die Geschichte der Mafia so schreiben müßten, wie es eine bestimmte Linke bezüglich des Faschismus getan hat: als Geschichte einer Handvoll Krimineller nämlich, die ein Volk unterdrückt, das sich nicht unterwerfen will, aber durch Terror oder durch eine Vergangenheit voller Resignation dazu gezwungen ist. Die – durchaus beträchtlichen – Minderheiten, die gegen die Mafia gekämpft haben, schließen nicht den aktiven und passiven Konsens der Mehrheit aus. Heute freilich hat sich die Situation grundlegend gewandelt. Wer vor nur zehn Jahren mit den Jugendlichen in Sizilien gesprochen oder mit ihnen zusammengelebt hat und heute mit ihnen redet, bewundert die Geschwindigkeit, mit der sich der Umschwung vollzieht. Auch wenn es keine ausgesprochene Opposition gibt, existiert nicht die geringste Zustimmung zu einer Erscheinung, die als Übel erlebt wird, als Unglück, mit dem man zusammenzuleben gezwungen ist. Man kann einwenden, daß es in Palermo eine umfangreiche, ebenso fette und reiche wie geizige mafiose Bourgeoisie gibt, eine weder moderne noch traditionalistische, sondern schlicht barbarische Bourgeoisie. Das stimmt auch. Es stimmt, daß sie Tausende von Personen umfaßt, eine Minderheit zwar, aber ein paar tausend, die zählen. Überraschend aber – und das ist neu – ist die Existenz dieser »zwei Palermo«, diese Spaltung im Zentrum der Mafia: ein Palermo, das um mafiose Interessen und Un-Werte kreist, und ein Palermo, das sich jenem ersten entgegenstellt. Überraschend ist dies, weil in diesem zweiten Palermo nicht mehr nur die Kommunisten zugegen sind, sondern Leute aller Denkrichtungen. Das ist ein anderes Palermo, das immer mehr die Gestalt eines Fackelzugs nach dem Mord vom 3. September annimmt, ein Palermo, das seine immense Kraft daraus bezieht, daß es nicht »parteigebunden«

ist; dessen Existenz sich zu einem guten Teil herleitet von dem Wort und der Tat der Kirche und vieler Katholiken, von Durchschnittsmenschen, die schlicht rechtschaffen sind, von einem minderheitlichen, aber beruflich hochqualifizierten Bürgertum.

In dieser Hinsicht hat vieles die schon erwähnte bürgerliche und kulturelle Modernisierung der sizilianischen Städte beeinflußt. Unabsichtlich haben aber auch die Transformationen des Mafia-Phänomens als Beschleuniger gewirkt. Hier wurden die Interessen der Mafia auf einer Tätigkeit – dem Rauschgifthandel – aufgebaut, die mit der Volksethik bricht, mit der die alte Mafia (nicht die »gute«, wohlverstanden) sich in Harmonie zu geben verstand. Zur Verteidigung dieser wachsenden neuen Interessen hat die Mafia nicht gezögert, die Familie zu entweihen (indem sie die Frau mitermordete), Unbeteiligte zu verletzen (indem sie Passanten tötete und »Mitläufer« verletzte) und selbst Symbole der sizilianischen Kultur zu liquidieren (indem sie einen Intellektuellen wie Giuseppe Fava ermordete). Wenn es stimmt, daß die Mafia ihren ökonomischen und technologischen Fortschritt aus dem Dienst feudaler Mächte bezog, so trifft auch zu, daß sich auf der Ebene von Werten Modernität und beleidigte Tradition allmählich gegen die Mafia zusammengeschlossen haben. Gerade die Transformation des Interessens-»Zentrums« (hin zu einer Aktivität, die *nur* unter Verletzung der Legalität bestehen kann) hat einen großen Teil jener objektiven Komplizenschaft gelockert oder gar zerstört, die die Mafia innerhalb des Staates mit vielen konservativen Ehrenmännern aufrechterhalten hatte. Sie ist nun nicht mehr eine lokalspezifische Form des liberalen Staates, sondern setzt sich als dessen Antigonismus. Sie betätigt sich nicht nur in der Behandlung sozialer Bindungen, indem sie diesen ihre eigene »Ordnung« aufprägt; sie ist reines Verbrechen, so daß es für einen rechtsbewußten Menschen nicht möglich ist, den von seinen Vorgängern hinterlassenen »Pakt« zu erben. Mafia ist auch nicht mehr der Garant der Ordnung, sondern der Vorbote von Unordnung, einer »namenlosen«, unbekannten Last (zieht man die Dimensionen und die Unbeständigkeit der Interessen in Betracht, die da auf dem Spiel stehen).

Tatsächlich finden sich unter den Mafia-Opfern nun nicht mehr Staats-Lenker, sondern Staats-Beamte; und davon wiederum besteht die übergroße Mehrheit aus Sizilianern. Ein Volk, das zuerst dem Staat fremd und mißtrauisch gegenüberstand, findet seinen Ausdruck heute mit Hilfe seiner besten Leute *innerhalb* des Staates beim Kampf gegen die Mafia. Auch hier gibt es gegenläufige Ansichten. Vor allem die, wonach die Transformation des Mafia-Phänomens ihr eine stärkere Kraft zur Durchsetzung, Erpressung und Beeinflussung innerhalb des Staates verschafft hat, insbesondere dort, wo die Parteien herrschen. Das stimmt: aber gerade durch die Abklärung und durch die Verschärfung der Auseinandersetzung, durch die wachsende Selbstverpflichtung von Menschen, Gruppen und Parteien, hinauszutreten und in absoluter Präzision ihren Platz einzunehmen, sich jeglicher Vermittlung zu verweigern – gerade dadurch werden mafiose Menschen und Gruppen in eine zweischneidige Position versetzt, die zwar auf der einen Seite mehr Kraft bedeutet, auf der anderen aber auch größere Zerbrechlichkeit und Exponiertsein.

Eine Ambivalenz, die sich in ihrer ganzen Radikalität zeigt, wenn man zum »Kern« der blutrünstigen Gewalttätigkeit, zu den ungesühnten spektakulären Morden der letzten Jahre vordringt. Zeigt sich hier größere Kraft? Ja; wenn wir nur das Verbum »können« benutzen. Die Mafia »kann« töten. Nein, wenn wir auch das Verbum »müssen« verwenden. Die Mafia »muß« nun töten. Und das ist das Zeichen ihrer Schwäche. In dieses Auseinanderklaffen von größerer Fähigkeit der Mafia zu Gegenmaßnahmen auf nationaler Ebene (in Politik und Staat) und der starken Reduktion des Massenkonsenses sowie der Funktionalität der liberalstaatlichen Ordnung muß man sich strategisch einschalten.

Erste Bedingung dafür ist der Aufbau einer »Kultur über die Mafia«. Sie befindet sich heute im Entwicklungsstadium und ist überhaupt nicht mehr mit derjenigen vergleichbar, die im August 1982 die öffentliche Meinung bestimmt hatte. Die Scheußlichkeit der Fakten selbst hat, über das wachsende Gefahrenbewußtsein hinaus, viele der saloppen Gemeinplätze weggefegt: die These »Alles ist Mafia« etwa; oder die Behauptung, Mafia sei eine »Sonderform des Klientelismus«; die Ansicht, daß Mafiosi »nicht sprechen«; oder auch die Vorstellung vom Mini-Klientelismus als einer ganz und gar unschuldigen Sitte. Man muß jedoch die kollektive Fähigkeit zur Analyse weiter schärfen, das Bewußtsein und die Sensibilität der öffentlichen Meinung noch mehr anreichern. Das ist kein bloßes Gerede. Niemand kann eine Schlacht schlagen, wenn er nicht weiß, wer der Feind ist, wie seine Uniform aussieht und seine Fanfaren klingen, wie und wo er sich verbirgt. Kein Bürger kann daran teilnehmen, wenn ihm jeder zufällig vorbeikommende Journalist oder Polizist mit der Behauptung, alles sei ganz anders, immer wieder seine Vorstellungen durcheinanderbringen kann – bis er sich schließlich überhaupt nicht mehr zurechtfindet.

Ist der Feind einmal ausgemacht, so muß man – aufgrund seiner Physiognomie und seiner logistischen Stützpunkte – herausfinden, mit welcher Strategie er zu schlagen ist. Das heißt, nun entsteht das noch mehr Engagement heischende Problem, eine »Kultur des Kampfes gegen die Mafia« ins Leben zu rufen. Womit wir uns auf weitergehendes Neuland begeben, das aber eine absolut vorrangige Rolle spielt: die mögliche Verhaltens-Änderungen der nationalen Gemeinschaft oder, wenn man so will, der Wandel der Beziehung zwischen Mafia und »Ambiente«. Sicher, da gibt es schon die Ermittlungen in den Banken, die neuen Gesetze, die Haftbefehle; mit ihnen hantieren aber nur Personen und Organe, die institutionell dafür abgestellt sind (allerdings wäre es heute auch schon ein großer Schritt voran, wenn man ihnen seitens der gesamten Gemeinschaft starke persönliche Unterstützung zusichern würde). Aber es gibt auch Dinge, die jeder von uns tun kann, mit Hilfe seiner Intelligenz und seiner Unbeugsamkeit – damit ließe sich das Wasser austrocknen, in dem die Mafia schwimmt, und damit könnte man die verteilten Verantwortlichkeiten ans Licht bringen. Gerade unter diesem Blickwinkel möchte ich vier Fragen aufwerfen, die mir als besonders dringlich und entscheidend erscheinen.

Erstens: die moralische und kulturelle Flankierung. Es ist ja allgemein bekannt – wir bleiben bei der Kriegs-Terminologie –, daß der Feind umso stärker ist, je mehr er von äußeren Stellen Hilfen für sein »Heer« bekommt, Unterkünfte, Waffen, Verpflegung, Informationen etc. Das stand auch z. B. während des härtesten Kampfes gegen den Terrorismus außer Zweifel. Vielleicht gab es da nicht die juristischen Tatbestände, um die Leute an der Flanke des Terrorismus anzugreifen; aber die Überlegung ging dahin, daß man sie jedenfalls politisch und moralisch disziplinieren mußte, um ihnen Probleme zu bereiten, sie in die Verteidigungsstellung zu bugsieren und auf diese Weise die Schwierigkeiten der Terroristen zu verschärfen. Bei der Mafia wurde dieses Prinzip merkwürdigerweise nicht angewendet. Dies wiegt umso schwerer, als sich die Mafia nicht als solche erklärt und es umso einfacher ist, daß sich unter jene, die diese Nichtanwendung offen oder verdeckt verteidigen, auch echte Mafiosi mischen. Da fordert z. B. der Eigentümer des »Giornale di Sicilia«, Antonio Ardizzone, öffentlich den Kardinal Pappalardo auf, sich ausschließlich um seine pastorale Arbeit zu kümmern (»La Domenica del Coriere« Nr. 20/1983). Oder der Bürgermeister von Monreale, Pino Giacopelli, erklärt nach der Ermordung des Hauptmanns D'Aleo und seiner Eskorte seelenruhig gegenüber der Presse (die »L'Uinità« meldete es am 31. Juli 1983), daß der Hauptmann wahrscheinlich »seine Kompetenzen überschritten« habe. Oder da gibt der erste Bürgermeister aus der De-Mita-Erneuerung, Frau Elda Pucci (die heute zur Antimafia-Front übergetreten ist) im Fernsehen (»Mixer«) öffentlich zum besten, daß ihr politisches Vorbild der (mafiose) Minister Giovanni Goia sei – so, als wäre da überhaupt nichts gewesen. Das sind nur drei von unzähligen Beispielen kräftigen Flankenschutzes, die an sich einen Proteststurm entfesseln hätten müssen, die aber stattdessen als ganz normal aufgenommen wurden; ebenso wie man die »Pizza alla Mafia« oder das Restaurant »Zu den zwei Mafiosi« als etwas ganz Natürliches auffaßt (Was geschähe wohl mit einem Restaurant, das sich »Zu den Roten Brigaden« nennen würde? Es würde doch wohl schon aus dem schuldigen Respekt vor den Opfern des Terrorismus geschlossen).

Danach wäre dann ein neues, einfacheres Kapitel aufzuschlagen. Die Pakte mit der Mafia müssen fortan Grund zur Diskreditierung sein, zur Schwächung der Mafia – und nicht zu ihrer Stärkung. Und zwar für alle, angefangen von jenen Parteisekretären, die auf ihren Kongressen mit den entscheidenden Stimmen ihrer mafiosen Paten gewählt wurden; weil sie nämlich wissen – und wie sie es wissen! – welche Wechsel sie unterschrieben haben, zu welchem sozialen Preis und für wieviel Gewalt und Trauer sie ihre Ämter erhalten haben. Alle, die der Mafia operative Dienste leisten oder ihre Kultur verbreiten, müssen sowohl im Beruf wie in der öffentlichen Wertung entsprechend diszipliniert werden – bis hin zu offener Verachtung. Soweit sie nicht schon abgehauen sind oder gar innerhalb des Machtssystems Amt und hochgeschätzte Würden einnehmen, hat ihre Anmaßung zu verschwinden, muß man die Räume drastisch einengen, mittels derer sie Legitimationen aufbauen und behalten können.

Die zweite Frage betrifft das kollektive Gedächtnis. Das ist einer der Aspekte meiner Erfahrungen, der mich besonders überrascht hat. Wenn kompromittierte Leute im Parlament sitzen oder regieren, wird ihre Macht – statt einen ständigen Skandal heraufzubeschwören – sowohl für die Politik als auch für die Medien Anreiz zur Vergeßlichkeit. Eine riesige Verantwortung, die man da auf sich nimmt. Denn die Mafia und die kriminelle Macht haben das vitale Bedürfnis, daß die Gemeinschaft ihr historisches Gedächtnis verliert. In Orwells *1984* ist das Volk nicht umsonst »ohne Gedächtnis«; und es glaubt auch nicht zufällig, daß die Freiheit Sklaverei und die Sklaverei Freiheit sei. Denn das Gedächtnis ist Geschichte, ist Vergangenheit, Leben, Identität,

Vernunft, Bewußtsein seiner selbst und der Welt; fehlt es, so ist keine Gemeinschaft zur Bestätigung und Verteidigung ihrer Werte imstande. Sie wird stets unterdrückt sein, manipuliert, aller Wahrheit beraubt, mit eingeschüchtertem Denkvermögen.

Darum darf man nichts vergessen: weder die Akten der Antimafia-Parlamentskommission mit ihren Namen, von Ciancimino bis Lima, von Gioia bis D'Acquisto und Gunnella; noch die Worte, die Verhaltensweisen und Stellungnahmen Andreottis vor und nach dem Mord an meinem Vater; und auch nicht die zahlreichen Bemäntelungen für das Verbrechen, mit Hilfe von Schweigen, vor allem aber durch viele Worte. Das ist unsere Geschichte; die Geschichte der Menschen, ihrer Seitenwahl. Nicht Irrtümer, Unfälle, Fehler: Seitenwahl. Immer wieder die Wahl der Seiten.

Die dritte Frage ist mit den beiden ersten verflochten: die Frage der Werte. Es wurde viel diskutiert über die sozialen und materiellen Bedingungen, von denen die Mafia lebt. Aber abgesehen davon, daß sich die Auseinandersetzung eher für die Camorra als für die Mafia lohnt, möchte ich versuchen, die Perspektive zu verändern. Die kriminelle Macht bleibt solange ungestraft, als in der Gesellschaft gewisse Werte vorherrschen. Insbesondere, wenn die Gesellschaft nur geringe moralische Antikörper entgegensetzt. Niemand könnte Lynchjustiz betreiben gegenüber den Angehörigen des Opfers, die Gerechtigkeit fordern, wenn alle Welt dies unmittelbar widerwärtig und verachtenswert fände.

Es geht hier nicht um eine abstrakte Aktivität ohne reale Angriffslust, sondern um die Einsetzung von Werten, die man nicht durch Abdrängen wieder in mafiose Praktiken und Verhaltensweisen einmünden lassen kann (in Rebellion vielleicht, aber nicht in Mafiosität, die ja das Gegenteil von Rebellion ist). Ich glaube nicht, daß ich mich zu den Traditionalisten rechnen muß, wenn ich sage, daß man den perversen Gebrauch der Familie, wie ihn die Mafia tätigt, umkehren kann. Verwenden wir die Familie gegen die Mafia. Das haben schon die Jugendlichen getan, als sie diese Themen aus der Schule direkt mit nach Hause brachten. Erzieht einen jungen Menschen zur Wahrheit und zur Freiheit, und er wird nie zu einem Mafioso werden. Er wird die Dinge beim Namen nennen, wird »Mafia« sagen und »kriminelle Macht«, und er wird nicht »okkulte Macht« dazu sagen. Da er nach Wahrheit sucht, wird er die Worte der Kriminellen von denen der Rechtschaffenen unterscheiden. Und selbst wenn er Empfehlungsschreiben akzeptiert, um einen Arbeitsplatz zu bekommen (mafiose Art der »Arbeitsvermittlung«, A. d. Ü.), so wird er dies nicht als einen Gefallen ansehen, für den man aus Dankbarkeit einen Preis bezahlen muß, der die eigene Würde beleidigt.

Schließlich die vierte, die komplizierteste Frage: Welches ist wohl das Alphabet, in dem man tatsächlich eine neue politische Strategie gegen die Mafia schreiben muß? Ich bin durchaus nicht überzeugt von der Theorie, die große Teile der kommunistischen Opposition hegen und die wohl eher die lange Zeit der Isolation der PCI erklärt als die Vorherrschaft der Mafia: daß man nämlich für einen siegreichen (und konsequenten) Kampf gegen die Mafia gleichzeitig auch gegen den Kapitalismus fechten müsse; daß man also die Antimafiosi auf antikapitalistische Positionen einschwören oder jedenfalls zu denselben Visionen bringen müsse, die unsere Linksopposition beseelen. Ich überspringe der Kürze halber die unentwegten Systemauseinandersetzungen und komme zum Kern der Sache.

Niemand bezweifelt, daß der Kampf gegen die Mafia traumatisch ist. Aber gerade wenn er traumatisch ist, wie soll man ihn dann im Namen von Idealen führen, in denen sich niemand wiedererkennt? Warum so viele Menschen in die Alternative zwischen zwei ungeliebten Gesellschaftsordnungen hineinzwingen – in die »liberale mit Mafia« respektive die »sozialistische ohne Mafia«? Insbesondere wenn – nach meiner ausgedehnten Erfahrung – das »Linkssein« weder notwendig noch hinreichende Bedingung für einen »konsequenten« antimafiosen Geist ist? Die vielen Staatsrepräsentanten, die ihr Leben im Kampf gegen die Mafia gegeben haben, ohne »Antikapitalisten« zu sein, beweisen doch, daß die Entscheidungen von Menschen getroffen werden – und daß man sie fragen muß, ihr Leben betrachten, und nicht übergestülpte Theorien, wenn man wissen will, was sie zu alledem veranlaßt hat.

An dieser Stelle ergibt sich also ein Fixpunkt: Die Niederlage der Mafia ist nicht identifizierbar mit einer Auswechslung der »politischen Formel«. Sicher: Die Mobilität der politischen Blöcke, die Auswechslung des politischen Personals ist schon in sich eine partielle Vorgabe gegen die Mafia, die in der Tat in der Unabsetzbarkeit der Macht mitschwimmt. Und die Mafia kann auch nicht durch diejenigen Leute geschlagen werden, die sie jahrzehntelang verhätschelt oder die gar mit ihr geflirtet haben.

Dennoch ist unübersehbar, daß das Wasser, in dem die Mafia, und allgemeiner, die kriminelle Macht schwimmt, gerade aus den sogenannten »Gesetzen der Politik« besteht – und daß diese Gesetze für das

»gesamte politische System« gelten, unabhängig von den mitunter tiefen Gegensätzen zwischen den Parteien, aus dem es zusammengesetzt ist. Ich habe unter diesem Aspekt die Geschichte der Beziehungen zwischen Mafia und Parteiensystem in den letzten Jahren durchgesehen, und ich glaube, drei große Gesetze ausgemacht zu haben, die in ihrer Verflechtung untereinander erklären, warum die Mafia sich ständig im Zentrum der politischen Dynamik ausbreiten konnte und daher stets unangreifbare Positionen dieser Politik auszudrücken vermochte (auch wenn man – für einen hohen Preis – örtlich einen Angriff auf sie wagte).

Das erste Gesetz ist das Gesetz »der Freundschaft und der Ehre«. Es klingt so: »Meine Verbündeten und alle, die mir ein Bündnis antragen oder es ihren Verbündeten empfehlen, sind meine Freunde und achtbare Menschen. Alle anderen sind Feinde, und unter ihnen finde ich all die unehrenhaften Menschen.« Ein von jeder ethischen Bewertung der Subjekte und der sie bewegenden Motive losgelöste Form der Selektion und der Unterscheidung; der auf Wahlen bezogene Zusatz zu diesem Gesetz innerhalb der Parteien und im Parlament lautet: »suffragium non olet«, Stimmzettel stinken nicht.

Das zweite Gesetz ist das Gesetz »der Wahrheit«. Es lautet: »*Die* Wahrheit gibt es nicht. Es gibt so viele Wahrheiten, wie es Parteien gibt oder auch Koalitionen unter ihnen.« Woraus folgt, daß sich im Rahmen des politischen Systems die Wahrheit durch drei, fünf oder sieben teilen läßt. Wenn am Ende doch mal *eine* Wahrheit dabei herauskommt, dann nur, weil die Parteien untereinander verhandeln und einen Gleichgewichtspunkt finden. Aber gerade deshalb ist das nicht *die* Wahrheit.

Das dritte Gesetz schließlich ist das Gesetz »des öffentlichen Wohles«: »Eine (ökonomische, soziale, vor allem institutionelle) Situation ist gut, wenn ich an der Regierung bin oder in der Mehrheit sitze; sie ist schlecht, wenn ich mich außerhalb befinde.«

Aufgrund des Zusammenwirkens dieser drei Gesetze konnte schließlich die schießbereite Macht in den siebziger Jahren prosperieren, gerade als die Linke stark anwuchs (und das Aufblühen der Mafia war nicht nur eine »Antwort« auf dieses Anwachsen); dem Zusammenwirken dieser Gesetze ist ferner zu danken, daß die Opposition – vor die Wahlen von Allianzen gestellt – regelmäßig Cesare Borgia (der nach links öffnet) dem rechtschaffenen Quintino Sella vorzieht. Weiterhin bildet dieses Zusammenwirken auch den Grund dafür, daß man sich in den Regierungen am umstürzlerischen Spiel von Erpressung

und gegenseitiger Bedeckung begeistert – und daß die Wahrheit recht-
schaffener Personen allenfalls denselben Wert bekommt wie die der
Kriminellen – meist sogar einen geringeren.

Aber da ist nicht nur das Problem der Funktionalität *dieser* Gesetze
der Politik zugunsten der Mafia. Macht man die strategische Debatte
lediglich auf der Ebene der »politischen Formel« fest, so verrät dies
eine darunterliegende tiefgreifende Verständnislosigkeit über die Qualität der Auseinandersetzung, in die heute die italienische Demokratie
auf Leben und Tod hineingezwungen ist. Der liberale und demokratische Staat (die Errungenschaften der Humanität und nicht irgendje-
mandes) wird heute frontal angegriffen und muß verteidigt werden.
Und nur wenn seine Feinde besiegt werden, öffnen sich die Pforten
für einen Staat, über dessen Definition wir uns danach streiten werden,
der aber jedenfalls moderner und humaner (und daher wünschenswer-
ter) ist als der gegenwärtige.

In Italien, und darin liegt meiner Meinung nach das Problem, hat
sich ein Netz krimineller Mächte konstituiert. Dabei handelt es sich
um relativ autonome und mit gewissen Besonderheiten und Rückhal-
ten ausgestattete »Zonen«: Mafia, Camorra, Parallelmächte (P 2 und
einige Freimaurerlogen und »Ritterorden«), Finanzkriminalität, Korruption und »Abweichungen« – auch terroristischer Art – in den Institutionen. Diese Interessenssphären sind zwar autonom, aber doch in
ständigem Austausch untereinander, wie das die wiederholt zu Tage
gekommenen Verbindungen zwischen herausragenden Personen (allen voran Sindona) Abenteurern, Vermittlern, Killern belegen: Da
werden Geldmittel, Informationen, Protektionen, sogar internationale
diplomatische Kanäle ausgetauscht, von Lateinamerika bis zum Vorderen Orient.

Die relative Autonomie schließt also das Vorhandensein eines einheitlichen politischen Netzes nicht aus. Der aufrührerische Angriff der
Mafia auf den Staat (der explizite Formen in der zweiten Hälfte der
siebziger Jahre annahm) erklärt sich aus ihrem zunehmend organisato-
rischen Einschluß in dieses nationale System. Daher muß die Zerstörung des verbrecherischen Paktes auf lokaler Ebene angesetzt werden:
Denn innerhalb des Staates zeichnet sich bereits landesweit der totale
Bruch mit der liberalen Ordnung und den Postulaten der liberaldemo-
kratischen Zivilisation ab. Die Mafia ist also nichts anderes als der Gip-
felpunkt, die blutigste Demonstration eines überaus komplexen und
schon jahrzehntelangen Angriffs auf den Rechtsstaat, der die Fundamente des Gemeinschaftslebens zerstört, indem er jegliches ethische

und sittliche Gesetz umstößt. Innerhalb dieses Rahmens nimmt Palermo die Stellung einer wahrhaften Freizone ein, als neuralgischer Knotenpunkt für dieses System von Mächten, als goldenes Revier politisch-institutioneller Protektionen und militärischer Hilfsmittel – und wird daher wütend und um jeden Preis vor dem Auftauchen des Rechtsstaates im Herzen der sizilianischen Gesellschaft »verteidigt«.

Der Gedanke wäre wohl zu gewagt, daß diese vielfältige Macht einer zentralisierten Strategie gehorchen würde. Aber sie ist mit einem politischen Gehirn ausgestattet, das ihr – jawohl – ein einheitliches Erscheinungsbild und eine einheitliche Gesamtschau gibt. Tatsächlich führen die großen Verbrechen, von der Piazza Fontana in Mailand bis zu den Blutbädern in Palermo, stets an dieselben »Orte« – und das ist überaus bezeichnend und keineswegs nur eine Grille. In diesem Sinn hat die Theorie vom »großen Alten« – auch wenn sie als solche nicht adäquat ist – bei der Mafia eine annehmbare Gültigkeit. Der Einwand, daß man die Geschichte nicht als einheitliches Komplott deuten kann, ist eine nicht sonderlich schlaue Fiktion. Die Geschichte ist kein Komplott: Aber insbesondere in dunklen Perioden ist sie voller Komplotte. Statt sie zu ignorieren wäre es klüger, nach den Gründen für ihre Erfolge zu fragen: sie liegen, ganz allgemein, in den herrschenden Umständen. Denn es gibt keine »bösen Geister«: Jeder Mensch realisiert und verherrlicht bestimmte negative Qualitäten, wenn das Ambiente um ihn herum aufgrund seines organischen Verfalls ihn darin bestärkt.

Tatsächlich bewegt sich dieses Machtsystem nach eigenem Gutdünken innerhalb der politischen Demokratie, weil es für die Regeln eintritt und diese ausnützt. Man wird kaum vorankommen ohne die Erkenntnis, daß sich das »Parteiensystem« vom Schöpfer der Demokratie zunehmend in die Wiege des Umsturzes verwandelt hat. Dieser Umsturz kommt heute nicht von außen, sondern aus dem Inneren des Systems, nicht von seinem reaktionären Flügel, sondern von seinem Schwerpunkt, seinem Herzen her; und er zielt auch nicht auf eine Verletzung der politischen Formel, denn es handelt sich dabei nicht um einen Umsturz der Formen, sondern der jeweiligen Spielregeln, um die Einführung einer spezifischen Macht-»Methode«, die auf Illegalität, Gewalttätigkeit und persönlicher Abhängigkeit beruht und die radikale Negation der Verfassung ist – aber stets imstande, sich in Einklang mit den handelsüblichen politischen Kulturen zu geben und diese für sich zu nutzen (und nicht abzulehnen). Der wahre Feind dieses Umsturzes ist nicht die Politik, sondern das Gesetz.

Wieder einmal hat der Philosoph Norberte Bobbio recht, wenn er sagt, daß der alte, konservative Mythos von der »guten Regierung« heute ein revolutionäres Ziel ist. Die Werte des Menschen und des Rechtsstaates sind mehr noch als die des Sozialismus unter den gegebenen Bedingungen real in der Lage, die Machtorganisation und ihren ideologischen Apparat aufzulösen, die in eineinhalb Jahrzehnten abgelagerte politisch-demokratische Fiktion zu »zerstören«.

Natürlich kann man allerhand Anstrengungen unternehmen – und tut dies auch –, um die nationale Besonderheiten im unbestimmten Phänomen der in allen Ländern mehr oder weniger präsenten Korruption zu ertränken. Aber der Fall Italien existiert und ist recht lebendig: Er besteht darin, daß sich eine perverse Verbindung von krimineller Macht und politischer Kriminalität realisiert hat. Ist auf der einen Seite in keinem anderen Land die kommunistische Opposition so stark und fast nirgends der Einschlag der institutionellen und gewerkschaftlichen Demokratie so ausgeprägt und dicht, so zählt doch andererseits auch kein freies Land so unendlich viele Blutbäder und Morde, in denen die Macht ihre Hand im Spiel hat. Und nirgendwo sonst wird auch gegen so viele Politiker wegen der ehrenrührigsten Vergehen ermittelt – bis hin zum Rauschgifthandel und zu Mord. Kein anderes Land hat ein Palermo, auch das ist wahr; und ebenso, daß in keinem anderen Land ein Minister seelenruhig zum Vorsitzenden einer Parlaments-Kommission ernannt werden könnte, der Wahl-Partys mit Rauschgifthändlern feiert. Und schließlich zählt nirgendwo sonst das »Es gibt keine Beweise« – bezogen auf einen Politiker – höher als das Prinzip, daß »ein begründeter Verdacht vorliegt«.

Es geht hier nicht darum, die politische Welt zu diskreditieren. Schon alleine deshalb, weil es die Fakten sind und nicht ihre Feststellung, die »diskreditieren«. In zweiter Linie, weil es nicht nur ungerecht, sondern abwegig wäre, aus der Tatsache, daß alle die *Regeln der Politik* anerkennen, eine *Gleichheit aller Politiker* abzuleiten. Die Politiker sind weder in ihrem öffentlichen noch in ihrem privaten Verhalten gleich, weder in ihrer moralischen Rechtschaffenheit noch in ihrer staatlichen Gesinnung, und auch nicht in der Art, in der sie die Balance zwischen Werten und Interessen konzipieren. Man muß bei ihnen genauso wie bei den Staatsbeamten entscheiden, mit wem man übereinstimmt und mit wem man sich auseinandersetzt.

Wenn dies alles zutrifft – und ehrlich gesagt habe ich keine Zweifel daran –, muß man wohl Konsequenzen für die politische Strategie daraus ziehen. Die Politik erhält dann ihren höchsten Sinn in Form von Forschung, Projektierung, Kreativität. Es handelt sich nicht um die

Anullierung der politischen Ebene, sondern darum, sie aus den verlogenen und impotenten Winkeln der nachrestitentialen politischen Geographie und ihren Schemata herauszuziehen. Tatsächlich sind die Vorstellungen der Rechten wie der Linken nicht unveränderlich und zeitlos, sondern bestimmen sich im Verhältnis zu den Fragen, die historisch die innerste Qualität eines zivilisatorischen Systems ausmachen. Wenn diese Fragen nun, wie es heute geschieht, die Grundfreiheiten und die Menschenwürde betreffen und das vorrangige Problem die *kriminelle Macht* ist, so werden sich *von hier aus* (unumgänglich) die Bereiche »rechts« und »links« mit einem Minimum an Glaubwürdigkeit abzeichnen, sofern man sich natürlich auch weiterhin darin einig ist, daß die Linke bei der Auseinandersetzung um Ideen und Werte den progressiven Teil der Gesellschaft vertritt.

Und so plazieren sich viele junge Katholiken oder junge Republikaner oder Liberale »links«, während ein unübersehbarer Teil der »Linken« mit seinem Verhalten und seinen Entscheidungen »nach rechts« wandert, unzweideutig nach rechts. Statt bedeutungslose Begriffe zu sein, nehmen Rechts und Links nun einen tieferen und umfassenderen Sinn als vorher an.

Hier stellt sich daher ein großes Problem: Die Schaffung einer adäquaten Kultursynthese auf der Ebene von Konflikten, das heißt, eine Synthese universeller Werte – Freiheit, Leben, Gerechtigkeit. Diese Überzeugung hat mich zu einer Wiederannäherung z. B. an das Denken von Männern wie Gobetti oder Carlo Rosselli gebracht; ich habe sie mit einer wirklich neuen Einstellung nochmals gelesen. Das Problem liegt heute darin, diese Werte zum Fundament der Politik zu machen, eine Kultur aufzubauen, für die solche Werte nicht mehr »Ware« sind oder für nichts aufgeopfert werden können: weder für den Antikommunismus noch für die »fortschrittlichsten« Politiker, weder für die eigenen wirtschaftlichen oder verlegerischen Interessen noch für die der Außenpolitik. Und dies in einer Welt, in der das profitable Verhandeln dieser Ware als Sublimation der Kunst des Politischen gilt – und nicht als Elend.

Eine neue Synthese also. Soll sie gelingen, muß man die Parteiabzeichen »überspringen« und – unter Beachtung ihrer Existenz – in großangelegten kulturellen Rahmen arbeiten. Die Realität hat hier selbst wertvolle Hinweise geliefert. Im Kampf gegen die Mafia können sich vier große Kulturen treffen: die liberale, die katholische, die reformistische und die marxistische Kultur. Jede von ihnen ausgestattet mit ihren besonderen Werten, können sie alle zusammen, und vielleicht *nur* zusammen, gegen die beiden mörderischen Kulturen auftreten, die die Seele und den Halt des »mafiosen Modells« ausmachen: die feudale und die transformistische Kultur, die in der Macht verwurzelt sind, aber auch ständig außerhalb auf der Lauer liegen.

Will man wirklich vorankommen, so muß man meiner Meinung nach vor allem die Rolle des Menschen in der Geschichte neu bewerten. Nicht des »Chefs«, des Königs, des großen Mannes, sondern des Menschen als solchem. Man muß den Wert der Individualität gegenüber den großen wirtschaftlichen, sozialen und politischen Vereinigungen wieder entdecken. Die Tatsache, daß mein Vater ermordet wurde und vor und nach ihm La Torre, Mattarella, Terranova, Costa, Basile, Giuliano, Ciaccio Montalto, D'Aleo, Chinnici und die anderen Helden des zeitgenössischen Italien, diese Tatsache hat mich auf eine ganz offensichtliche Wahrheit hingewiesen, die dennoch voller radikaler Implikationen ist: Daß die Mafia – obzwar jahrhundertealte Macht, und nach Meinung mancher Leute unverwüstlich –, daß die kriminelle Macht Angst vor dem Einzelnen hat, vor dem Einzelmenschen, vor Menschen mit ganz unterschiedlichen politischen Ideen; sie hat Angst nicht vor Formeln, Gesetzen, Einrichtungen und Super-Einrichtungen, sondern vor einzelnen Menschen und einzelnen Verhaltensweisen. So daß sie sich in einzelnen Fällen von diesen Einzelmenschen sogar an die Wand gedrückt fand.

Daß die Aktionen dieser Menschen stets die überzeugte politische Unterstützung des PCI gefunden haben, ist ein überaus wichtiges Faktum, das man nicht vergessen darf. Aber das kann nicht die andere und vielleicht noch wichtigere Tatsache verdrängen: Wenn die Mafia den Triumph der politischen über die ethische Raison verkörpert hat, so kann man die Kräfte, die man gegen sie organisieren muß, nicht von den Gesetzen des politischen Konkurrenzkampfes her sammeln und auslesen.

Vielleicht hat es den Anschein, als würde ich zu stark auf diesem Gedanken beharren. Aber ich bin auch nicht geradewegs auf ihn gekommen, es war eine recht aufreibende Reflexion, bei der man durchaus einige Akzente verstärken könnte. Eines allerdings wurde zu einer Art Lackmus-Indikator für diesen Ansatz: daß es nämlich in diesem Land viel zu viele Geheimnisse gibt, die nur so genannt werden, aber in Wirklichkeit gar keine sind. Derart, daß die unbequemsten und mächtigsten Wahrheiten: diejenigen, die viele Menschen zu einer Neudefinition ihrer Identität und ihrer kulturellen Schemata gezwungen hätten, erschütternde Wahrheiten, daß diese Wahrheiten von den Verwandten der Opfer ausgesprochen wurden: von Frau Moro etwa, von Frau Calvi und, Verzeihung, von den Kindern dalla Chiesas. Diese Wahrheiten wurden nicht von den großen und durchorganisierten Einrichtungen formuliert, von den Eckpfeilern der Demokratie oder der Informationsfreiheit – sondern von den Angehörigen, die darum regelmäßig von erheblichen Teilen des Establishments zu Verrückten, Spinnern oder Lumpen gemacht wurden.

Deshalb muß man 1984 das Lob der Torheit wiederholen und damit auch das Lob der Familie. Denn an Stellen, die die Welt noch nicht erreicht hat, ist das betroffene Gefühl schon angekommen, sind die Affekte hingelangt, ist der Mut derer zugegen, die nichts zu verlieren haben, weil man ihnen bereits mit Gewalt ein Stück Leben genommen hat. Der Mensch ist schon dort, wo die Politik noch nicht angekommen ist, auch nicht die besten Teile von ihr. Der Mensch hat die Regeln der Politik besiegt – sie waren nicht die unüberwindbare Begrenzung. Seine Stimme kann man nicht unterdrücken. Dachten sie, daß die Frauen und Kinder stumm dem Mord an ihren Angehörigen beiwohnen würden? Es ist nicht so gekommen.

Es stimmt eben nicht, was D'Acquisto nach dem Mord an La Torre geschrieben hat – daß die Mafiosi »das Herz des Menschen kennen«. Sie kennen es nicht, können es nicht kennen. Und hierbei denke ich nicht nur an die geschlagenen Familienangehörigen, sondern auch an das, was sich in den letzten beiden Jahren in der gesamten Gemeinschaft abgespielt hat. Die Abfolge von Morden hat die antimafiosen Energien vervielfacht und keineswegs dezimiert. Geht es um vitale Werte, aktivieren die Gemeinschaften unglaubliche Reserven an Mut, Hingabe und auch Intelligenz. Wie auch schon der Terrorismus gezeigt hat, nimmt in den besonders sensiblen Bereichen der Gesellschaft die Angst mit zunehmenden Einschüchterungsversuchen ab. Denn man erkennt, daß man das verlieren könnte, was alleine Lebenssinn verleiht – Freiheit und Würde. Nicht umsonst habe ich bei den jungen Palermitanern und Neapolitanern weniger Angst vor der Mafia und Camorra wahrgenommen als bei gleichaltrigen aus den Marken oder aus Piemont (»besser, sich da rauszuhalten«). In dieser Spirale befindet sich die kriminelle Macht derzeit befangen, je mehr sich das Spektrum einer wahren »kriminellen Diktatur« im Flußbett der Demokratie präzisiert. Das soll nicht heißen, daß die kriminelle Macht durch Nichtstun besiegt wird. Aber man kann an den Neuerungen nicht vorbeigehen, die sich vor allem seit dem 3. September verifiziert haben.

Zum ersten Mal in der Geschichte unseres Landes ist auf nationaler

Ebene eine Bewegung der öffentlichen Meinung entstanden, vor allem in den Schulen. Sie unterscheidet sich von allen früheren Bewegungen und bringt die Parteigruppierungen durcheinander, indem sie universelle Werte ins Zentrum rückt und eine von den neuen Generationen ausgehende massive ethische Frage aufwirft. Debatten, Versammlungen, Ausstellungen, die noch vor kurzem in den Schulen von Mailand und Bergamo, Triest und Bologna undenkbar gewesen wären, haben einen qualitativen Sprung des Bewußtseins geschaffen, der innerhalb von zwei Jahren buchstäblich mehr Schritte nach vorn erkennen hat lassen als vorher ein ganzes Jahrhundert. Sicherlich ist dies eine Bewegung mit vielen Einschränkungen (vor allem der, daß sie sich von Rom ab südwärts noch als eine Variante der Antidrogenbewegung betrachtet). Aber sie hat bei vielen Gelegenheiten bemerkenswerte Reife und große Spannkraft gezeigt, indem sie sich trotz all des Schweigens immer weiter ausbreitete.

Gleichzeitig haben sich – auch dies eine Neuheit – viele meinungsbildende Zentren außerhalb Siziliens konstituiert, die imstande sind, Einfluß zu nehmen, Kultur zu schaffen, die Debatte konkret zu orientieren. Auf institutioneller Ebene gibt es ebenfalls Auswirkungen. Das Gesetz La Torre wurde in Kraft gesetzt – das schärfste Gesetz in ganz Westeuropa gegen die Wirtschaftskriminalität. Seine Anwendung hat vor allem in den betroffenen Zonen Widerstände erfahren, aber es hat gleichwohl erlaubt, wichtige Zweige der mafiosen Macht anzugehen, und es schafft ausgezeichnete Möglichkeiten vor allem unter der Perspektive des neuen Engagements der Justiz. Erstmals hat sich tatsächlich der oberste Richterrat im Kampf gegen die Mafia engagiert. Er hat dies getan und tut es noch mit all den Schwierigkeiten, die sich von jahrhundertelanger Trägheit und von Justizverwaltungen ableiten, die eher Schlangennestern ähnlich sind. Aber die Wirkungen von Ermutigung und Unterstützung für rechtschaffene Richter und von institutionellen Eindämmungsversuchen gegenüber der Mafia wurden wohl empfunden. Es hat da Urteile und Gerichtsverfahren gegeben, deren revolutionären Wert nur Verblendete ignorieren können – von der Geschwindigkeit, mit der der Prozeß Chinnici – mit lebenslangem Zuchthaus für die Greco – abgeschlossen wurde, über die Maßnahmen (inklusive Inhaftierung) gegen komplizenhafte Richter, bis zu den Verfahren gegen die Salvo und gegen große Teile der politischen Welt Siziliens, vom Regional-Ministerpräsidenten bis zu Stadträten und Bürgermeistern.

Auch wenn die Flucht vieler Prominenter die genossene Bedeckung

noch einmal bekräftigt, so wurde hier doch eine ganze Welt von öffentlichen Beziehungen, Zirkeln, Freundschaften gesprengt – wo man
bislang arrogant auf Straflosigkeit vertraut hatte. Richter, Polizeikom-
missare, Carabinieri-Offiziere und Finanzbeamte zeigen sich immer
weniger von der Anerkennung durch Mafiosi abhängig und bilden immer mehr – mosaikartig – Teile eben jenes Staates, den mein Vater mit
Taten und Worten in den hundert Tagen von Palermo zu repräsentieren gesucht hatte.

Auch auf politischer Ebene sind die Effekte sichtbar. So sehr die
Gruppe der Andreottianer vom Parteisekretär De Mita auch unterstützt wurde (»Wir werden auf niemanden Rücksicht nehmen!« hatte
er gesagt: genau das!), so mußte sie doch eine Einschränkung der Vorherrschaft auf der Insel hinnehmen. Die Region Sizilien ist faktisch
ebenso wie die zwei größten Städte der Insel seit Jahren ohne Regierung, aufgrund einer nur schwer lösbaren Krise des politischen Gleich-
gewichts. Die alte Macht widersetzt sich zäh einer »Erneuerung« und
schwächt sich dennoch dauernd ab. Verlassen von einem Teil der katholischen Welt hat die sizilianische DC bei den Wahlen von 1983 und
1984 einen Zusammenbruch ohnegleichen erlebt. Aber in diesem Zusammenbruch wurde in Palermo auch der Übergang der Wählergunst
von den besonders kompromittierten Leuten auf einen Mann wie Sergio Mattarella, den Bruder des ermordeten Piersanti, deutlich.

Nicht, daß die Mafia etwa die DC verlassen hätte, wie es De Mita
im Juni 1983 behauptet hat (wobei er implizit und zur Verblüffung aller zugab, daß *die Mafia* – zumindest 1982 – in der DC war, und daß
sie nicht gleichermaßen in alle Parteien infiltriert war). Es war das
Volk, das nur noch spärlich Mafiosi und örtlich von Mafiosi geleitete
Parteien gewählt hat und so die beliebte Annahme widerlegte, daß
man mit Unmoralität Stimmen gewinne – es gab sein Votum häufig
direkt an den PCI, der sich erneut glaubwürdig im antimafiosen
Kampf engagiert hatte. Die Waffe des Wahlzettels, dieses unschätzbare
Gut der Demokratie, hat demnach bewiesen, daß sie nicht stumpf geworden ist.

Dies aber verweist auf die Verantwortlichkeit eines jeden von uns,
auf die Möglichkeit, in vielerlei Hinsicht beizutragen, wenn es sich
darum handelt, die einzige Regel in Gang zu setzen, die zum Sieg über
die kriminelle Macht imstande ist: die Regel, daß »Verbrechen keine
Macht schaffen darf«, sondern daß ein Verbrecher die Macht, die er
hat, verliert. Damit sich diese »vielerlei Hinsicht« auch realisieren läßt,
ist im täglichen Leben eines jeden von uns eine spezielle Form von

Mut notwendig, der auch heute erst in Ansätzen vorhanden ist: der Mut zum Bruch, in einer Realität, in der die »Brüche« sowieso schon auf tragische Weise stattfinden: Wir müssen brechen mit der Dummheit und mit dem Zynismus, mit dem Korpsgeist und mit einer Solidarität, die nur aufgrund von Schicht- oder Dorfzugehörigkeit, von Identifikation mit einer politischen Generation und gleicher Parteimitgliedschaft besteht. Du sagst, Chinnici sei hysterisch gewesen, und daß dalla Chiesa den Mord »erwarten« mußte, weil dies sein Beruf war? Okay, du sprichst wie ein Mafiosi und bist moralisch wie geistig sein Komplize. Klar und eindeutig.

Wir haben genug von der Heuchelei und von einer Gesellschaft, in der sich alle innerhalb der Korporationen (und zwischen diesen) gegenseitig Hochachtung versichern und dabei vergessen, was einer tut und sagt; von einer auf Watte gebetteten und ehrenwerten Gesellschaft, in der sich – wenn ihre wahre Natur herauskommt und unschuldiges Blut fließt – alle ins Gesicht sehen und fragen (oder so tun, als ob sie fragten), »wer das war«.

Das wird sicher kein leichter Kampf werden. Auch wenn man die bereits getanen Schritte hoch einschätzen muß, so sind doch immer noch zäh und wildentschlossen die Gegeninteressen da, Solidaritäten Protektionen. Aber die Tendenzwende hat begonnen, und immer schneller formieren sich die Bedingungen für ein Durchdringen zu dem Punkt, wo der Kampf nicht mehr ungleich ist. Die Kräfte sind da, damit die Hoffnungen Wirklichkeit werden. Ich habe sie getroffen, diese Kräfte, und auch die vielen haben sie gefunden, die in den letzten Jahren mit Leidenschaft an diesen Themen gearbeitet haben. Der Papiertiger mag noch so verrückt um sich schießen – er wird – zum Erstaunen seiner eigenen Feinde – immer schwächer.

Manche Leute haben mir gesagt, daß ich mich da möglicherweise täusche, daß mich das Gefühl so reden läßt, der Wunsch, daß mein Vater nicht unnütz gestorben ist und auch nicht Emmanuela mit ihm, Domenico Russo und die vielen Gefallenen dieser Jahre. Darauf kann ich keine Antwort geben. Selbst wenn ich es nicht glaube, muß ich zugeben, daß diese Möglichkeit besteht. Aber ich möchte denen, die da profane Pessimisten sind, eine ganz profane Frage stellen: Schließlich haben wir doch noch gar nicht versucht, alle zusammen ernsthaft gegen die Mafia, gegen die kriminelle Macht zu kämpfen – also können wir sie auch nicht für unbesiegbar erklären. Warum also sollten wir diesen Kampf nicht führen?

XIII

DAS LEBEN
UND DIE MÄRCHEN

Lieber Vater,
hier endet ein Buch, das ich Dir widmen wollte, mit aller Liebe und
allem Engagement, dessen ich fähig bin. Wer hätte wohl vor zehn,
fünfzehn Jahren gedacht, daß ich ein Buch schreiben würde – ein
Buch, stell Dir vor – um Dich vor Deinen Feinden zu verteidigen, um
Deine Schlacht zu schlagen?

Hättest Du es mir vorausgesagt, hätte ich herzlich gelacht, in der
naiven Verweigerung meiner zwanzig Jahre. Hätte ich es stattdessen
Dir vorausgesagt, wärst Du stolz auf mich gewesen – ohne es mir zu
sagen. Aber genauso ist es gekommen. Was habe ich Dir – selbst ärgerlich und oft auch zu Deinem Ärger, nicht alles erzählt, von mir und
meinen Freunden, der Avantgarde, die die Welt verändern würde. Du
warst es, der verteidigte, was ich nicht ertrug, was ich nicht eine Minute länger ertragen wollte. Und stattdessen bist du zur Avantgarde
geworden, zur wirklichen Avantgarde, vielleicht mit mehr Mut und
mehr Bewußtsein als wir. Hätten wir uns zur rechten Zeit zusammen-
gefunden, wir hätten Großes leisten können. Meinst Du nicht auch?

Nun aber kann ich leider nur eines tun – meine Versprechen halten.
Drei Dinge habe ich Dir innerlich an diesem 5. September versprochen, als Du für immer der Sonne entschwandest: Ich werde die Namen Deiner Mörder in die Welt hinausschreien; ich werde Dein Andenken vor den Angriffen der Schakale bewahren; und ich werde die
Ideale lebendig zu halten versuchen, für die Du gefallen bist. Soweit
ich konnte, habe ich diese Versprechen eingelöst.

Ich weiß nicht, was und wie ich für das bezahlen werde, was ich
getan habe. Die Große Hyäne, die Italien in Blut tränkt, ist weiterhin
bereit zuzuschnappen, heute und morgen und auf tausend Arten. Und
es sind noch immer viele, die so tun, als würden sie nichts sehen.

Jedenfalls habe ich es nicht aus Mut getan. Ich habe es getan, weil man – Du hattest recht, hörst Du – bestimmte Dinge tut, »um den eigenen Kindern auch weiterhin ehrlich in die Augen sehen zu können«. Was Dich betrifft, so konntest Du mich bis zuletzt ehrlich ansehen; und das gilt auch für Deine Enkel, einschließlich der allerkleinsten, von denen Du Dich verabschiedet hast, als sie drei oder vier Jahre alt waren. Märchen konntest Du ihnen nicht mehr erzählen, das ist wahr. Aber Dein Leben ist für sie märchenhaft geworden. Carletto bittet mich fast jeden Abend vor dem Einschlafen, von »jenem Schurken bei Opa Carlo« zu erzählen. Simonas Sohn Alberto macht es genauso. Am Ende der Erzählung wird sein Gesicht unter den Locken wutrot, und er wiederholt immer aufs Neue, daß »die Leute, die Opa Carlo umgebracht haben, Scheißkerle sind«. Und während unseres Urlaubs in Kalabrien fragten sich unsere Kinder nach dem Fernsehkrimi vom Vorabend (einer von der Sorte, die mit einem »Jetzt kommen die unseren« enden) – »warum die Soldaten auf ihren Pferden nicht auch gekommen sind, um Großvater Carlo zu retten«.

Siehst Du, ein Andenken, ein wunderschönes Andenken, ein lebendiges Andenken. Und das ist das wunderbarste von allem, was Du uns hinterlassen hast. Ciao, lieber Vater.